Studienwissen kompakt

Mit dem Springer-Lehrbuchprogramm „Studienwissen kompakt" werden kurze Lerneinheiten geschaffen, die als Einstieg in ein Fach bzw. in eine Teildisziplin konzipiert sind, einen ersten Überblick vermitteln und Orientierungswissen darstellen.

Weitere Bände in der Reihe
http://www.springer.com/series/13388

Justus Meyer

Wirtschaftsrecht: Handels- und Gesellschaftsrecht

Justus Meyer
Leipzig, Deutschland

Studienwissen kompakt
ISBN 978-3-658-19982-1   ISBN 978-3-658-19983-8 (eBook)
https://doi.org/10.1007/978-3-658-19983-8

Die Deutsche Nationalbibliothek verzeichnet diese Publikation in der Deutschen Nationalbibliografie; detaillierte bibliografische Daten sind im Internet über http://dnb.d-nb.de abrufbar.

Springer Gabler
© Springer Fachmedien Wiesbaden GmbH, ein Teil von Springer Nature 2018
Das Werk einschließlich aller seiner Teile ist urheberrechtlich geschützt. Jede Verwertung, die nicht ausdrücklich vom Urheberrechtsgesetz zugelassen ist, bedarf der vorherigen Zustimmung des Verlags. Das gilt insbesondere für Vervielfältigungen, Bearbeitungen, Übersetzungen, Mikroverfilmungen und die Einspeicherung und Verarbeitung in elektronischen Systemen.
Die Wiedergabe von Gebrauchsnamen, Handelsnamen, Warenbezeichnungen usw. in diesem Werk berechtigt auch ohne besondere Kennzeichnung nicht zu der Annahme, dass solche Namen im Sinne der Warenzeichen- und Markenschutz-Gesetzgebung als frei zu betrachten wären und daher von jedermann benutzt werden dürften.
Der Verlag, die Autoren und die Herausgeber gehen davon aus, dass die Angaben und Informationen in diesem Werk zum Zeitpunkt der Veröffentlichung vollständig und korrekt sind. Weder der Verlag noch die Autoren oder die Herausgeber übernehmen, ausdrücklich oder implizit, Gewähr für den Inhalt des Werkes, etwaige Fehler oder Äußerungen. Der Verlag bleibt im Hinblick auf geografische Zuordnungen und Gebietsbezeichnungen in veröffentlichten Karten und Institutionsadressen neutral.

Gedruckt auf säurefreiem und chlorfrei gebleichtem Papier

Springer Gabler ist ein Imprint der eingetragenen Gesellschaft Springer Fachmedien Wiesbaden GmbH, DE und ist ein Teil von Springer Nature.
Die Anschrift der Gesellschaft ist: Abraham-Lincoln-Str. 46, 65189 Wiesbaden, Germany

Vorwort

In zahlreichen nicht-juristischen Studiengängen werden juristische Grundkenntnisse verlangt und oft auch abgeprüft. Der Autor dieses kleinen Bandes hat vor über 25 Jahren einen solchen Kurs zum Privatrecht für Wirtschaftswissenschaftler konzipiert; daraus ist sein Lehrbuch „Wirtschaftsprivatrecht" entstanden, das ebenfalls im Springer-Verlag erschienen ist und eine integrierte Darstellung von Bürgerlichem Recht, Handels- und Gesellschaftsrecht sowie Wirtschaftsrecht im engeren Sinne (Gewerblicher Rechtsschutz, Wettbewerbs- und Kartellrecht) liefert.

Viele Lehrpläne sehen allerdings zwei getrennte Jura-Veranstaltungen vor, die sich dem Bürgerlichen Recht einerseits und dem Unternehmensrecht oder Handels- und Gesellschaftsrecht andererseits widmen. Den Teilnehmern solcher Kurse soll die vorliegende kompakte Darstellung eine Hilfestellung bieten. Damit sie aber auch nur halbwegs hilfreich sein kann, muss der Leser die wichtigsten Gesetze zur Hand haben und hierin die im Buch angegebenen Vorschriften nachlesen: BGB und HGB sowie schließlich das GmbHG.

Am Ende eines jeden Kapitels finden Sie Hinweise zum Weiterarbeiten. Lösungen zu den dortigen Aufgaben sind online unter ▶ http://www.springer.com/in/book/9783658199821 abrufbar.

Inhaltsverzeichnis

1	**Grundlagen**	1
	Justus Meyer	
1.1	Begriff und Entstehung des Handelsrechts	2
1.2	Begriff und Gegenstand des Gesellschaftsrechts	3
1.3	Die wichtigsten Rechtsgrundlagen	4
1.3.1	EU-Recht	4
1.3.2	BGB und HGB	5
1.3.3	GmbHG, AktG und weitere Sondergesetze	6
1.4	Charakteristika handelsrechtlicher Normen	6
1.4.1	Entgeltlichkeit	7
1.4.2	Einfachheit und Leichtigkeit des Handelsverkehrs	7
1.4.3	Publizität und Vertrauensschutz	8
1.4.4	Internationalität	8
1.5	Einige Besonderheiten gesellschaftsrechtlicher Regelungen	9
1.5.1	Kooperative Schuldverträge und privatrechtliche Organisationsformen	9
1.5.2	Innenverhältnis und Außenverhältnis	10
1.6	Lern-Kontrolle	10
2	**Unternehmer, Kaufleute und Handelsgesellschaften**	13
	Justus Meyer	
2.1	Der Adressatenkreis des HGB	14
2.1.1	Die Anwendbarkeitsfrage	14
2.1.2	Die Regelungssystematik des HGB	15
2.2	Betrieb eines Gewerbes	16
2.2.1	Bedeutung des Gewerbebegriffs	16
2.2.2	Merkmale des Gewerbebegriffs	17
2.2.3	Betreiber	21
2.3	Handelsgewerbe	22
2.3.1	Der Istkaufmann	22
2.3.2	Der Kannkaufmann	25
2.3.3	Land- und Forstwirtschaft	27
2.3.4	Fiktiv- und Scheinkaufmann	27

2.4	**Handelsgesellschaften**	29
2.4.1	OHG und KG	29
2.4.2	Die übrigen Rechtsformen	30
2.5	**Lern-Kontrolle**	30

3 Handelsregister und Firma 33
Justus Meyer

3.1	**Allgemeines zum Handelsregister**	34
3.2	**Handelsregisterpublizität**	35
3.2.1	Negative Publizität unterlassener Eintragungen und Bekanntmachungen (§ 15 I HGB)	36
3.2.2	Positive Publizität richtiger Eintragungen und Bekanntmachungen (§ 15 II HGB)	36
3.2.3	Positive Publizität falscher Bekanntmachungen (§ 15 III HGB)	37
3.3	**Allgemeines zur Firma**	38
3.3.1	Begriff und Bedeutung	38
3.3.2	Firmenbildung	38
3.3.3	Firmenschutz	40
3.3.4	Firmenrecht im weiteren Kontext	41
3.4	**Inhaberwechsel und Firmenfortführung**	42
3.4.1	Möglichkeiten der Firmenfortführung	42
3.4.2	Die Haftungsfolgen der Unternehmens- und Firmenfortführung	43
3.5	**Lern-Kontrolle**	44

4 Kaufmännische Stellvertretung 47
Justus Meyer

4.1	**Allgemeines zur Stellvertretung**	48
4.1.1	Begriff und Bedeutung	48
4.1.2	Tatbestand und Rechtsfolgen der Stellvertretung	49
4.2	**Kaufmännische Stellvertretung und Abgrenzungsfragen**	51
4.2.1	Das Regelungssystem der §§ 48–58 HGB	51
4.2.2	Abgrenzungen	51
4.3	**Die Prokura**	52
4.3.1	Prokura-Erteilung	52
4.3.2	Die Vertretungsmacht des Prokuristen	53
4.3.3	Gesamtprokura und Filialprokura	56
4.3.4	Erlöschen der Prokura	57

4.4	**Die Handlungsvollmacht**	57
4.4.1	Erteilung der Handlungsvollmacht	57
4.4.2	Der Umfang der Handlungsvollmacht	58
4.5	**Stellvertretung durch Ladenangestellte**	61
4.6	**Lern-Kontrolle**	62
5	**Allgemeine Regeln über Handelsgeschäfte**	**65**
	Justus Meyer	
5.1	**Begriff und Bedeutung der Handelsgeschäfte**	66
5.2	**Besonderheiten in der Rechtsgeschäftslehre**	68
5.2.1	Handelsbrauch und Handelsklauseln	68
5.2.2	Schweigen im Handelsverkehr	69
5.2.3	Vergrößerung der Vertragsfreiheit und Absenkung des Schutzniveaus	72
5.3	**Besonderheiten im Schuldrecht**	73
5.3.1	Zinsen und andere Entgelte	73
5.3.2	Abtretungsverbote im Handelsrecht	75
5.4	**Besonderheiten im Sachenrecht**	76
5.4.1	Grundlagen	76
5.4.2	Guter Glaube an die Verfügungsbefugnis	77
5.4.3	Guter Glaube an die Vertretungsmacht?	78
5.5	**Lern-Kontrolle**	79
6	**Besonderheiten des Handelskaufs und anderer Handelsgeschäfte**	**81**
	Justus Meyer	
6.1	**Der Handelskauf**	82
6.1.1	Begriff, Bedeutung und Abgrenzung	82
6.1.2	Besonderheiten beim Annahmeverzug	83
6.1.3	Fixhandelskauf	83
6.1.4	Die Rügeobliegenheit	84
6.2	**Das Kommissionsgeschäft**	88
6.3	**Transport- und Lagergeschäfte**	89
6.4	**Lern-Kontrolle**	90

7 Die wichtigsten Gesellschaftsformen in der Übersicht ... 93
Justus Meyer
- 7.1 Personengesellschaften, Körperschaften und Unternehmensgruppen . 94
- 7.2 Statistische Übersicht ... 95
- 7.3 Lern-Kontrolle ... 97

8 Die BGB-Gesellschaft (GbR) ... 99
Justus Meyer
- 8.1 Begriff, Erscheinungsformen und Bedeutung ... 100
- 8.2 Gründung ... 101
- 8.3 Innenverhältnis ... 102
- 8.3.1 Gesellschafterpflichten ... 102
- 8.3.2 Gesellschafterrechte ... 103
- 8.3.3 Geschäftsführung ... 105
- 8.3.4 Grundlagenentscheidungen ... 106
- 8.4 Gesellschaftsvermögen ... 106
- 8.4.1 Die Außen-BGB-Gesellschaft als rechtsfähige Personengesellschaft ... 107
- 8.4.2 Vermögenszuordnung ... 107
- 8.4.3 Geschäftsanteil, Gewinne und Verluste ... 108
- 8.5 Außenverhältnis ... 109
- 8.5.1 Vertretung ... 109
- 8.5.2 Haftung für Gesellschaftsverbindlichkeiten ... 111
- 8.6 Gesellschafterwechsel ... 113
- 8.6.1 Eintritt eines Gesellschafters ... 113
- 8.6.2 Ausscheiden eines Gesellschafters ... 114
- 8.6.3 Übertragung der Mitgliedschaft ... 114
- 8.7 Auflösung und Beendigung der Gesellschaft ... 115
- 8.8 Lern-Kontrolle ... 116

9 Die Offene Handelsgesellschaft (OHG) ... 119
Justus Meyer
- 9.1 Erscheinungsformen und Bedeutung ... 120
- 9.2 Gründung ... 121
- 9.3 Innenverhältnis ... 122
- 9.3.1 Pflichten der OHG-Gesellschafter ... 122
- 9.3.2 Rechte der OHG-Gesellschafter ... 123
- 9.3.3 Geschäftsführung ... 124
- 9.3.4 Gesellschafterbeschlüsse ... 124

Inhaltsverzeichnis

9.4	**Das OHG-Vermögen**	125
9.5	**Außenverhältnis**	126
9.5.1	Vertretung	127
9.5.2	Haftung für OHG-Verbindlichkeiten	127
9.6	**Gesellschafterwechsel**	129
9.6.1	Eintritt eines Gesellschafters	129
9.6.2	Ausscheiden eines Gesellschafters	129
9.6.3	Übertragung der Mitgliedschaft	130
9.7	**Auflösung und Beendigung der OHG**	130
9.8	**Lern-Kontrolle**	131
10	**Die Kommanditgesellschaft (KG)**	133
	Justus Meyer	
10.1	**Begriff, Erscheinungsformen und Bedeutung**	134
10.2	**Gründung**	135
10.3	**Innenverhältnis**	136
10.3.1	Rechte und Pflichten der Gesellschafter	136
10.3.2	Geschäftsführung	137
10.4	**Das KG-Vermögen**	138
10.4.1	KG-Vermögen und Kapitalanteile	138
10.4.2	Gewinnverteilung	139
10.4.3	Verlustverteilung	139
10.4.4	Entnahmen	140
10.5	**Außenverhältnis**	140
10.5.1	Vertretung	141
10.5.2	Haftung	141
10.6	**Gesellschafterwechsel**	143
10.6.1	Eintritt	143
10.6.2	Ausscheiden	143
10.6.3	Übertragung der Mitgliedschaft	144
10.7	**Auflösung und Beendigung der KG**	145
10.8	**Lern-Kontrolle**	145
11	**Die Gesellschaft mit beschränkter Haftung (GmbH)**	147
	Justus Meyer	
11.1	**Erscheinungsformen und Bedeutung**	148
11.2	**Gründung**	149
11.2.1	Feststellung der Satzung	149

11.2.2	Kapitalaufbringung	150
11.2.3	Eintragung in das Handelsregister	151
11.2.4	Die Unternehmergesellschaft (UG)	153
11.3	**Innenverhältnis**	154
11.3.1	Geschäftsführung	154
11.3.2	Die Gesellschafter	156
11.3.3	Weitere Gesellschaftsorgane	156
11.3.4	Die Mitgliedschaft	157
11.4	**Das GmbH-Vermögen**	159
11.4.1	GmbH-Vermögen und Stammkapital	159
11.4.2	Kapitalerhaltung	159
11.4.3	Gesellschafterdarlehen	162
11.4.4	Kapitalerhöhung und -herabsetzung	164
11.5	**Außenverhältnis**	166
11.5.1	Vertretung	166
11.5.2	Haftung	167
11.6	**Gesellschafterwechsel**	167
11.7	**Beendigung der GmbH**	168
11.8	**Lern-Kontrolle**	169
12	**Die GmbH & Co. KG**	171
	Justus Meyer	
12.1	Erscheinungsformen und Bedeutung	172
12.2	Gründung	174
12.3	**Innenverhältnis**	174
12.4	**Das Vermögen der GmbH & Co. KG**	175
12.4.1	Kapitalisierung der GmbH & Co. KG	175
12.4.2	Gewinn- und Verlustverteilung sowie Entnahmen	176
12.5	**Außenverhältnis**	176
12.5.1	Vertretung	176
12.5.2	Haftung	177
12.6	**Gesellschafterwechsel**	177
12.7	**Auflösung und Beendigung der GmbH & Co. KG**	178
12.8	**Lern-Kontrolle**	178
	Serviceteil	181
	Tipps fürs Studium und fürs Lernen	182
	Literatur	187

Grundlagen

Justus Meyer

1.1 Begriff und Entstehung des Handelsrechts – 2

1.2 Begriff und Gegenstand des Gesellschaftsrechts – 3

1.3 **Die wichtigsten Rechtsgrundlagen – 4**
1.3.1 EU-Recht – 4
1.3.2 BGB und HGB – 5
1.3.3 GmbHG, AktG und weitere Sondergesetze – 6

1.4 **Charakteristika handelsrechtlicher Normen – 6**
1.4.1 Entgeltlichkeit – 7
1.4.2 Einfachheit und Leichtigkeit des Handelsverkehrs – 7
1.4.3 Publizität und Vertrauensschutz – 8
1.4.4 Internationalität – 8

1.5 **Einige Besonderheiten gesellschaftsrechtlicher Regelungen – 9**
1.5.1 Kooperative Schuldverträge und privatrechtliche Organisationsformen – 9
1.5.2 Innenverhältnis und Außenverhältnis – 10

1.6 **Lern-Kontrolle – 10**

© Springer Fachmedien Wiesbaden GmbH, ein Teil von Springer Nature 2018
J. Meyer, *Wirtschaftsrecht: Handels- und Gesellschaftsrecht,* Studienwissen kompakt,
https://doi.org/10.1007/978-3-658-19983-8_1

Lern-Agenda
Im ersten Kapitel werden die behandelten Rechtsgebiete vorgestellt und eingeordnet. Dazu gehören auch die einschlägigen Gesetze und ihre Charakteristika.

Grundlagen des Handels- und Gesellschaftsrechts

Einordnung des Handels- bzw. Gesellschaftsrechts im Kontext des gesamten Wirtschaftsprivatrechts und Erklärung der wichtigsten Regelungsinhalte	Gegenstand des Handels- bzw. Gesellschaftsrechts	▶ Abschn. 1.1, ▶ Abschn. 1.2
Überblick zum EU-Recht, dem BGB und HGB und weiteren Sondergesetzen	Rechtsquellen des Handels- und Gesellschaftsrechts	▶ Abschn. 1.3
Übergeordnete Prinzipien des Handelsrechts, sowie wichtige Besonderheiten beim Umgang mit Gesellschaftsrecht	Besonderheiten handels- und gesellschaftsrechtlicher Normen	▶ Abschn. 1.4, ▶ Abschn. 1.5

1.1 Begriff und Entstehung des Handelsrechts

Das Bürgerliche Recht enthält grundsätzlich Regelungen für jedermann. Wie ein Vertrag geschlossen wird, welche Verpflichtungen sich aus einem Kauf- oder Mietvertrag ergeben, wie eine bewegliche Sache übereignet oder eine Hypothek bestellt wird, all das gilt für alle Personen gleichermaßen (und grundsätzlich auch für Kaufleute). Allerdings enthält schon das BGB zahlreiche spezielle Vorschriften für besondere Personenkreise.

Beispiel
§§ 1297 ff. BGB gelten nur für Verlobte, §§ 1615a ff. BGB nur für Kinder nicht miteinander verheirateter Eltern und so fort. Verschiedene Vorschriften enthalten Sonderregeln für den Fall, dass ein Verbraucher einem professionell agierenden Geschäftspartner gegenübersteht und insoweit besonders schutzwürdig erscheint (vgl. z. B. §§ 13 f., 312 ff., 355 ff., 474 ff., 499 ff. BGB).

In der Wirtschaft hat sich das Bedürfnis nach Sonderregeln schon sehr früh und in besonders starkem Maße gezeigt; daher hat sich bereits im Mittelalter ein Sonderrecht für den Kaufmannsstand (samt Handelsgesellschaften) herausgebildet. Auch wenn sich das Wirtschaftsrecht immer stärker ausdifferenziert hat, hat das Handelsrecht doch bis heute seine Eigenständigkeit bewahrt. Das Handelsgesetzbuch (HGB) sowie verschiedene weitere Regelungen enthalten Sondervorschriften, wo die Anwendung der allgemeinen Vorschriften des BGB unzureichend erscheinen.

Hintergrund
Historisch ist allerdings nicht das HGB auf der Grundlage des BGB entstanden; vielmehr ist sein Vorläufer, das Allgemeine Deutsche Handelsgesetzbuch (ADHGB), schon 1861, also knapp 40 Jahre vor dem BGB und zehn Jahre vor der Reichseinheit entstanden, und war damit Vorreiter der Rechtsvereinheitlichung. „Handelsrecht" muss auch nicht notwendig mit einem „Handelsgesetzbuch" einhergehen. So haben unsere Nachbarn in der Schweiz, den Niederlanden und in Italien ein umfassendes Zivilgesetzbuch, in das die Sonderregeln für Kaufleute oder Unternehmen weitgehend integriert sind.

Das Handelsrecht ist demnach ein Teil des Wirtschaftsrechts (im weiteren Sinn). Es beinhaltet das Sonderrecht der Kaufleute und Handelsgesellschaften. Es ist weitgehend im HGB kodifiziert und enthält vor allem Modifikationen gegenüber dem BGB.

Beispiel
Wer eine mangelhafte Sache geliefert bekommt, hat regelmäßig zwei Jahre Zeit, um seine Gewährleistungsrechte geltend zu machen (§§ 437, 438 BGB). Unter Kaufleuten gilt zur Beschleunigung etwaiger Reklamationen vorrangig § 377 HGB: Der Käufer hat die Ware bei Ablieferung unverzüglich zu untersuchen und etwaige Mängel unverzüglich zu rügen; ansonsten gilt die Ware als genehmigt und er verliert seine Rechte.

▶ **Auf den Punkt gebracht: Das Handelsrecht modifiziert als Sonderrecht der Kaufleute und Handelsgesellschaften die BGB-Regelungen, um den besonderen Bedürfnissen der Wirtschaft gerecht zu werden.**

1.2 Begriff und Gegenstand des Gesellschaftsrechts

Das Gesellschaftsrecht behandelt die mitgliedschaftlich organisierten privaten Organisationsformen vom Verein und der BGB-Gesellschaft über die OHG und KG bis zur GmbH und Aktiengesellschaft (AG). Während die Grundformen im BGB geregelt sind (in §§ 21 ff. BGB der Verein und in §§ 705 ff. BGB die BGB-Gesellschaft oder auch Gesellschaft bürgerlichen Rechts (GbR)), enthält das HGB im zweiten Buch Regeln über die ältesten Handelsgesellschaften: die offene Handelsgesellschaft (OHG, §§ 105 ff. HGB) und die Kommanditgesellschaft (KG, §§ 161 ff. HGB). Andere Gesellschaftsformen sind zwar in Sondergesetzen geregelt (insb. im GmbHG und AktG), aber das 2. Buch des HGB zeigt doch die enge Verzahnung des Handels- mit dem Gesellschaftsrecht.

Hintergrund
Auch die Aktiengesellschaft und die Kommanditgesellschaft auf Aktien waren früher im HGB geregelt (im 3. Buch, das mittlerweile die Rechnungslegungsregeln enthält). Das AktG wurde erst mit der Aktienrechtsreform 1937 geschaffen. Demgegenüber wurde die GmbH von Anfang an in einem Sondergesetz geregelt.

Zudem gelten die handelsrechtlichen Sonderregeln nicht nur für Kaufleute, sondern auch für die Handelsgesellschaften (vgl. § 6 HGB).

Beispiel
Die OHG und GmbH sind ebenso zur Buchführung verpflichtet wie der Einzelkaufmann (§§ 238 ff. HGB). Kauft eine KG von einer AG Rohstoffe ein, so gilt auch die Rügelast des § 377 HGB.

Keine Gegenstände des Gesellschaftsrechts sind dagegen die Stiftungen (§§ 80 ff. BGB), denn es handelt sich um rechtlich verselbständigtes Sondervermögen, das vom Stifter für einen bestimmten besonderen (häufig gemeinnützigen) Zweck eingesetzt wird. Die Stiftung ist daher zwar eine wichtige Rechtsform für Unternehmen, aber kein mitgliedschaftlich verfasster Verband. Ausgeklammert bleiben auch die öffentlich-rechtlichen Körperschaften, Anstalten und Stiftungen wie Sparkassen, staatliche Universitäten usw. (vgl. § 89 BGB).

> **Auf den Punkt gebracht:** Das Gesellschaftsrecht regelt die verschiedenen Unternehmensformen und nicht-unternehmerischen Verbände, wie z. B. Verein, AG, GmbH sowie BGB-Gesellschaft, OHG und KG.

1.3 Die wichtigsten Rechtsgrundlagen

1.3.1 EU-Recht

Auch das Handels- und Gesellschaftsrecht ist heute in weitem Umfang vom EU-Recht geprägt. Natürlich spielen die Grundfreiheiten wie die Warenverkehrs- und Dienstleistungsfreiheit im Handelsrecht und die Niederlassungsfreiheit im Gesellschaftsrecht eine wesentliche Rolle und ebenso die Grundrechte wie z. B. die unternehmerische Freiheit. Insofern gehören der Vertrag über die Arbeitsweise der EU (AEUV) und die Grundrechte-Charta zu den wichtigen Rechtsgrundlagen.

Zudem sind durch einige EU-Verordnungen supranationale Rechtsformen geschaffen worden: Die älteste ist die EWIV-VO, die praktisch wichtigste SE-Verordnung. Zu diesen Verordnungen gibt es jeweils nationale und auch deutsche Ausführungsgesetze. Schließlich prägen schon seit den 1960er-Jahren verschiedene Richtlinien das Handelsrecht und vor allem das Kapitalgesellschaftsrecht.

Beispiel
Die Publizitätsrichtlinien von 1968 und 2003 haben EU-weit zu elektronischen Registern geführt und zu einer erheblichen Änderung der §§ 8 ff. HGB. Die §§ 84 ff. HGB setzen die Handelsvertreter-Richtlinie von 1986 um. Die zweite gesellschaftsrechtliche Richtlinie von 1977 betrifft das Kapital der Aktiengesellschaften, die zwölfte gesellschaftsrechtliche Richtlinie von 1989 schreibt vor, dass alle Mitgliedstaaten auch eine Einpersonen-Kapitalgesellschaft vorsehen müssen.

1.3.2 BGB und HGB

Wichtiger im praktischen juristischen Alltag – und in der Vorlesung sowie beim Durcharbeiten dieses Buchs – sind die deutschen Gesetze zum Handels- und Gesellschaftsrecht. Vom HGB als der zentralen Kodifikation des Handelsrechts war schon die Rede. Es regelt im ersten Buch (altmodisch: „Handelsstand") insbesondere seinen Anwendungsbereich („Kaufleute"), das Handelsregister (§§ 8 ff.) und die Firma (§§ 17 ff.), im zweiten Buch, wie schon gesehen, die traditionellen Handelsgesellschaften, im dritten die Rechnungslegung und im vierten Besonderheiten der Handelsgeschäfte, vor allem also Modifikationen des BGB-Vertragsrechts (vgl. ◘ Abb. 1.1).

Das BGB regelt in seinen §§ 21 ff. den Verein und in §§ 705 ff. die BGB-Gesellschaft. Zudem bildet es die Basis vieler HGB-Regeln, da das Handelsrecht oft nur die Besonderheiten regelt und ohne BGB nicht verständlich ist. Daher muss das BGB im Handelsrecht stets zur Hand sein.

Das Handelsgesetzbuch (HGB)				
1. Buch (§§ 1–104)	2. Buch (§§ 105–237)	3. Buch (§§ 238–342e)	4. Buch (§§ 343–475h)	5. Buch (§§ 476–619)
Handelsstand	Handelsgesellschaften + stille Gesellschaft	Handelsbücher	Handelsgeschäfte	Seehandel

◘ Abb. 1.1 Aufbau des Handelsgesetzbuches. (Eigene Darstellung)

Beispiel
Ohne das BGB-Kaufrecht (§§ 433 ff. BGB) ergeben die Regeln zum Handelskauf (§§ 373 ff. HGB) wenig Sinn, die §§ 48 ff. HGB bauen auf §§ 164 ff. BGB auf, und die Sonderregeln zur kaufmännischen Bürgschaft (§ 349 f. HGB) versteht man nur, wenn man die BGB-Grundregeln (§§ 765 ff. BGB) kennt oder nachschlägt.

Die GmbH wird hier ausführlicher mitbehandelt und das GmbHG sollte daher neben dem BGB und HGB beim Erarbeiten des Gesellschaftsrechts stets zur Hand sein.

1.3.3 GmbHG, AktG und weitere Sondergesetze

Im Handelsrecht spielen Sondergesetze wie das Einführungsgesetz zum HGB (EGHGB), die Handelsregisterverordnung (HRegV) und die Registerregeln im FamFG (§§ 374 ff.) eine vergleichsweise geringe Rolle. Im Gesellschaftsrecht sind insbesondere das GmbH-Gesetz (GmbHG) und das Aktiengesetz (AktG) ebenso wichtig wie das HGB. Das GmbHG regelt die in der Praxis wichtigste Gesellschaftsform in Deutschland. Das Aktienrecht und das Konzernrecht können hier leider nicht dargestellt werden.

Weitere Sondergesetze behandeln andere Rechtsformen, die hier aber nicht näher behandelt werden. Für die Genossenschaften gibt es das GenG, im Versicherungsaufsichtsgesetz (VAG) finden sich Regeln über den Versicherungsverein auf Gegenseitigkeit (VVaG). Das Gesetz über Partnerschaftsgesellschaften (PartGG) regelt ein OHG-Pendant für Freiberufler. Nicht weiter behandelt wird hier zudem das Umwandlungsgesetz (UmwG), das die wesentlichen Regeln für die meisten Fälle eines Wechsels der Rechtsform enthält.

Beispiel
Nimmt ein Einzelkaufmann einen Partner in sein Geschäft auf, so entsteht mit der verbindlichen Verabredung (dem Gesellschaftsvertrag) eine OHG, die nach § 28 HGB für die bisherigen Geschäftsverbindlichkeiten haftet. Wollen die beiden später lieber in der Rechtsform der GmbH agieren, so müssen sie nicht die OHG auflösen und eine GmbH gründen, sondern können auf eine formwechselnde Umwandlung zurückgreifen (§§ 190 ff., 214 ff. UmwG). Das UmwG sieht auch die Möglichkeit der Verschmelzung mehrerer Rechtsträger oder umgekehrt der Spaltung vor.

1.4 Charakteristika handelsrechtlicher Normen

Die Gründe für die Schaffung von Sonderregeln für den Handelsverkehr sind vielfältig und teilweise eher historisch als sachlich bedingt. Es lassen sich aber einige Charakteristika hervorheben.

1.4 • Charakteristika handelsrechtlicher Normen

1.4.1 Entgeltlichkeit

Ein wesentlicher Unterschied zum rein privaten Rechtsverkehr ergibt sich zunächst daraus, dass die Tätigkeit des Handels, und allgemeiner, der gewerblichen Wirtschaft, typischerweise auf Gewinnerzielung angelegt ist. Daher steht im Handelsrecht die Entgeltlichkeit der Rechtsgeschäfte stärker im Vordergrund.

Beispiel
Die geschuldeten Beträge sind schon ab Fälligkeit zu verzinsen (§ 353 HGB), nicht erst im Verzug (§ 288 BGB). Kaufleute können für Geschäftsbesorgungen auch ohne Verabredung Provisionen und für Aufbewahrungen Lagergeld verlangen (§ 354 HGB). Ein Handelskauf wird regelmäßig nicht getätigt, um eine Ware zu erhalten, sondern um mit dem Warenumsatz Gewinn zu machen. Daher tritt nach § 376 I HGB für Verspätungen beim Fixhandelskauf der Erfüllungsanspruch hinter dem Recht auf Rücktritt und Schadensersatz zurück; im BGB ist die Regelung umgekehrt.

1.4.2 Einfachheit und Leichtigkeit des Handelsverkehrs

Ein zweites Leitmotiv ist die Einfachheit und Leichtigkeit des Handelsverkehrs. Viele Institute sind darauf angelegt, den Abschluss und die Abwicklung von Geschäften zu erleichtern und Verzögerungen entgegenzuwirken.

Beispiel
Kaufleute können sich auch formfrei verbürgen (§ 350 HGB) und teils durch bloßes Schweigen Verträge schließen (§ 362 HGB). Der schnelle Weg zu Rücktritt und Schadensersatz beim Fixhandelskauf (§ 376 HGB) vermeidet Verzögerungen und führt zu schneller Dispositionsfreiheit. Die Rügepflicht des § 377 HGB bewirkt eine zügigere Behandlung von Mängeln.

Die Kehrseite dieser Erleichterungen besteht darin, dass sie an Kaufleute gesteigerte Sorgfaltsanforderungen stellen (vgl. § 347 HGB). Das rechtfertigt sich grundsätzlich dadurch, dass Kaufleute Profis sind und wissen müssen, was sie tun. Es kann freilich auch eine erhebliche Härte bedeuten.

Beispiel
Durch die Möglichkeit mündlicher Bürgschaften entfällt die Warnfunktion der Schriftform; übereilte Bürgschaften können ein wesentliches Haftungsrisiko begründen. Die Grundsätze vom Schweigen im Handelsverkehr verlangen dem Kaufmann stetige Aufmerksamkeit und Reaktion auf alle Angebote ab; wer sich ein paar Tage nicht um Briefkasten, Fax und Mailbox kümmert, kann schnell ohne weiteres Zutun vertraglich verpflichtet werden. Wer sich um

angelieferte Ware einige Tage nicht kümmert, kann nach § 377 HGB all seine Mängelrechte verlieren.

1.4.3 Publizität und Vertrauensschutz

Mit dem Leitmotiv der Schnelligkeit und Leichtigkeit des Handelsverkehrs sind die Aspekte Publizität und Vertrauensschutz eng verknüpft. So existiert mit dem Handelsregister ein besonderes Publizitätsinstrument, das dem Handelsverkehr wesentliche Informationen liefert, auf die er sich verlassen kann. Auch sonst ist der Gedanke des Vertrauensschutzes im Handelsrecht besonders stark ausgeprägt.

Beispiel
Durch die im Handelsregister einzutragende Prokura ist eine verlässliche Vertretungsmacht geschaffen, die Rückfragen, Vollmachtsurkunden und andere Verkomplizierungen unnötig macht. Wer ein Ladenlokal betritt, kann sich auf die Vertretungsmacht eines dort Angestellten verlassen (§ 56 HGB). § 366 HGB erweitert die Möglichkeit des gutgläubigen Erwerbs; dieser gesteigerte Vertrauensschutz erhöht die Verkehrsfähigkeit von Waren.

1.4.4 Internationalität

Als weiteres Charakteristikum ist schließlich die Internationalität des Handelsrechts zu nennen. Das Zusammenwachsen der Europäischen Union und das Phänomen der Globalisierung erfassen zwar alle Lebensbereiche. Im Vordergrund stehen dabei aber nach wie vor der Binnenmarkt und die Globalisierung der Wirtschaft. Daher spielt hier auch die Internationalisierung des Rechts von der Welthandelsorganisation (WTO) bis zu weltweit in der Praxis verwendeten Handelsklauseln eine besondere Rolle.

Hintergrund
Wie schon vor Schaffung des BGB (▶ Abschn. 1.1 zum ADHGB) erweist sich das Handels- und Wirtschaftsrecht dabei als Motor der Rechtsangleichung. Es ist kein Zufall, dass die EU aus der EWG hervorgegangen ist. Für den internationalen Handelskauf gilt eine UN-Konvention, der über 80 Staaten von den USA über die meisten EU-Staaten und Russland bis China und Japan beigetreten sind. Dieses sog. UN-Kaufrecht ist heute das wichtigste Vorbild, wenn über ein einheitliches Europäisches Vertragsrecht diskutiert wird.

Die ◘ Abb. 1.2 fasst die eben genannten Charakteristika zusammen.

Charakteristika des Handelsrechts

| Entgeltlichkeit | Schnelligkeit und Leichtigkeit | Publizität und Vertrauensschutz | Internationalität |

◘ Abb. 1.2 Charakteristika des Handelsrechts. (Eigene Darstellung)

1.5 Einige Besonderheiten gesellschaftsrechtlicher Regelungen

1.5.1 Kooperative Schuldverträge und privatrechtliche Organisationsformen

Ausgangspunkt der Gesellschaften ist der Zusammenschluss mehrerer zu einem gemeinsamen Zweck, und dementsprechend steht die gegenseitige gesellschaftsvertragliche Verpflichtung vielfach im Vordergrund (vgl. nur §§ 705–707 BGB).

Hintergrund
Die wichtigste historische Wurzel ist die *societas* des römischen Rechts, die als reines Schuldverhältnis zwischen den Gesellschaftern aufgefasst wurde und nach außen gar nicht in Erscheinung trat. Daher ordnet das BGB bis heute das Recht der Gesellschaft bei den Schuldverhältnissen ein (§§ 705 ff.).

Allerdings tritt das Miteinander der Gesellschafter oder Mitglieder gegenüber der organisatorischen Einheit häufig in den Hintergrund. Das ist einerseits bei Publikumsgesellschaften der Fall, die durch eine große Zahl von Mitgliedern gekennzeichnet sind.

Beispiel
Große börsennotierte Aktiengesellschaften haben teilweise Millionen Aktien in Streubesitz, so dass die Verbundenheit der Gesellschafter – anders als bei den Inhabern großer Aktienpakete – fast völlig in den Hintergrund tritt.

Andererseits sind Einpersonen-Gesellschaften heute eine geläufige Erscheinung. Viele Einzelunternehmer gründen eine GmbH, um ihr Haftungsrisiko einzugrenzen; hundertprozentige Tochtergesellschaften sind Gang und Gäbe. Auch die Einpersonen-GmbH und -AG sind natürlich Gegenstand des Gesellschaftsrechts, obwohl es keinen Zusammenschluss mehrerer gibt.

1.5.2 Innenverhältnis und Außenverhältnis

Zu den organisationsrechtlichen Fragen gehören zunächst die nach Anfang und Ende: Wann und wie entsteht der Rechtsträger, wann und wie endet er? Weitere betreffen die internen Verhältnisse: Welche Rechte und Pflichten bestehen zwischen der organisatorischen Einheit und den Mitgliedern? Wie vollzieht sich die Willensbildung innerhalb der Organisation, wer hat welche Entscheidungskompetenzen? Entscheiden die Gesellschafter miteinander (wie bei der OHG) oder werden besondere Organe gebildet (wie Vorstand, Aufsichtsrat und Hauptversammlung in der AG)? Gesellschaftsrecht erscheint so als Recht der privaten Binnenorganisation.

Beispiel
In einem Tennisclub e. V. geht es weniger um die Pflichten der Mitglieder untereinander, sondern eher um die Pflicht der Mitglieder, ihre Beiträge an den Verein zu leisten, und um die Leistungen, die der Verein zur Verfügung stellt. Die Mitglieder entscheiden über die Vereinsangelegenheiten in Mitgliederversammlungen (§ 32 BGB). Der Verein hat aber einen Vorstand, der regelmäßig die laufende Geschäftsführung übernimmt (§§ 26, 27 II BGB).

Da Gesellschaften regelmäßig auch als organisatorische Einheiten auftreten, kommen Fragen des Außenverhältnisses hinzu: Wer vertritt die Gesellschaft Dritten gegenüber? Wer haftet für die Gesellschaftsverbindlichkeiten?

Beispiel
Den Tennisclub e. V. vertritt nach § 26 II BGB sein Vorstand. Vergibt der Vorstand im Namen des Vereins den Auftrag zum Bau eines neuen Clubhauses, so entsteht ein Werkvertrag zwischen Verein und Bauunternehmer (§ 631 BGB). Den Werklohn schuldet nach §§ 631, 632 BGB der Verein als Besteller; er haftet mit seinem Vereinsvermögen. Die Vereinsmitglieder haften dem Bauunternehmer gegenüber nicht (müssen die Kosten aber im Innenverhältnis regelmäßig mit ihrem Beitrag oder einer Umlage abdecken).

1.6 Lern-Kontrolle

Kurz und bündig
Das Handels- und Gesellschaftsrecht, oft als Unternehmensrecht zusammengefasst, bildet einen wichtigen Teil des Wirtschaftsrechts. Die Grundlagen hierfür finden sich im BGB und HGB, aber auch in Spezialgesetzen wie zum Beispiel dem GmbHG.
Das Handelsrecht modifiziert die allgemeinen BGB-Regelungen, um den besonderen Bedürfnissen des Handelsverkehrs nachzukommen. Die wichtigsten Charakteristika sind Entgeltlichkeit, Einfachheit und Schnelligkeit der Handelsgeschäfte, Publizität und Vertrauensschutz sowie Internationalität.

1.6 · Lern-Kontrolle

Das Gesellschaftsrecht regelt die unterschiedlichen Unternehmensformen im Hinblick auf ihre Entstehung und Beendigung, die Binnenstruktur (Mitgliedschaftsrechte, Entscheidungsstrukturen, Vermögen) und ihr Außenverhältnis (Vertretung und Haftung).

? Let's Check
1. Wie verhalten sich die Begriffe Handelsrecht, Unternehmensrecht und Wirtschaftsrecht zueinander?
2. Inwiefern ist das EU-Recht für das Handels- und Gesellschaftsrecht von Bedeutung?
3. Welches sind die wichtigsten gesellschaftsrechtlichen Vorschriften im BGB und HGB, welches die wichtigsten gesellschaftsrechtlichen Sondergesetze?
4. Welches sind die wichtigsten Charakteristika handelsrechtlicher Normen?
5. Erläutern Sie den Unterschied zwischen Innenverhältnis und Außenverhältnis an Regelungen des Vereinsrechts und des OHG-Rechts.

? Vernetzende Aufgaben
1. Informieren Sie sich im BGB und GmbHG über die Mindestmitgliederzahl zur Gründung eines Vereins, einer BGB-Gesellschaft, einer GmbH und einer Stiftung.
2. UNCITRAL ist die Kommission der vereinten Nationen für internationales Handelsrecht. Auf ihrer Homepage (► www.uncitral.org) können Sie den Text des UN-Kaufrechts (CISG) sowie die Liste der Mitgliedstaaten finden. Lesen Sie insbesondere Art. 2 lit. a CISG und begründen Sie, inwiefern das UN-Kaufrecht ein „Welthandelskaufrecht" ist.

? Lesen und Vertiefen
Zum Vertiefen empfehlen sich unter anderem die folgenden Werke, auf die auch in den folgenden Kapiteln verwiesen wird. Verschaffen Sie sich anhand der jeweiligen Einleitungskapitel einen Überblick über die Grundlagen des Handels- und Gesellschaftsrechts und vergleichen Sie den Umfang und Stil der Darstellungen.
- Kindler, P. (2016). *Grundkurs Handels- und Gesellschaftsrecht*. München: C.H. Beck.
  Ein gutes einbändiges Werk zum Vertiefen.
- Oetker, H. (2015). *Handelsrecht*. Berlin: Springer.
  Ein klassisches Lehrbuch zur weiteren Vertiefung im Handelsrecht.
- Windbichler, C. (2017). *Gesellschaftsrecht*. München: C.H. Beck.
  Ein klassisches Lehrbuch zur weiteren Vertiefung im Gesellschaftsrecht.
- Schmidt, K. (2014). *Handelsrecht – Unternehmensrecht I*. und
  Schmidt, K. (2018). *Gesellschaftsrecht – Unternehmensrecht II*.
  beide Köln: Carl Heymanns Verlag. Ein umfangreiches zweibändiges Werk zum Nachschlagen, punktuellen Vertiefen und Weiterlesen.

Unternehmer, Kaufleute und Handelsgesellschaften

Justus Meyer

2.1 Der Adressatenkreis des HGB – 14
2.1.1 Die Anwendbarkeitsfrage – 14
2.1.2 Die Regelungssystematik des HGB – 15

2.2 Betrieb eines Gewerbes – 16
2.2.1 Bedeutung des Gewerbebegriffs – 16
2.2.2 Merkmale des Gewerbebegriffs – 17
2.2.3 Betreiber – 21

2.3 Handelsgewerbe – 22
2.3.1 Der Istkaufmann – 22
2.3.2 Der Kannkaufmann – 25
2.3.3 Land- und Forstwirtschaft – 27
2.3.4 Fiktiv- und Scheinkaufmann – 27

2.4 Handelsgesellschaften – 29
2.4.1 OHG und KG – 29
2.4.2 Die übrigen Rechtsformen – 30

2.5 Lern-Kontrolle – 30

© Springer Fachmedien Wiesbaden GmbH, ein Teil von Springer Nature 2018
J. Meyer, *Wirtschaftsrecht: Handels- und Gesellschaftsrecht*, Studienwissen kompakt,
https://doi.org/10.1007/978-3-658-19983-8_2

Kapitel 2 · Unternehmer, Kaufleute und Handelsgesellschaften

Lern-Agenda

Das Handelsrecht ist das Sonderprivatrecht der Kaufleute und Handelsgesellschaften. Das zweite Kapitel zeigt, wann es auf dieses Sonderrecht ankommt und für wen es gilt.

Überblick zu Unternehmern, Kaufleuten und Handelsgesellschaften

Anwendbarkeit und Regelungssystematik	Adressatenkreis des HGB	▶ Abschn. 2.1
Merkmale und Bedeutung des Gewerbebegriffs, sowie die Darstellung, wer Betreiber des Gewerbes ist	Betrieb eines Gewerbes	▶ Abschn. 2.2
Abgrenzung des Istkaufmann zum Kannkaufmann bzw. dem Fiktiv- und Scheinkaufmann, außerdem wird auf die Besonderheiten bei Land- und Forstwirtschaft hingewiesen	Handelsgewerbe	▶ Abschn. 2.3
Überblick zur OHG und KG, sowie weiteren Rechtsformen	Handelsgesellschaften	▶ Abschn. 2.4

2.1 Der Adressatenkreis des HGB

Bei der Behandlung praktischer Rechtsprobleme kommt es häufig – früher oder später – auf die Frage an, ob die Sonderregeln des Handelsrechts mit heranzuziehen sind. In der Regel geht es darum, ob das HGB anwendbar ist.

2.1.1 Die Anwendbarkeitsfrage

Die Frage nach der Anwendbarkeit des HGB stellt sich jeweils im Zusammenhang mit einer konkreten Norm, wenn ihre handelsrechtlichen Modifikationen fallrelevant sind.

Beispiele
A möchte eine Buchhandlung eröffnen. Muss er sich um eine Handelsregistereintragung kümmern? Nach § 29 HGB hängt die Eintragungspflicht davon ab, ob er Kaufmann ist.

2.1 · Der Adressatenkreis des HGB

B ist nicht im Handelsregister eingetragen, hat in seiner Buchhandlung aber zwischenzeitlich drei Angestellte und erzielt einen Jahresumsatz von 300.000 €. Er fragt, ob er seine Buchführung nur für das Finanzamt machen muss oder ob ihn die kaufmännischen Buchführungspflichten treffen. Nach § 238 HGB hängt auch das davon ab, ob er Kaufmann ist. Buchhändler C kauft Bücher beim V-Verlag und fragt, wann der Kaufpreis fällig ist. Die Fälligkeit richtet sich gemäß § 271 BGB nach der Vereinbarung der Parteien; ansonsten ist der Kaufpreis sofort fällig. Da das HGB hierzu keine Sonderregelung enthält, kommt es bei der Beantwortung der Frage des C nicht auf das HGB und damit auch nicht darauf an, ob er Kaufmann ist. Zahlt C den Kaufpreis verspätet, so schuldet er gemäß § 353 HGB Fälligkeitszinsen nur, wenn er Kaufmann ist, und bei mangelhafter Lieferung kann er die Ansprüche aus § 437 BGB nach § 377 HGB durch Rügesäumnis verlieren, wenn er Kaufmann ist.

Die Frage nach der Anwendbarkeit des HGB stellt sich also in manchen Fällen gar nicht und kann im Übrigen an ganz verschiedenen Stellen auftauchen. Wenn sie auftaucht, muss man sich mit dem Adressatenkreis des HGB auseinandersetzen und die betreffende Regelungssystematik des HGB kennen.

2.1.2 Die Regelungssystematik des HGB

Das HGB bestimmt seinen Adressatenkreis gleich am Anfang in §§ 1 ff. und stellt dabei, noch ganz dem 19. Jahrhundert verhaftet, den Einzelkaufmann ins Zentrum. Es regelt in §§ 1–5, welche Einzelunternehmer Kaufleute sind und bezieht in § 6 HGB die Handelsgesellschaften mit ein.

> **Merke!**
>
> **Kaufmann** ist nach § 1 I HGB, wer ein Handelsgewerbe betreibt. Die Vorschrift verlangt damit die Prüfung von drei Fragen:
> - Ist das betreffende Geschäft ein Gewerbe?
> - Ist das Gewerbe ein Handelsgewerbe?
> - Ist der Betreffende der Betreiber des Gewerbes?

Es ist in der praktischen Prüfung sinnvoll, die Fragen auseinanderzuhalten. Die erste und dritte – handelt es sich bei dem Betreffenden um den Betreiber eines Gewerbes? – werden vom HGB nicht weiter geregelt (▶ Abschn. 2.3); in den weiteren Vorschriften geht es nur noch um die zweite (▶ Abschn. 2.4) Dabei wird vor allem zwischen Istkaufleuten nach § 1 II HGB und den Kannkaufleuten nach § 2 HGB unterschieden, während § 3 und § 5 HGB nur begrenzte Anwendungsbereiche haben.

Hintergrund

Das HGB bestimmt seinen Anwendungsbereich in §§ 1–6 subjektiv, also nach der Qualifizierung der Beteiligten. Das rührt daher, dass es sich historisch als Recht für den „Handelsstand" entwickelt hat (vgl. heute noch die Überschrift vor § 1 HGB). Diesem subjektiven System folgen nicht alle Rechtsordnungen, und auch das HGB enthält zusätzlich objektive Elemente. So muss man z. B. bei §§ 353 und 377 HGB zusätzlich fragen, ob es sich bei dem betreffenden Geschäft um ein Privatgeschäft des Kaufmanns handelt oder um ein Handelsgeschäft (vgl. § 343 HGB).

2.2 Betrieb eines Gewerbes

2.2.1 Bedeutung des Gewerbebegriffs

2.2.1.1 Viele Gewerbebegriffe

Der Begriff des Gewerbes kommt in verschiedenen Zusammenhängen vor, beispielsweise in der Gewerbeordnung, im Steuerrecht, im Strafrecht (§ 243 I StGB Nr. 3: gewerbsmäßiger Diebstahl) und eben auch im Privatrecht, z. B. im BGB und HGB. Die Bedeutung des Gewerbebegriffs ist dabei nicht einheitlich, sondern richtet sich nach dem jeweiligen Zusammenhang. Daher kann im Handelsrecht, wo eine Definition des Begriffs fehlt, nicht einfach auf Definitionen aus der Gewerbeordnung oder dem Steuerrecht zurückgegriffen werden.

Beispiel

Die fiskalpolitische Frage, ob Freiberufler auch zur Gewerbesteuer herangezogen werden sollen, sagt nichts darüber aus, ob auch eine Handelsregistereintragung, die kaufmännische Buchführungspflicht oder die Möglichkeit mündlicher Bürgschaft für Freiberufler sinnvoll ist.

2.2.1.2 Gewerbetreibende als Unternehmer im BGB

Im BGB kommt der Gewerbebegriff vor allem in §§ 13, 14 vor und ist auf einzelne Rechtsgeschäfte bezogen: Nach § 14 ist Unternehmer, wer ein Rechtsgeschäft in Ausübung seiner gewerblichen oder selbständigen beruflichen Tätigkeit abschließt. Schließt sein Gegenüber das Geschäft zu privaten Zwecken ab, handelt es sich um einen Verbrauchervertrag, und es ist das besondere Verbraucherschutzrecht anwendbar (▶ Abschn. 1.1). Der Gewerbebegriff ist hier also für die Unternehmerqualität im Sinne des Verbraucherschutzrechts entscheidend und beispielsweise auch für die Höhe von Verzugszinsen (§ 288 BGB). Der Kreis der Unternehmer umfasst dabei die Gewerbetreibenden und die (sonstigen) selbständig Berufstätigen.

2.2.1.3 Der Gewerbebetrieb als Voraussetzung der Kaufmannseigenschaft

Im HGB kommt es vor allem nach § 1 I HGB auf den Gewerbebegriff an: Nur wer ein Gewerbe betreibt, das zudem als Handelsgewerbe qualifiziert ist, ist Kaufmann. Der Kaufmannsbegriff ist demnach doppelt enger als der des Unternehmers: Er erfasst nicht alle Gewerbetreibenden und erst recht nicht die sonstigen selbständig Berufstätigen.

Hintergrund
Dieses Nebeneinander der Begrifflichkeit erstaunt zunächst. Es erklärt sich aber daraus, dass das Begriffspaar Unternehmer-Verbraucher in einem ganz anderen Kontext entstanden ist, nämlich auf der Ebene des europarechtlichen Verbraucherschutzes. Ob dieses Nebeneinander auf lange Sicht beibehalten wird, bleibt abzuwarten.

Wenn wir nach den Merkmalen des handelsrechtlichen Gewerbebegriffs fragen, können wir uns nach alledem an die Rechtsprechung zu § 1 HGB und wohl auch zu §§ 13, 14 BGB halten, nicht aber an die gewerbe- oder steuerrechtlichen Definitionen.

2.2.2 Merkmale des Gewerbebegriffs

Da das HGB keine Definition des Gewerbes enthält, muss man sich die einzelnen Merkmale einprägen. Misslicherweise sind sie zum Teil auch noch umstritten. Gewerbe ist nach traditioneller Definition jede selbständige Tätigkeit, die nach außen im Rechtsverkehr in Erscheinung tritt, sowie planmäßig auf Dauer angelegt und auf Gewinnerzielung ausgerichtet ist; ausgenommen sind die freien Berufe.

2.2.2.1 Selbständigkeit

Unstreitig können nur Selbständige Gewerbetreibende sein. Selbstständig ist, wer seine Tätigkeit und Arbeitszeit im Wesentlichen frei gestalten kann (vgl. § 84 I HGB). Allgemein sind damit insbesondere Arbeitnehmer und Beamte ausgegrenzt.

Beispiel
Der Inhaber einer Buchhandlung kann Kaufmann sein, jedoch nicht der angestellte Buchhändler, der Auszubildende oder der Filialleiter. Der V-Verlag kann mit angestellten Verlagsvertretern arbeiten, aber auch mit selbständigen, die vielfach auch mehrere Verlage vertreten. Nur die selbständigen sind Gewerbetreibende. Eine Aktiengesellschaft betreibt meist ein Gewerbe; ihr Vorstandsvorsitzender ist Angestellter und damit nicht Gewerbetreibender.

2.2.2.2 Ausrichtung nach außen

Zweitens ist eine Tätigkeit nur dann gewerblich, wenn sie nach außen erkennbar wird und in irgendeiner Form anbietend auf einen Markt ausgerichtet ist. Für rein interne oder bloß nachfragende Tätigkeiten rechtfertigt sich die Anwendung der handelsrechtlichen Sonderregeln nicht. Das gilt insbesondere auch für die reine Vermögensverwaltung.

Beispiel
Der Bücherliebhaber, der herumreist und seltene Bände erwirbt, um seine Sammlung zu komplettieren, ist kein Gewerbetreibender. Der gutsituierte Rentner, der regelmäßig sein Aktiendepot aufstockt, wird auch durch die spätere Absicht eines gewinnbringenden Verkaufs nicht zum Gewerbetreibenden. Eine Holdinggesellschaft, deren Zweck sich darin beschränkt, die Anteile an anderen Gesellschaften zu verwalten, agiert nicht am Markt und betreibt daher kein Handelsgewerbe (kann aber z. B. als AG oder GmbH Handelsgesellschaft sein).

2.2.2.3 Planmäßigkeit und Dauerhaftigkeit

Das Merkmal der Planmäßigkeit und Dauerhaftigkeit grenzt das Gewerbe von einmaligen und ganz sporadischen Aktionen ab. Es setzt andererseits keine durchgehende Tätigkeit voraus; vielmehr reicht auch die planmäßig wiederholte Betätigung aus.

Beispiel
Wer alle paar Jahre seine Büchersammlung auf dem Flohmarkt entrümpelt, betreibt kein Buchhandelsgewerbe. Das einmalige Herausgeben einer Abi-Zeitung schafft keinen Gewerbebetrieb. Auch der Werksangehörige, der jährlich sein mit Mitarbeiterrabatt erworbenes Auto weiterverkauft, ist kein gewerblicher Autohändler; anders derjenige, der regelmäßig die Autos von Werksangehörigen an- und verkauft. Der Betrieb einer Eisdiele nur in den fünf wärmsten Monaten im Jahr ist planmäßig und dauerhaft und damit Gewerbebetrieb.

2.2.2.4 Entgeltlichkeit

Besonders umstritten ist das Merkmal der Gewinnerzielungsabsicht. Es entspricht dem traditionellen Verständnis und lässt sich auch gut damit begründen, dass gerade die Gewinnerzielungsabsicht typische Triebfeder erwerbswirtschaftlicher Tätigkeit ist; darauf sind die handelsrechtlichen Sondernormen zugeschnitten (▶ Abschn. 2.3.1.2). Freilich wird auch traditionell nicht verlangt, dass tatsächlich Gewinne erzielt werden: Auch ein jahrelang glückloser Buchhändler kann Kaufmann sein.

Immer mehr setzt sich die Ansicht durch, es genüge eine entgeltliche Tätigkeit, da sich das Erscheinungsbild einer Tätigkeit durch eine bloße Absicht nicht ändere. Auch Betriebe, die nur einen Deckungsbeitrag leisten und auch karitative Betriebe sollten vom HGB miterfasst werden.

Beispiele
Büchersammler A gibt Broschüren heraus und veranstaltet Führungen und Lesungen, um einen Teil der Kosten seiner Sammlung zu decken. Nach traditioneller Auffassung liegt mangels Gewinnerzielungsabsicht kein Gewerbe vor, nach der heute herrschenden Ansicht aufgrund der Entgeltlichkeit durchaus.
Im B-Konzern wird ein Betrieb aus Imagegründen aufrechterhalten, obwohl er als dauerhaft defizitär angesehen wird. Nach traditioneller Ansicht liegt kein Gewerbe vor, nach der heute herrschenden Ansicht wiederum doch.

2.2.2.5 Kein freier Beruf

Viele Diskussionen gibt es auch um das fünfte Merkmal: Freiberufler sind keine Gewerbetreibenden. Für viele Freiberufler ist das in ihrem Berufsrecht festgelegt, z. B. für Ärzte und Zahnärzte, Rechtsanwälte und Notare, Steuerberater und Wirtschaftsprüfer (vgl. z. B. § 1 der Bundesärzteordnung und § 2 II der Bundesrechtsanwaltsordnung). Es gilt aber auch für andere freie Berufe wie Architekten, Dolmetscher, Journalisten, freischaffende Künstler oder auch Wissenschaftler (Definition mit beispielhafter Aufzählung in § 1 II PartGG). Die Abgrenzung ist nicht immer einfach. So wird z. B. der Apotheker als Gewerbetreibender eingeordnet. Zudem ist der Sinn der Ausklammerung fragwürdig: Warum sollte ein Buchhändler oder Bäcker wirksam eine mündliche Bürgschaftserklärung abgeben können, der Rechtsanwalt aber nicht? Die Praxis hat die gesetzliche Wertentscheidung aber zu respektieren.

Hintergrund
Die Abgrenzung ist historisch bedingt, da sich der Ärztestand und der Advokatenstand getrennt vom Handelsstand entwickelt haben; auch heute findet sich hier noch ein ausgeprägtes Standesrecht. Rechtspolitisch geht es weniger um die Anwendung von HGB-Normen als um die Gewerbesteuer; aber das ist ja, wie wir gesehen haben, eine davon zu unterscheidende Frage.

Die Freiberufler sind es auch, die die §§ 13, 14 BGB im Auge haben, wenn auch diejenigen erfasst werden, die das betreffende Rechtsgeschäft nicht zu gewerblichen Zwecken, aber zu solchen ihrer selbständigen Berufstätigkeit ausführen. Beispielsweise ist ein Rechtsanwalt, der Bücher für seine Kanzlei kauft, Unternehmer, aber nicht Kaufmann. Wenn er zur Entspannung einen Kriminalroman kauft, ist er Verbraucher.

2.2.2.6 Andere (irrelevante) Merkmale

In Rechtsprechung und Literatur werden verschiedentlich weitere Merkmale des Gewerbebegriffs genannt, auf die aber letztlich verzichtet werden kann. Das gilt z. B. für das Merkmal der Berufsmäßigkeit, denn es geht einerseits praktisch in den Merkmalen der Planmäßigkeit und Entgeltlichkeit auf und ist andererseits bei den Handelsgesellschaften schwer zu bestimmen (Was ist der Beruf einer GmbH?). Es ist auch irrelevant, ob die Tätigkeit erlaubt oder verboten ist. Nach § 7 HGB kommt es für den Kaufmannsbegriff nicht auf behördliche Erlaubnisse oder dergleichen an, und ebenso ist es unerheblich, ob die Geschäfte zivilrechtlich wirksam sind.

Beispiel
Wer Bankgeschäfte ohne die erforderliche Erlaubnis tätigt, betreibt dennoch ein Gewerbe. Das gilt auch, wenn er regelmäßig wucherische Zinsen vereinbart, so dass die Darlehensverträge nach § 138 II BGB unwirksam sind. Auch die Ehevermittlung ist ein Gewerbe, obwohl die Forderungen daraus nach § 656 I BGB nicht einklagbar sind. Für das „älteste Gewerbe der Welt" hat sich das Problem ohnehin erledigt, da sich nach dem Prostitutionsgesetz klagbare Forderungen ergeben.

Insgesamt bleibt es daher bei den dargestellten fünf Merkmalen. Danach sind beispielsweise Einzel- und Großhandelsbetriebe vom Pressegrossisten über Buchhandlungen bis zum kleinen Kiosk und vom Gemüseladen bis zum Südfrüchteimporteur Gewerbebetriebe. Dasselbe gilt für Handwerksbetriebe wie Bäckereien, Metzgereien, Friseursalons, Installationsbetriebe und dergleichen. Auch Industriebetriebe gehören zu den Gewerbebetrieben, ebenso Dienstleistungsbetriebe vom Kreditinstitut über Versicherungsunternehmen bis zum Logistikunternehmen.

Beispiel
Ein Architekturbüro ist dagegen kein Gewerbebetrieb, da es sich um einen freien Beruf handelt. Auch das Konsortium dreier Banken zur Emission einer Aktie ist kein Gewerbebetrieb, da die Tätigkeit nicht auf Dauer angelegt ist.

Gewerbe				
Selbständigkeit	Ausrichtung nach außen	Planmäßigkeit und Dauerhaftigkeit	Gewinnerzielungs-absicht/ Entgeltlichkeit	Kein freier Beruf

Abb. 2.1 Gewerbebegriff. (Eigene Darstellung)

2.2 • Betrieb eines Gewerbes

> **Merke!**
>
> Daraus ergeben sich die folgenden fünf Merkmale für den **Gewerbebegriff** (vgl. ◘ Abb. 2.1):
> - Selbstständigkeit
> - Ausrichtung nach außen
> - Planmäßigkeit und Dauerhaftigkeit
> - Entgeltlichkeit
> - Kein freier Beruf
> - Weitere Merkmale können vernachlässigt werden.

2.2.3 Betreiber

Kaufmann ist nach § 1 I HGB der Betreiber des Handelsgewerbes. Wer das ist, ist in den meisten Fällen leicht zu bestimmen: Es ist der Inhaber der Buchhandlung, des Gemüseladens, des Friseursalons und so fort. Dabei kommt es nicht auf die Eigentumsverhältnisse an, und es ist auch unerheblich, ob der Inhaber selbst im Betrieb mitarbeitet.

Beispiel
Auch der Gaststättenpächter ist Gewerbetreibender, nicht der verpachtende Eigentümer. Wer in gemieteten Räumen und mit geleastem Inventar eine Agentur betreibt, ist nicht Eigentümer, aber Betreiber des Gewerbes. Der Inhaber einer Buchhandlung bleibt ihr Betreiber, wenn er seine Angestellten arbeiten lässt und selbst den Winter oder das ganze Jahr auf Mallorca verbringt.

Entscheidend ist, wer das **Unternehmensrisiko** trägt, wem also die Gewinne zufließen und wen die Verluste treffen. Betreiber des Gewerbes ist daher derjenige, in dessen Namen die Geschäfte abgeschlossen werden. Das kann auch ein Minderjähriger oder eine Gesellschaft sein.

Beispiel
Tun sich zwei Brüder zu einer OHG zusammen, um eine größere Buchhandlung zu führen, so ist die OHG Betreiberin des Gewerbes. Gründen sie stattdessen für den Betrieb der Buchhandlung eine GmbH, so ist die GmbH die Betreiberin.
Erbt ein Fünfzehnjähriger von seinem Onkel eine Buchhandlung mit drei Angestellten, so werden ihn seine Eltern vertreten, und die Angestellten werden sämtliche Geschäfte in seinem Namen tätigen. Er ist daher Betreiber des Gewerbes, und wird (wenn das Gewerbe auch Handelsgewerbe ist) als Kaufmann in das Handelsregister eingetragen. Da es auf die

eigene Geschäftsfähigkeit nicht ankommt, sondern darauf, in wessen Namen die Geschäfte getätigt werden, kann auch ein Zweijähriger Kaufmann sein.

2.3 Handelsgewerbe

Wann ein Gewerbe ein Handelsgewerbe und damit sein Betreiber Kaufmann ist, bestimmt sich vor allem nach § 1 II und § 2 HGB. Nach § 1 II HGB sind die Betreiber ab einer gewissen Größenordnung des Geschäfts ohne weiteres Kaufmann (Istkaufmann), während es bei den Kleingewerbetreibenden nach § 2 HGB darauf ankommt, ob sie sich – freiwillig – in das Handelsregister eintragen lassen (Kannkaufmann).

2.3.1 Der Istkaufmann

2.3.1.1 Der branchenunabhängige Kaufmannsbegriff

Nach landläufigen (und betriebswirtschaftlichen) Begriffen würde man wohl sagen, dass zwar Einzel- und Großhändler ein Handelsgewerbe betreiben und deswegen Kaufleute sind, nicht aber Handwerker, sonstige Dienstleister und erst recht nicht Produzenten. Die Begriffe „Handelsrecht" und „Sonderrecht der Kaufleute" leiten aber in die Irre. Der gesetzliche Kaufmannsbegriff weicht vom allgemeinen Sprachgebrauch erheblich ab, und dadurch erhält das Handelsrecht einen viel weiteren Anwendungsbereich.

Nach § 1 II HGB ist grundsätzlich jeder Gewerbebetrieb ein Handelsgewerbe; ausgegrenzt werden nur die kleingewerblichen Betriebe. Das bedeutet, dass die Kaufmannseigenschaft unabhängig von der Branche ist; die „Größe" entscheidet.

Beispiel
Der Inhaber einer größeren Buchhandlung ist Kaufmann. Ebenso der Inhaber eines Supermarktes und der Südfrüchteimporteur. Auch der Inhaber einer größeren Bäckerei oder Metzgerei ist Kaufmann, genau wie der Friseurmeister oder der Installateur mit zwölf Angestellten. Der Maschinenbauunternehmer gehört ebenso zu den Kaufleuten wie der Transportunternehmer mit acht Tanklastwagen.

> **Auf den Punkt gebracht: Als Prüfungsreihenfolge ergibt sich also:**
> - Gewerbe
> - Kein Kleingewerbe
> - Betreiber

2.3.1.2 Die Abgrenzung zum Kleingewerbe

Die Kriterien zur Abgrenzung zwischen Ist- und Kannkaufmann ergeben sich aus dem zweiten Halbsatz des § 1 II HGB („es sei denn …"). Entscheidend ist danach die Erforderlichkeit einer kaufmännischen Einrichtung nach Art und Umfang des Unternehmens.

> **Merke!**
>
> Ein **in kaufmännischer Weise eingerichteter Geschäftsbetrieb** ist dadurch gekennzeichnet, dass er durch eine Firma identifiziert wird, dass die betrieblichen Abläufe kaufmännisch organisiert sind, dass eine ordnungsgemäße Buchführung stattfindet, dass die besonderen Stellvertretungsformen (Prokura und Handlungsvollmacht) sinnvoll erscheinen und so fort. Insbesondere ist die Erforderlichkeit einer kaufmännischen Buchführung ein wichtiges Indiz.

Hintergrund
Die Kaufmannseigenschaft wird auf diese Weise praktisch von der Rechtsfolgenseite her bestimmt, und das hat auch eine gewisse Logik: Als Kaufleute sollen diejenigen qualifiziert werden, auf die das Sonderrecht der Kaufleute auch passt.

Dabei kommt es nur auf die **Erforderlichkeit** einer solchen kaufmännische Einrichtung an. Ob sie tatsächlich vorliegt, hat zwar Indizwirkung, ist aber nicht entscheidend.

Beispiel
Wenn ein Unternehmer eine kaufmännische Buchführung unterhält, spricht einiges dafür, dass sie auch erforderlich ist. Andererseits ist z. B. eine Großbäckerei auch dann als Handelsgewerbe einzustufen, wenn eine solche Buchführung fehlt.

Die Erforderlichkeit einer solchen Einrichtung richtet sich nach Art und Umfang des Unternehmens (der Gesetzestext – „oder" – darf nicht verwirren, da der zweite Halbsatz insgesamt ja doppelt negativ formuliert ist: „es sei denn, daß … nicht"). Es kommt daher auf beide Komponenten und damit auf den Gesamtzuschnitt des Unternehmens an. Die „Art" des Unternehmens wird durch seine Komplexität bestimmt, etwa die Vielfalt des Waren- oder Leistungsangebots, der Lieferanten- und Kundenbeziehungen, der Abrechnungsmodalitäten und so fort. Der „Umfang" misst sich in erster Linie am Umsatz des Unternehmens, aber auch an ähnlichen Kennzahlen wie etwa auch der Zahl der Mitarbeiter. Da es jeweils auf den Gesamtzuschnitt ankommt, lassen sich nur schwer feste Bezugsgrößen nennen.

> **Beispiel**
> A handelt mit seltenen Büchern, die er auf ausgedehnten Reisen aufstöbert, zuhause archiviert und im Internet anbietet. Durch den Verkauf von 3–4 Büchern im Jahr erzielt er einen durchschnittlichen Jahresumsatz von 600.000 €. Der Umsatz und damit Umfang der Tätigkeit ist keineswegs nur kleingewerblich. Die einfache Struktur des Unternehmens bestimmt seinen Gesamtzuschnitt aber wesentlich: Eine kaufmännische Einrichtung ist nicht erforderlich, es liegt kein Handelsgewerbe nach § 1 II HGB vor und A ist kein Istkaufmann.
> Die Buchhandlung des B hat schon bessere Zeiten erlebt; seit Jahren hat B keine Angestellten mehr, sein Jahresumsatz beträgt kaum mehr 60.000 €. Hier ist weder nach der Art noch nach dem Umfang des Unternehmens eine kaufmännische Einrichtung erforderlich. B ist Kleingewerbetreibender.
> Demgegenüber hat Buchhändler C drei Filialen und zusammen 18 Angestellte. Mit dem Umfang wächst auch die Komplexität der Geschäfte. C ist Istkaufmann.

Auch die Rechtsprechung bietet ein eher buntscheckiges Bild und macht es schwer, feste Richtgrößen anzugeben. In der **Praxis** der Industrie- und Handelskammern, die Jungunternehmer auch darüber beraten, ob sie sich ins Handelsregister eintragen lassen müssen, wird bei den meisten Branchen die Grenze bei 250.000 € Jahresumsatz angesetzt.

> **Hintergrund**
> Da es schon vom Wortlaut des Gesetzes her auf mehrere Kriterien ankommt, kann das natürlich nur eine erste Daumenregel sein, aber sie ist immerhin handhabbarer als die vage Formel vom Gesamtzuschnitt. Pauschale Grenzen gelten allerdings nach § 241a HGB für die Buchführungspflicht des Einzelkaufmanns (vgl. auch § 141 AO).

Hinzuweisen ist schließlich auf das **Zeitproblem**. Die Frage nach dem Gesamtzuschnitt darf nicht anhand eines einzelnen Jahresabschlusses oder dergleichen beantwortet werden, da saisonale oder kurzfristige konjunkturelle Schwankungen keine Rolle spielen sollten. Andererseits stellt sich ja die Frage nach der Kaufmannseigenschaft regelmäßig bereits in der Startphase (Firma? Handelsregistereintragung? usw.), wenn Umsätze vielleicht noch kaum vorkommen und ein Mitarbeiterstab noch nicht aufgebaut ist. Der Gesamtzuschnitt ist in diesem Fall nach der Anlage des Geschäftsbeginns, z. B. der Finanzplanung und dergleichen, zu prognostizieren.

2.3.1.3 Die Vermutungswirkung des § 1 II HGB

Die doppelte Verneinung in § 1 II HGB („es sei denn, daß … nicht") ist stilistisch nicht besonders schön, hat aber ihren guten Sinn. Der Gesetzgeber stellt damit ein Regel-Ausnahmeverhältnis dar und eine **Vermutung** auf. Von einem Gewerbetreibenden wird danach vermutet, dass er Kaufmann ist. Wo es auf die Kaufmannseigenschaft ankommt, kann von ihr ausgegangen werden, sofern der zu kleine Zuschnitt des Unternehmens nicht feststellbar ist. Für die Praxis bedeutet das dreierlei:

> **Auf den Punkt gebracht:**
> — Erstens wird ein Gewerbetreibender auf seine Anmeldung hin ins Handelsregister eingetragen, wenn das Registergericht keine konkreten Anhaltspunkte für die Kleingewerblichkeit hat.
> — Zweitens muss im Prozess derjenige den Gesamtzuschnitt des Unternehmens darlegen und beweisen, der die Kaufmannseigenschaft leugnet.
> — Drittens hat man in einer Klausur, wenn Angaben zum Zuschnitt des Unternehmens fehlen, von der Kaufmannsqualität auszugehen.

Beispiel
Buchhändler B verbürgt sich mündlich. Der Gläubiger hat einen Anspruch nur, wenn diese Erklärung wirksam, wenn B also Kaufmann ist (§ 350 HGB). Da B Gewerbetreibender ist, wird das nach § 1 II HGB vermutet; B selbst muss notfalls beweisen, dass eine kaufmännische Einrichtung in seiner Buchhandlung nicht erforderlich ist. Handelt ein Klausurtext nur von „Buchhändler B", so kann der Bearbeiter mit Hinweis auf die Vermutungswirkung des § 1 II HGB von der Kaufmannseigenschaft ausgehen.

2.3.1.4 Die Rechtsstellung des Istkaufmanns

Der Istkaufmann ist Kaufmann. § 1 II HGB bestimmt seinen Gewerbebetrieb zum Handelsgewerbebetrieb, und daher ist der Betreiber nach § 1 I HGB Kaufmann. Der Istkaufmann hat keine Wahl und wird daher auch Musskaufmann genannt.

Nach § 29 HGB ist er als Kaufmann verpflichtet, sich ins Handelsregister eintragen zu lassen. Unterlässt er das, so verhält er sich ordnungswidrig und kann vom Registergericht notfalls gezwungen werden. An seiner Kaufmannseigenschaft ändert die fehlende Eintragung aber nichts, denn die Eintragung begründet die Kaufmannseigenschaft nicht, sondern hat nur erklärenden (deklaratorischen) Charakter.

2.3.2 Der Kannkaufmann

Das ist bei den Kleingewerbetreibenden genau anders herum. Sie sind grundsätzlich Nichtkaufmann und werden erst durch die Eintragung zum Kaufmann. § 2 HGB formuliert das wiederum im Hinblick auf den Betrieb: Gewerbebetriebe, die nicht schon unter § 1 II HGB fallen, werden erst mit der Eintragung zum Handelsgewerbe. Die Eintragung wirkt also rechtsbegründend (konstitutiv).

Kapitel 2 · Unternehmer, Kaufleute und Handelsgesellschaften

> **Auf den Punkt gebracht:** Als Prüfungsreihenfolge ergibt sich also:
> - Gewerbe
> - Kleingewerbe
> - Eintragung ins Handelsregister
> - Betreiber

Dem Kleingewerbetreibenden steht es frei, ob er Nichtkaufmann bleibt oder sich eintragen lässt, § 2 S. 2 HGB. Daher wird er Kannkaufmann genannt. Nach § 2 S. 3 HGB kann er seine Firma, solange er nicht über den kleingewerblichen Zuschnitt hinausgewachsen ist, auch wieder aus dem Handelsregister löschen lassen und wird damit wieder zum Nichtkaufmann. Der Kleingewerbetreibende ist damit „Kannkaufmann mit Rückfahrkarte".

In den Beispielen am Ende von ▶ Abschn. 2.3.1.2 können die Buchhändler A und B entscheiden, ob sie sich eintragen lassen und damit Kaufmann werden. Sie können sich auch wieder umentscheiden, wenn sie sehen, dass die zusätzlichen Verpflichtungen und höheren Sorgfaltsanforderungen die Vorteile überwiegen.

Praktische Schwierigkeiten ergeben sich, wenn der Betrieb eines nicht eingetragenen Kleingewerbetreibenden über die – schwer bestimm- und erkennbare – Schwelle des § 1 II HGB hinauswächst. Der Betreiber wird damit automatisch kraft Gesetzes zum Kaufmann, wird eintragungs- und buchführungspflichtig und so fort. Die Regelung macht daher eine gewisse Wachsamkeit erforderlich. Der umgekehrte Fall ist eher in der Theorie problematisch.

Beispiel
Buchhändler B hatte drei Filialen und 16 Angestellte und sich als Istkaufmann pflichtgemäß eintragen lassen. Seit Jahren hat B nun keine Angestellten mehr, sein Jahresumsatz beträgt kaum mehr 60.000 €. Manche sehen B als (noch) eingetragenen Kleingewerbetreibenden, also als Kaufmann an. Andere vermissen die in § 2 HGB vorausgesetzte freiwillige Eintragung und lösen den Fall über § 5 HGB (dazu ▶ Abschn. 2.3.1.2).

In der Wirtschaftspraxis überwiegt die Zahl der Kleingewerbetreibenden deutlich. Die meisten von ihnen lassen sich nicht eintragen und bleiben Nichtkaufleute. Insgesamt machen die Kaufleute unter den Einzelunternehmern nur einen kleinen Bruchteil aus.

Hintergrund
Die Umsatzsteuerstatistiken zählen über zwei Millionen (gewerbliche und nichtgewerbliche) Einzelunternehmen. Demgegenüber finden sich im Handelsregister weniger als 160.000 eingetragene Kaufleute (vgl. ◻ Abb. 7.1).
Die Stellung der Kleingewerbetreibenden ist seit jeher ambivalent. Bis 1998 wurden sie als Minderkaufleute erfasst; für sie galt das HGB nur partiell (keine Handelsregistereintragung, keine Prokura, sondern nur Handlungsvollmacht usw.). Stattdessen gibt es nunmehr verschiedene Vorschriften im

HGB, die nicht nur für Kaufleute, sondern auch für nicht eingetragene Gewerbetreibende gelten (z. B. §§ 84 ff., 93 ff., 383 ff., 407 ff. HGB usw.).

> **Auf den Punkt gebracht:** Die Abgrenzung zwischen Ist- und Kannkaufmann erfolgt gem. § 1 II HGB anhand des Kriteriums der Erforderlichkeit einer kaufmännischen Einrichtung nach Art und Umfang des Unternehmens, diese bestimmt sich anhand der tatsächlichen betrieblichen Abläufe und ist einzelfallabhängig. Bei Zweifeln hilft die Vermutungsregel.

2.3.3 Land- und Forstwirtschaft

§ 3 HGB enthält für land- und forstwirtschaftliche Betriebe eine Sonderregelung. Danach sind die Inhaber von Kleinbetrieben Nichtkaufleute und die Betreiber von größeren Betrieben Kannkaufleute ohne Rückfahrkarte. Wie nach § 1 II HGB ist die Erforderlichkeit einer kaufmännischen Einrichtung nach dem Gesamtzuschnitt (Art und Umfang) entscheidend. Nach § 3 III HGB gilt diese Regelung auch für Nebenbetriebe.

Beispiel
Ein Kleinbauernhof mit einem kleinen Verkaufsgeschäft stellt kein Handelsgewerbe dar. Der kleingewerbliche Nebenbetrieb kann nicht durch Eintragung zum kaufmännischen gemacht werden. Ein großer Landwirtschaftsbetrieb mit großem Verkaufsgeschäft hat insgesamt die Eintragungsoption; das große Verkaufsgeschäft ist nicht schon nach § 1 II HGB kaufmännisch.

2.3.4 Fiktiv- und Scheinkaufmann

2.3.4.1 Die Bedeutung des § 5 HGB

§ 5 HGB verleiht der Eintragung in das Handelsregister eine besondere Publizitätswirkung, die über die des § 15 HGB hinausgeht (▶ Abschn. 3.2). § 5 HGB setzt voraus, dass ein Gewerbetreibender in das Handelsregister eingetragen ist. Gegebenenfalls kann der Eingetragene nicht einwenden, kein Handelsgewerbe zu betreiben. Es wird also fingiert, dass sein Gewerbe ein Handelsgewerbe ist (daher Fiktivkaufmann). Da § 5 HGB einen Gewerbebetrieb voraussetzt, hilft die Vorschrift nicht, wo Zweifel über die Gewerblichkeit bestehen.

Beispiel
Dr. A ist Arzt und betreibt ein Sanatorium für Schönheitsoperationen. Soweit A ärztlich tätig wird, handelt er freiberuflich, im Übrigen gewerblich. Insgesamt kann der gewerbliche Zuschnitt überwiegen, so dass A Kaufmann ist. Selbst wenn er eingetragen ist, hilft § 5 HGB

dem Rechtsverkehr bei Zweifeln aber nicht, da die Vorschrift nur im Fall der Gewerblichkeit eingreift.

Die Konzeption der Vorschrift sowie deren Anwendungsbereich ist problematisch. Er hängt hauptsächlich davon ab, wie man mit nach § 1 II HGB Eingetragenen umgeht, deren Betrieb mittlerweile nur noch kleingewerblich ist (▶ Abschn. 2.3.2). Wer hier § 2 HGB anwendet, braucht § 5 HGB praktisch nicht, und es fehlt daher nicht an Stimmen, die seine Abschaffung (oder seine Anwendung auch auf Nicht-Gewerbetreibende) befürworten.

2.3.4.2 Der Scheinkaufmann

Zumindest kann § 5 HGB gute Dienste als Merkhilfe leisten, da er an die ungeschriebenen gewohnheitsrechtlichen Grundsätze vom Scheinkaufmann erinnert. Es hat sich nämlich herausgestellt, dass es zu eng ist, nur auf die Eintragung zu schauen. Vielmehr kann der Rechtsverkehr auch durch ganz andere Umstände über die Kaufmannseigenschaft getäuscht werden.

Beispiele
A erklärt auf Nachfrage, eingetragener Kaufmann zu sein. B nennt sich auf Visitenkarten und im Briefkopf „Kaufmann". C nennt seine Geschäftsbezeichnung „Firma" und seinen Stellvertreter „Prokurist".

Wer einen solchen Rechtsschein veranlasst, sei es durch eigenes Handeln oder durch Unterlassen (Gewährenlassen seines Partners, Vertreters usw.), muss sich auch als Kaufmann behandeln lassen, wenn ein Dritter auf diesen Rechtsschein vertraut und entsprechend disponiert.

Beispiel
Wenn sich im vorigen Beispiel A gegenüber G mündlich verbürgt, kann er später nicht einwenden, er sei kein Kaufmann; die Bürgschaft gilt. Lässt B sich von einem Verlag beliefern, so muss er beschädigte Bücher nach § 377 HGB rügen. Bestellt der „Prokurist" im Namen des C Bücher, so kann C nicht einwenden, er sei nicht Kaufmann und der „Prokurist" habe in Wirklichkeit keine Vertretungsmacht für solche Bestellungen.

> **Auf den Punkt gebracht:** Insgesamt sind daher die gewohnheitsrechtlichen Grundsätze vom Scheinkaufmann wichtiger als § 5 HGB. Die allermeisten Fälle werden aber über § 1 II oder § 2 HGB abgedeckt, soweit es um Einzelunternehmer geht.

2.4 Handelsgesellschaften

Heute gibt es viel mehr Handelsgesellschaften als Einzelkaufleute. Nach § 6 I HGB gelten die handelsrechtlichen Vorschriften für sie ebenso wie für Einzelkaufleute; dennoch ist zwischen der OHG und KG einerseits und den übrigen Rechtsformen andererseits zu unterscheiden.

2.4.1 OHG und KG

Bei den **Personengesellschaften** bildet die BGB-Gesellschaft die Grundform; die OHG und KG sind die handelsrechtlichen Sonderformen, bei denen der Gesellschaftszweck auf den gemeinschaftlichen Betrieb eines Handelsgewerbes gerichtet ist (§ 105 I, 161 I HGB, ▶ Kap. 9 und 10). Wie beim Einzelunternehmer ist daher zu prüfen, ob ein Gewerbe betrieben werden soll und ob es sich um ein Handelsgewerbe handelt.

Geht es um ein „großgewerbliches" Unternehmen, so ist die Gesellschaft nach § 105 I HGB automatisch OHG; die Eintragung ist Pflicht, aber nicht Voraussetzung für die Qualifizierung als Handelsgesellschaft. Die Situation entspricht § 1 II HGB; man könnte von einer Ist-OHG sprechen.

Kleingewerbliche Gesellschaften sind nach § 105 II HGB nur dann OHG, wenn sie – freiwillig – ins Handelsregister eingetragen werden: ansonsten sind sie eine BGB-Gesellschaft. Die Situation entspricht § 2 HGB (auf den § 105 II HGB auch verweist); man könnte analog von einer Kann-OHG sprechen.

Nichtgewerbliche Gesellschaften sind – von einer Ausnahme abgesehen – BGB-Gesellschaften.

Beispiel
Ein Bankenkonsortium zur Aktienemission ist nicht auf Dauer angelegt, daher nicht gewerblich und daher BGB-Gesellschaft.

Hintergrund
Die Ausnahme bilden nach § 105 II HGB die reinen Vermögensverwaltungsgesellschaften. Mangels nach außen gerichteter Tätigkeit sind sie nicht gewerblich (▶ Abschn. 2.2.2.2); der Gesetzgeber eröffnet ihnen aber die Möglichkeit, sich als OHG eintragen zu lassen.

Insgesamt kommt es bei den Personengesellschaften daher zur Abgrenzung der OHG und KG von der BGB-Gesellschaft auf die bekannten Kriterien vom Betrieb eines Handelsgewerbes an.

Beispiel
A und B betreiben gemeinschaftlich eine Kleinbuchhandlung. Solange eine kaufmännische Einrichtung nicht erforderlich ist, handelt es sich grundsätzlich um eine BGB-Gesellschaft. Entscheiden sie sich zur Eintragung, wird die Gesellschaft zur OHG. Sie können die Eintragung auch wieder löschen lassen und ihre Gesellschaft wieder zur BGB-Gesellschaft machen (§ 105 II 2 mit § 2 S. 3 HGB).

Betreiber des Gewerbes ist gegebenenfalls die OHG oder KG (vgl. § 124 HGB).

Hintergrund
Da §§ 105 I, 161 I HGB vom gemeinsamen Betrieb eines Handelsgewerbes sprechen, ließen sich auch die Gesellschafter selbst als Betreiber und damit als Kaufleute ansehen. Das wird herkömmlich für die persönlich haftenden Gesellschafter angenommen, nicht aber für die Kommanditisten.

2.4.2 Die übrigen Rechtsformen

Die GmbH ist nach § 13 III GmbHG von Gesetzes wegen **stets Handelsgesellschaft**. Über § 6 I HGB ist damit die Anwendbarkeit des Kaufmannsrechts festgeschrieben. Auf das Tätigkeitsfeld der GmbH kommt es daher – anders als bei OHG und KG – nicht mehr an. Das HGB ist auch dann anwendbar, wenn sie nichtgewerbliche Zwecke verfolgt, wie § 6 II HGB noch einmal klarstellt.

Beispiel
Eine Rechtsanwalts-GmbH ist wegen der Freiberuflichkeit nichtgewerblich. Das HGB ist gleichwohl anwendbar.

Für die AG (und auch die KGaA sowie die europarechtliche Sonderform der EWIV) gilt nichts anderes: Sie sind per se Handelsgesellschaften (vgl. nur § 3 AktG) und das HGB ist schon allein aufgrund ihrer Rechtsform anwendbar. Man nennt sie daher auch **Formkaufmann**. In ganz ähnlicher Weise ist die Geltung des HGB für eingetragene Genossenschaften (§ 17 II GenG) bestimmt. Wo immer es auf die Kaufmannseigenschaft ankommt, ist lediglich auf die konkrete Einzelbestimmung und § 6 HGB zu verweisen; eine Prüfung handelsgewerblicher Tätigkeit wäre verfehlt.

2.5 Lern-Kontrolle

Kurz und bündig
Das HGB bestimmt seinen Anwendungsbereich in §§ 1 ff. in erster Linie personal: Es gilt für Kaufleute und Handelsgesellschaften.

2.5 · Lern-Kontrolle

Kaufmann ist, wer ein Handelsgewerbe betreibt (§ 1 I HGB). Der handelsrechtliche Gewerbebegriff ist gesetzlich nicht definiert. Erforderlich ist eine selbständige, nach außen gerichtete, planmäßig auf Dauer angelegte und entgeltliche Tätigkeit; ausgenommen sind die freien Berufe.

Ein Gewerbe ist nach § 1 II HGB dann ein Handelsgewerbe, wenn es nach seinem Gesamtzuschnitt („Art" und „Umfang") so „groß" angelegt ist, dass eine kaufmännische Einrichtung (insbesondere Buchführung) erforderlich ist. Kleingewerbe sind keine Handelsgewerbe, solange sie nicht freiwillig in das Handelsregister eingetragen werden (§ 2 HGB).

Betreiber des Handelsgewerbes ist derjenige, in dessen Namen die Handelsgeschäfte abgeschlossen werden; das kann auch ein Minderjähriger oder eine Gesellschaft sein.

Handelsgesellschaften unterliegen ebenfalls dem HGB (§ 6 HGB). Die OHG und KG sind Handelsgesellschaften, da sie Handelsgewerbe betreiben (§§ 105 I, 161 I HGB). Formkaufleute wie die GmbH und die AG sind unabhängig davon Handelsgesellschaften; das ist z. B. in § 13 III GmbHG festgelegt.

❓ Let's check

1. Inwiefern folgen die §§ 1 ff. HGB dem subjektiven System?
2. Welches sind die Merkmale des Kaufmannsbegriffs? Sind diese auch für die OHG und die GmbH relevant?
3. Welches sind die Merkmale des Gewerbebegriffs?
4. Erläutern Sie die Begriffe Istkaufmann, Musskaufmann, Kannkaufmann, Formkaufmann und Scheinkaufmann.
5. A hat das leerstehende Kinderzimmer umfunktioniert und repariert in der Freizeit Handys. Hierzu hat er Werkzeug für 4000 € angeschafft, hält ca. 10.000 Ersatzteile vor, unterhält eine eigene Homepage und ein Geschäftshandy, das ihm 52,- € pro Monat kostet. So erzielt er monatlich im Durchschnitt 3000 € Umsatz. Ist A Kaufmann?
6. Welche Vermutungswirkung entfaltet § 1 II HGB?

❓ Vernetzende Aufgaben

1. Die Abgrenzung zwischen Kleingewerbetreibenden und Istkaufleuten hängt nach § 1 II HGB davon ab, ob nach Art und Umfang des Unternehmens eine kaufmännische Einrichtung erforderlich ist. Ermitteln Sie die hierzu maßgeblichen Kriterien auf der Homepage der IHK Frankfurt und im Kommentar Baumbach/Hopt, HGB.
2. Vergleichen Sie zur gleichen Abgrenzung das Urteil des OLG Dresden vom 26.04.2001, Aktenzeichen 7U301/01.
Das Urteil des OLG Dresden ist in verschiedenen Fachzeitschriften wie dem NJW-Rechtsprechungsreport (Jahrgang 2002, S. 33), den gängigsten Datenbanken (Juris, Beck-online) wie auch frei im Internet verfügbar. Den Ausgangspunkt bildet die prozessuale Frage, ob die Parteien eine wirksame Gerichts-

standvereinbarung, also eine Vereinbarung des örtlich zuständigen Gerichts, geschlossen haben. Eine solche Vereinbarung ist nach § 38 I ZPO Kaufleuten vorbehalten. Daher war zu entscheiden, ob der Beklagte durch seinen Vortrag zur fehlenden Vielfalt der angebotenen Leistungen, der geringen räumlichen Ausdehnung und des geringen Umfangs seiner Geschäftstätigkeit die Vermutung des § 1 II HGB widerlegt hat.

Lesen und Vertiefen
- Kindler, P. (2016). *Grundkurs Handels- und Gesellschaftsrecht.* München: C.H. Beck, §§ 2, 5.
- Oetker, H. (2015). *Handelsrecht.* Berlin: Springer, §§ 1 f.
- Schmidt, K. (2014). *Handelsrecht – Unternehmensrecht I.* Köln: Carl Heymanns Verlag, §§ 1, 9 f
- Wolf, C., & von Bismark, M. (2010). Kaufmann, Unternehmer, Verbraucher – wann gilt das BGB, wann das HGB, wann Verbraucherrecht? *JA*, 841–848.
- Petig, U., & Freisfeld, C. (2008). Die Kaufmannseigenschaft. *JuS*, 770–773.

Handelsregister und Firma

Justus Meyer

3.1 Allgemeines zum Handelsregister – 34

3.2 Handelsregisterpublizität – 35
3.2.1 Negative Publizität unterlassener Eintragungen und Bekanntmachungen (§ 15 I HGB) – 36
3.2.2 Positive Publizität richtiger Eintragungen und Bekanntmachungen (§ 15 II HGB) – 36
3.2.3 Positive Publizität falscher Bekanntmachungen (§ 15 III HGB) – 37

3.3 Allgemeines zur Firma – 38
3.3.1 Begriff und Bedeutung – 38
3.3.2 Firmenbildung – 38
3.3.3 Firmenschutz – 40
3.3.4 Firmenrecht im weiteren Kontext – 41

3.4 Inhaberwechsel und Firmenfortführung – 42
3.4.1 Möglichkeiten der Firmenfortführung – 42
3.4.2 Die Haftungsfolgen der Unternehmens- und Firmenfortführung – 43

3.5 Lern-Kontrolle – 44

© Springer Fachmedien Wiesbaden GmbH, ein Teil von Springer Nature 2018
J. Meyer, *Wirtschaftsrecht: Handels- und Gesellschaftsrecht*, Studienwissen kompakt,
https://doi.org/10.1007/978-3-658-19983-8_3

Lern-Agenda

Von den Grundprinzipien Publizität und Vertrauensschutz war schon die Rede (► Abschn. 1.4.3). Die wichtigsten Publizitätsmittel sind das Unternehmensregister, insbesondere das Handelsregister, die Unternehmensbezeichnung, insbesondere die Firma, und die Rechnungslegung (§§ 238 ff. HGB). Der hiesige Abschnitt konzentriert sich auf das Handelsregister und die Firma (Bildung, Schutz, Fortführung, Kontext).

Grundlagen zum Handelsregister und zur Firmas

Allgemeine Ausführung zum Aufbau und Zweck des Handelsregisters und die sich hieraus ergebende Handelsregisterpublizität und deren Folgen	Handelsregister und dessen Publizitätswirkung	► Abschn. 3.1, ► Abschn. 3.2
Begriff und Bedeutung der Firma, deren Entstehungsgrundsätze und der Schutz der Firma, sowie die Möglichkeit der Firmenfortführung und die Haftungsfolgen hieraus	Firma und Firmenfortführung	► Abschn. 3.3, ► Abschn. 3.4

3.1 Allgemeines zum Handelsregister

Das Handelsregister ist in §§ 8 ff. HGB geregelt. Es handelt sich um ein öffentliches Register, das bei bestimmten Amtsgerichten elektronisch geführt und per Internet (gegen Gebühr) eingesehen werden kann (§§ 8 und 9 HGB). Daneben fasst das Unternehmensregister mehrere Datenbanken (Handels-, Genossenschafts-, Vereinsregister u. a.) zusammen.

In das Handelsregister werden nur gesetzlich vorgegebene Tatsachen eingetragen. Meist ist die Eintragung dieser Tatsachen Pflicht (vgl. auch § 14 HGB); vereinzelt ist sie freiwillig.

Beispiel

Der Kaufmann muss nach § 29 HGB seine Firma und den Ort der Handelsniederlassung bei dem für den Ort der Niederlassung (ggf. der Hauptniederlassung, §§ 13 ff. HGB) zuständigen Amtsgericht zur Eintragung anmelden. Beim Kannkaufmann ist die Eintragung freiwillig (§ 2 S. 2 HGB). Bei der OHG und KG kommen weitere einzutragende Tatsachen hinzu (§§ 106 und 162 HGB). Auch die Prokuraerteilung hatten wir schon als einzutragende Tatsache kennengelernt (§ 53 HGB). Die Eintragungspflicht gilt jeweils auch für Änderungen (vgl.

§§ 31 ff., 107, 53 III HGB). Andere Informationen, etwa über die wichtigsten Produkte, die Bilanzsumme oder den cash flow, haben im Handelsregister keinen Platz.

Der Eintragungspflichtige (oder Eintragungswillige) hat die Anmeldung elektronisch in öffentlich beglaubigter Form einzureichen (§ 12 I HGB). Nach Prüfung und Eintragung durch das Registergericht erfolgt zudem eine Bekanntmachung im elektronischen Bundesanzeiger (§ 10 HGB).

Auf die eingetragenen und bekannt gemachten Tatsachen kann sich der Rechtsverkehr grundsätzlich verlassen.

Beispiel
Der V-Verlag gewährt der A-B-C-Buchhandels-OHG einen erheblichen Warenkredit und möchte vor weiteren Lieferungen wissen, wer die persönlich haftenden Gesellschafter sind. Großhändler W möchte gegen die D-GmbH einen Mahnbescheid erwirken und braucht für die wirksame Zustellung den Namen des Geschäftsführers und die ladungsfähige Anschrift. X verhandelt mit einem Vertreter der E-GmbH und möchte wissen, ob dieser wirklich Prokurist ist.

> Auf den Punkt gebracht: Das Handelsregister bietet damit ein verlässliches Informationsmittel, wenn es um juristisch wichtige Eckdaten eines Unternehmens geht. Für Kapitalgesellschaften ist das System durch die Publizitätsrichtlinie (RL 2009/101/EG) EU-weit etabliert.

3.2 Handelsregisterpublizität

Als Publizitätsorgan muss das Handelsregister natürlich zugänglich sein. Unter ▶ www.handelsregister.de kann es jedermann zu Informationszwecken einsehen (§ 9 HGB). Der Zugang ist zwar kostenpflichtig, aber nicht wie beim Grundbuch von einem berechtigten Interesse oder ähnlichem abhängig. Ein zentrales Thema dabei ist die Verlässlichkeit der Informationen. Die Frage der materiellen Publizität regelt insbesondere § 15 HGB. Die Vorschrift bestimmt aber nicht einfach, dass das Eingetragene als richtig gilt (vgl. z. B. §§ 891, 892 BGB), sondern behandelt in den Absätzen 1–3 nacheinander die unterbliebene und die richtige Eintragung und Bekanntmachung sowie die falsche Bekanntmachung.

3.2.1 Negative Publizität unterlassener Eintragungen und Bekanntmachungen (§ 15 I HGB)

Nach § 15 I HGB kann eine einzutragende Tatsache einem gutgläubigen Dritten nicht entgegengehalten werden, wenn sie nicht eingetragen und bekanntgemacht ist: Auf Dinge, die nicht ordnungsgemäß publiziert sind, braucht sich der Rechtsverkehr nicht einzustellen (negative Publizität). Der Kaufmann erhält einen Anreiz zur Eintragung; der Rechtsverkehr kann auf das Schweigen des Handelsregisters vertrauen.

Beispiel
Kaufmann K widerruft die Prokura des P. Sofern er diese eintragungspflichtige Tatsache (§ 53 II HGB) nicht eintragen lässt, können sich Dritte auf die Prokura verlassen; anders nur, wenn sie vom Widerruf wissen.
In der A-B-C-OHG sind laut Gesellschaftsvertrag B und C nur gemeinsam zur Vertretung der OHG berechtigt (vgl. § 125 II 1 HGB). Wenn das nicht eingetragen ist, kann ein Dritter, der auch sonst nichts davon weiß, vom Normalfall der Einzelvertretungsmacht (§ 125 I HGB) ausgehen. Wenn C im Namen der OHG einen Vertrag mit ihm schließt, wird die OHG Vertragspartnerin.
Wird eine Prokura unwirksam erteilt und dennoch eingetragen, hilft § 15 I HGB nicht. Es geht nicht um eine unterlassene Eintragung, dies ist also kein Fall der negativen Publizität.

3.2.2 Positive Publizität richtiger Eintragungen und Bekanntmachungen (§ 15 II HGB)

§ 15 II HGB schließt an diese Regelung eine zweite für den Normalfall an. Wenn eine eintragungspflichtige Tatsache richtig eingetragen und bekanntgemacht ist, kann sie Dritten entgegengehalten werden. Das ist zunächst eine Selbstverständlichkeit, denn wahre Tatsachen kann man anderen grundsätzlich schon ohne Eintragung entgegenhalten. Die Vorschrift betont das aber gerade im Zusammenhang mit Absatz 1 noch einmal, um das Ende des dort geschaffenen Vertrauensschutzes zu markieren. Nach § 15 II 2 HGB bleibt der Vertrauensschutz allerdings noch 15 Tage erhalten, sofern der Dritte die Tatsache nicht kannte und auch nicht kennen musste.

Beispiel
Lässt im ersten Beispiel unter ▶ Abschn. 3.2.1 Kaufmann K den Widerruf der Prokura eintragen und bekanntmachen, so müssen Dritte die veränderte Lage gegen sich gelten lassen. Erreicht einen Geschäftspartner die Information schuldlos nicht, bleibt sein Vertrauen aber noch weitere 15 Tage geschützt (in Zeiten des elektronischen Registers ein seltener Ausnahmefall!).

3.2 · Handelsregisterpublizität

Hintergrund
Die 15-tägige Schonfrist ist erst aufgrund der EU-Publizitätsrichtlinie ins deutsche Recht gekommen. Das gilt auch für § 15 III HGB.

Problematisch ist die Anordnung des § 15 II HGB, wenn sie auf einen zusätzlichen konkreten Vertrauenstatbestand trifft. In solchen Fällen kann der konkrete Rechtsschein schwerer wiegen als die Registerinformation.

Beispiel
K widerruft die Prokura des P und lässt den Widerruf eintragen, nennt ihn aber weiter selbst auf Nachfrage seinen Prokuristen und lässt ihn entsprechend unterzeichnen. Hier ist der konkret gesetzte Rechtsschein stärker als die Eintragung. Darauf vertrauenden Dritten kann der eingetragene Widerruf trotz § 15 II HGB nicht entgegengehalten werden.

3.2.3 Positive Publizität falscher Bekanntmachungen (§ 15 III HGB)

§ 15 III HGB betrifft schließlich den Fall falscher Bekanntmachungen. Ob das auf einer ebenfalls falschen Eintragung oder einem Fehler bei der Bekanntmachung beruht, ist unerheblich; allerdings greift die Vorschrift nicht, wenn nur die Eintragung falsch ist. Wenn eine eintragungspflichtige Tatsache falsch bekanntgemacht ist, kann ein gutgläubiger Dritter grundsätzlich darauf vertrauen.

Beispiel
Im letzten Beispiel unter ▶ Abschn. 3.2.1 hilft § 15 III HGB: Wenn die Prokuraerteilung unwirksam ist, sind Eintragung und Bekanntmachung unrichtig, und ein gutgläubiger Dritter kann sich auf die Prokura berufen.
Durch eine Verwechselung des anmeldenden K, des Rechtspflegers beim Registergericht oder in der EDV wird statt des Alfons Adam der völlig unbeteiligte Kirchenrechtprofessor Alfons Asam als persönlich haftender Gesellschafter der A-B-C-OHG eingetragen. Nach § 15 III HGB könnte sich ein Kreditgeber der OHG auf die Haftung auch des eingetragenen Asam berufen. Ein solcher Vertrauensschutz ginge aber zu weit: § 15 III HGB gilt nur, soweit der Betreffende die Unrichtigkeit veranlasst oder pflichtwidrig nicht verhindert hat.

Insgesamt ist das gestufte System des § 15 HGB wohl unnötig kompliziert. Es sorgt aber weitgehend dafür, dass dem Rechtsverkehr mit dem Handelsregister eine verlässliche Informationsquelle zur Verfügung steht, die wesentlich zur Schnelligkeit und Leichtigkeit des Handelsverkehrs beiträgt.

3.3 Allgemeines zur Firma

3.3.1 Begriff und Bedeutung

Im allgemeinen Sprachgebrauch wird „Firma" oft gleichbedeutend mit „Unternehmen" gebraucht („Ich muss noch einmal in die Firma"). Nach § 17 HGB ist die Firma aber lediglich ein weiterer Name des Kaufmanns, nämlich sein Geschäftsname. Bei den Handelsgesellschaften ist die Firma der einzige Name. Auch Nichtkaufleute können sich eine Geschäftsbezeichnung zulegen, für Firmen gelten aber einige Besonderheiten. Das Firmenrecht ist in §§ 17 ff. HGB geregelt.

Als Name dient die Firma der Identifikation des Kaufmanns und seines Unternehmens. Daher hat sie einerseits eine **Informationsfunktion**. Andererseits verkörpert sie regelmäßig den *good will*, den die Marketingaktivitäten aufgebaut haben. Die Firma eines gut positionierten Handelsgeschäfts ist deshalb von erheblichem Wert. Aus diesem Grund kann die Firma zwar nicht isoliert, aber mit dem Handelsgeschäft übertragen werden (Firmenbeständigkeit, §§ 21–24 HGB). Sie genießt zudem einen besonderen Firmenschutz (§ 37 HGB).

3.3.2 Firmenbildung

§§ 18 f. HGB regeln zunächst, wie eine Firma zu bilden ist. Während für Einzelkaufleute bis 1998 Personenfirmen vorgeschrieben waren, die aus Vor- und Nachnamen gebildet werden mussten, sind nunmehr auch Sachfirmen oder Phantasiebezeichnungen zulässig.

Beispiele
Personenfirma: Buchhandlung Erwin Müller; Sachfirma: Buchhandlung am Schillerplatz e.K.; Phantasiebezeichnungen: Die moosgrüne Lesegrotte KG, Tanderadei GmbH.

3.3.2.1 Kennzeichnungs- und Unterscheidungskraft

Das Erfordernis der Kennzeichnungs- und Unterscheidungskraft (§ 18 I HGB) folgt aus der Namensfunktion der Firma. Eine solche Identifikation kann, wie schon angedeutet, nicht nur bei Namen, sondern auch bei Sach- und Phantasiebezeichnungen möglich sein, ebenso bei Buchstaben- und Zahlenkombinationen. Allerweltsbezeichnungen und sinnlose Kombinationen haben demgegenüber keine Kennzeichnungskraft, und auch reinen Bildzeichen oder Tonfolgen wird die Namensfähigkeit abgesprochen.

3.3 · Allgemeines zur Firma

Beispiel
§ 18 I HGB ist erfüllt bei: Hans Schmidt e.K., Tanderadei GmbH, TUI GmbH, Pro 7 GmbH, Dinner-4-2 KG. Gegen § 18 I HGB verstoßen: Buchhandlung e.k., Deutschland GmbH, jawohl! KG, AAAAAAAAA GmbH.

3.3.2.2 Irreführungsverbot

Das Irreführungsverbot ist ein Grundpfeiler des Wettbewerbsrechts und gilt natürlich auch für die Firmenbildung. § 18 II HGB grenzt es aber ein, indem nur Irreführungen über wesentliche Umstände relevant sind und das Registergericht nur ersichtlichen Irreführungen nachgehen soll. Verboten ist eine Bezeichnung schon, wenn sie zur Irreführung geeignet ist. Es kommt also auf den Eindruck an, den die Firma in den beteiligten Kreisen weckt. Auch wahre Angaben können Fehlvorstellungen wecken.

Beispiel
„Schlachterei Erwin Müller e.K." ist irreführend, wenn Müller eine Buchhandlung betreibt. „Mediencenter am HBF" weckt den Eindruck eines Großbetriebs und ist als Firma für einen kleinen Kiosk irreführend. „Sanatorium Dr. Sommer GmbH" ist irreführend, wenn der Betreiber ein promovierter Jurist ist.

Wegen des **Grundsatzes der Firmenbeständigkeit** muss eine Personenfirma nicht mit dem Inhabernamen übereinstimmen. Darin ist keine Irreführung gemäß § 18 II HGB zu sehen, da sonst die §§ 21 ff. HGB keinen Sinn ergeben würden.

Beispiel
Die „Buchhandlung Erwin Müller e.K." kann ihre Firma beibehalten, wenn Müller nach seiner Heirat Schmidt heißt (§ 21 HGB). Verkauft Müller sie an Meyer, kann die Firma nach § 22 HGB gleichwohl weiterhin „Buchhandlung Erwin Müller e.K." lauten. Die „Inhabertäuschung" fällt jeweils nicht unter § 18 II HGB.

3.3.2.3 Aktuell zutreffender Rechtsformzusatz

Nach § 19 HGB muss die Firma schließlich – auch im Fall der Firmenfortführung – den zutreffenden Rechtsformzusatz haben. Wenn schon weder die Person des Inhabers noch der betriebene Geschäftszweig erkennbar zu sein braucht, muss doch wenigstens die Rechtsform zumindest in gebräuchlicher Abkürzung angegeben sein (e.K., OHG, GmbH usw.); das bestimmen § 4 GmbHG und § 4 AktG ebenso. Für Mischformen wie die GmbH & Co. KG bestimmt § 19 II HGB, dass der KG-Zusatz nicht ausreicht, sondern die mittelbare allseitige Haftungsbeschränkung erkennbar sein muss.

> **Auf den Punkt gebracht: Die §§ 18 f. HGB verlangen ebenso wie die Sonderregeln in § 4 GmbHG oder § 4 AktG nur:**
> - **Kennzeichnungs- und Unterscheidungskraft**
> - **Keine Irreführung**
> - **Aktuell zutreffender Rechtsformzusatz**

Hintergrund

Der Informationswert einer Firma ist damit nicht eben groß, das ist die Kehrseite der 1998 erfolgten Liberalisierung des Firmenrechts. Gleichzeitig wurde aber § 37a HGB eingeführt, wonach Kaufleute auf Geschäftsbriefen und insbesondere bei Bestellungen weitere Angaben machen müssen. Durch die Angabe der Firma, des Registergerichts und der Registernummer wird Interessierten ein schneller Zugriff auf die Daten des Handelsregisters ermöglicht (vgl. auch §§ 125a, 177a HGB, § 35a GmbHG, § 80 AktG).

3.3.3 Firmenschutz

Firmen müssen nicht nur allgemein Unterscheidungskraft haben, sondern jede Firma muss sich von den schon im Registerbezirk eingetragenen anderen Firmen unterscheiden (§ 30 HGB).

Beispiel

Buchhändler Erwin Müller kann nicht „Erwin Müller e.K." firmieren, wenn schon Schlachter „Erwin Müller e.K." eingetragen ist. Zulässig wäre z. B. „Buchhandlung Erwin Müller e.K.".

§ 30 HGB schützt den Rechtsverkehr, damit aber auch die eingetragenen Firmen vor verwechselungsfähigen Neufirmen.

Daneben sieht § 37 HGB einen doppelten Schutz für den Fall eines unzulässigen Firmengebrauchs vor. Einerseits kann das Registergericht nach § 37 I HGB gegen solche Fälle vorgehen. Andererseits können sich rechtlich Betroffene auch mit einem Unterlassungsanspruch nach § 37 II HGB gegen unzulässigen Firmengebrauch wehren, und zwar auch dann, wenn der Verstoß schuldlos geschieht.

Beispiel

Buchhändler Müller lässt sich zwar mit dem Zusatz „Buchhandlung" eintragen, gebraucht aber stets nur die Firma „Erwin Müller e.K.". Der nicht promovierte Makler S firmiert als „Dr. S". Hier kann jeweils das Registergericht mit Unterlassungsverfügungen und Zwangsgeldandrohungen einschreiten. Daneben können etwa Schlachter Erwin Müller und ein konkurrierender Makler Unterlassungsklage erheben.

3.3.4 Firmenrecht im weiteren Kontext

Gerade das Thema des Firmenschutzes erschließt sich nur, wenn das Firmenrecht auch im weiteren Kontext gesehen wird. So sind auf der einen Seite die bürgerlich-rechtlichen Grundlagen zu beachten: § 12 BGB schützt den Namen, über § 823 I BGB können sich auch aus firmenrechtlichen Verletzungen Schadensersatzansprüche ergeben und so fort.

Auf der anderen Seite ist das Firmenrecht im Kontext des allgemeinen Kennzeichenrechts zu sehen. Hier schützen die §§ 5, 15 des Markengesetzes (MarkenG) neben Namen und Firmen auch andere Unternehmenskennzeichen sowie sonstige „zur Unterscheidung des Geschäftsbetriebs ... bestimmte Zeichen". Darunter fallen die nichtkaufmännischen Geschäftsbezeichnungen, Kurzformen von Firmen und andere Kennzeichen mit Namensfunktion sowie sogar alle übrigen Kommunikationsmittel (ohne Namensfunktion), die auf das Unternehmen hinweisen, wie bildliche Kennzeichen oder die spezielle Aufmachung von Ladeneinrichtungen, Fahrzeugen oder der Kleidung der Arbeitnehmer.

Beispiel
Die Bezeichnung „Rechtsanwälte Müller und Partner" ist keine Firma (Freiberufler!), sie genießt aber den Schutz des § 12 BGB und der §§ 5, 15 MarkenG. Unter §§ 5, 15 MarkenG fallen auch die Shell-Muschel und die Aufmachung der UPS-Fahrzeuge.

All diese Zeichen genießen Schutz vor später benutzten Zeichen, sobald und soweit sie Verkehrsgeltung haben. Dieser erweiterte Schutz ist auch für Firmen von Bedeutung.

Beispiel
August Oetker betreibt mit seinem Sohn eine Bäckerei, gründet eine Kommanditgesellschaft und möchte die „August Oetker KG" eintragen lassen. In Bielefeld, wo der bekannte Lebensmittelkonzern ansässig ist, wäre ihm das nach § 30 HGB verwehrt. Da der Lebensmittelkonzern weit über die Grenzen Bielefelds hinaus bekannt ist, schützen §§ 5, 15 MarkenG auch insoweit vor der Eintragung und Benutzung verwechselungsfähiger Firmen. Unser Bäcker müsste wohl auf eine Firma wie „Bäckerei August und Erwin Oetker KG" ausweichen.

Das MarkenG hat allerdings mit Unternehmenskennzeichen nur in zweiter Linie zu tun. Im Vordergrund steht der Schutz von Marken, also Warenzeichen und Dienstleistungszeichen.

Beispiel
Die Daimler AG firmiert entsprechend (Firmenschutz nach BGB, HGB und §§ 5, 15 MarkenG) und vermarktet ihre Produkte unter anderem unter der Marke Mercedes (Schutz nach MarkenG). Auch der Mercedes-Stern ist markenrechtlich geschützt.

3.4 Inhaberwechsel und Firmenfortführung

Betrachtet man ▶ Abschn. 3.3.1. und ▶ Abschn. 3.3.2., so ist die Firma der Name des Kaufmanns (§ 17 HGB), also Kennzeichen der Person, aber auch Kennzeichen des Unternehmens (§ 5 MarkenG). Für den Fall des Inhaberwechsels stellt sich daher die Frage, ob die Firma bei der Person oder beim Unternehmen verbleibt.

3.4.1 Möglichkeiten der Firmenfortführung

Die Antwort auf diese Frage hatte sich schon ergeben: Da Firmen häufig einen erheblichen Wert haben, der erhalten bleiben soll, kann derjenige, der das Unternehmen fortführt, nach §§ 21–24 HGB auch die Firma fortführen. Der Grundsatz der Firmenbeständigkeit durchbricht insoweit den der Firmenwahrheit. Wichtigster Fall ist der des § 22 HGB: Wer ein handelsgewerbliches Unternehmen kauft, pachtet oder erbt und dann auch fortführt, darf auch die Firma fortführen. Selbst ein Nachfolgezusatz ist nicht nötig, wenn man die Einwilligung des Veräußerers oder seiner Erben hat.

Beispiel
Kauft Helmut Meyer die Buchhandlung von Erwin Müller, so kann er die Firma „Buchhandlung Erwin Müller e.K." beibehalten, wenn Müller einwilligt (was dieser regelmäßig im Kaufvertrag tut, da der Firmenwert dann beim Kaufpreis mit berücksichtigt wird). Möglich wäre auch z. B. die Firma „Buchhandlung Erwin Müller e.K., Inh. Helmut Meyer" oder natürlich auch ein Verzicht auf die Fortführung („Buchhandlung Helmut Meyer e.K.").

Die übrigen Vorschriften betreffen keinen Inhaberwechsel, sondern stellen nur klar, dass Namensänderungen oder Wechsel im Gesellschafterbestand keine Umfirmierung nötig machen. Im Fall des § 21 HGB bleibt der Betreiber mit neuem Namen derselbe. Im Fall des § 24 HGB bleibt die Gesellschaft als Betreiberin des Handelsgewerbes ebenfalls dieselbe.

Beispiel
A, B und C betreiben ihre Buchhandlung in Form einer OHG und firmieren „A-B-C-OHG". Scheidet A aus der OHG aus, so bleibt die OHG Betreiberin. Nach § 24 HGB kann die Firma beibehalten werden, obwohl sie einen falschen Eindruck vom Gesellschafterbestand (und damit vom Kreis der Haftenden!) erweckt.

3.4.2 Die Haftungsfolgen der Unternehmens- und Firmenfortführung

Wird ein Unternehmen von einem neuen Inhaber fortgeführt, so geht der Rechtsverkehr insbesondere dann von einem Übergang aller Aktiva und Passiva aus, wenn die Firmenfortführung die Kontinuität auch der Haftungsverhältnisse signalisiert. Daher ordnet § 25 HGB an, dass der Erwerber auch für die im Unternehmen begründeten Altverbindlichkeiten haftet. Damit ist freilich keine Befreiung des Altinhabers verbunden; dieser hat weiterhin für seine Schulden einzustehen. § 25 HGB sorgt aber dafür, dass sich die Gläubiger weiterhin an den jeweiligen Firmeninhaber halten und dort vollstrecken können, wo sich auch die Unternehmensaktiva befinden.

Beispiel
Erwin Müller hatte ein Darlehen bei der B-Bank zur Erweiterung seiner Buchhandlung aufgenommen und eine Bestellung beim V-Verlag aufgegeben, als er die Buchhandlung an Helmut Meyer verkauft. Wenn Meyer die Buchhandlung fortführt und auch die Firma beibehält, dann hat Meyer gemäß § 25 I 1 HGB auch das Darlehen weiter zu bedienen (§ 488 BGB) und die bestellten Bücher abzunehmen und zu bezahlen (§ 433 II BGB). Ein Nachfolgezusatz, z. B. „Buchhandlung Erwin Müller e.K., Inh. Helmut Meyer", ändert daran nichts.

Der Erwerber kann dieser Haftung entgehen, indem er auf die Unternehmensfortführung oder die Firmenfortführung verzichtet; das ist wirtschaftlich allerdings kaum attraktiv. § 25 II HGB lässt aber auch eine dritte Möglichkeit: Die Parteien können vereinbaren, dass der Erwerber nicht haften soll, und das eintragen und bekanntmachen lassen; dann ist das Signal der Haftungskontinuität zurückgenommen.

Hintergrund
Diese Möglichkeit erscheint zunächst attraktiv. In der Praxis wird sie aber selten genutzt, denn bei einem Unternehmensverkauf wird regelmäßig sowieso vereinbart, dass der Erwerber die Schulden mit übernimmt.

Wie schon angedeutet, führt die Erwerberhaftung nach § 25 HGB nicht zu einer Enthaftung des Veräußerers. Dieser haftet vielmehr nach allgemeinen Regeln weiter, damit sich niemand durch einen Verkauf seines Unternehmens seiner Schulden entledigen kann. Soweit die Erwerberhaftung reicht, wird die **Haftung des Veräußerers** aber zeitlich auf fünf Jahre begrenzt (§ 26 HGB).

Beispiel
Im obigen Beispiel haftet Müller neben Meyer noch fünf Jahre lang weiter. Die B-Bank und der V-Verlag werden sich normalerweise aber an Meyer halten, und für den anderen Fall sollte

der Kaufvertrag eine Ausgleichsregelung enthalten. Für Müller bleibt freilich ein Restrisiko, wenn Meyer innerhalb der fünf Jahre insolvent wird, bevor er das Darlehen getilgt hat.

§ 27 HGB ordnet eine entsprechende Erwerberhaftung für Erben an. Da sie von dem Erbfall überrascht werden können, ordnet § 27 II HGB aber eine dreimonatige Schonfrist an, in der das Unternehmen samt Firma haftungsunschädlich fortgeführt werden kann. Ob der Erbe auch eine § 25 II HGB entsprechende Möglichkeit der Haftungsbefreiung hat, ist nach dem Wortlaut des § 27 HGB unklar und umstritten.

Einen anderen Fall des Inhaberwechsels betrifft § 28 HGB: Tritt jemand als Gesellschafter in das Geschäft eines Einzelkaufmanns ein, so entsteht eine OHG oder KG, die nunmehr Betreiberin des Handelsgewerbes ist. Daher ordnet § 28 HGB an, dass die Gesellschaft auch für die Altverbindlichkeiten des Einzelkaufmanns haftet. § 28 I, II HGB entspricht weitgehend § 25 I, II HGB, allerdings kommt es hier nicht auf die Firmenfortführung an (vgl. auch § 130 HGB).

Die §§ 25–28 HGB behandeln nur die Fälle des Inhaberwechsels. Für die Fälle der §§ 21 und 24 HGB ist keine besondere Haftungsregelung nötig, da der Inhaber derselbe bleibt. Ganz ähnlich liegen die Dinge bei einer praktisch sehr häufigen Form der Unternehmensübertragung: Wird ein Unternehmen in Form einer Kapitalgesellschaft betrieben, kann ein Erwerber die Anteile der Gesellschaft übernehmen (sog. *share deal*). Betreiber des Handelsgewerbes ist dann nach wie vor die Kapitalgesellschaft (sodass die §§ 25 ff. HGB nicht eingreifen); mittelbar gehört das Unternehmen aber dem Erwerber.

Beispiel
Erwin Müller betreibt seine Buchhandlung in GmbH-Form. Will er die Buchhandlung an Helmut Meyer veräußern, so muss er lediglich sämtliche GmbH-Anteile an ihn verkaufen und abtreten. Formell betreibt weiter die GmbH die Buchhandlung; wirtschaftlich gehört sie nun aber Helmut Meyer als neuem Alleingesellschafter. Hatte Müller im Namen der GmbH ein Darlehen bei der B-Bank aufgenommen, so bleibt die GmbH nach wie vor Schuldnerin der Bank. Für § 25 HGB ist kein Raum.

3.5 Lern-Kontrolle

Kurz und bündig
Die Unternehmenspublizität wird im Handelsregister vor allem durch drei Publizitätsmittel verwirklicht: Das Handelsregister, die Firma und die Rechnungslegung. Das Handelsregister ist ein öffentliches elektronisches Register, das dem Rechtsverkehr als Informationsmittel dient. Das HGB bestimmt zahlreiche einzutragende Tatsachen sowie einige wenige Tatsachen, die freiwillig eintragbar sind. Für die einzutragenden Tatsachen bestimmt § 15 I–III HGB Regeln materieller Publizität für den Fall unterlassener Eintragung und Bekanntmachung, richtiger Eintragung und Bekanntmachung sowie unrichtiger Bekanntmachung.

3.5 · Lern-Kontrolle

Die Firma ist der Geschäftsname des Kaufmanns und einzige Name der Handelsgesellschaft. Sie kann Personal- oder Sachfirma sein oder auch eine Phantasiebezeichnung enthalten sowie einen zutreffenden Rechtsformzusatz. Der Firmenschutz wird im HGB vor allem durch § 37 verwirklicht. Praktisch wichtiger ist der Schutz nach § 823 I BGB und dem Markengesetz. Im Fall eines Inhaberwechsels kann die Firma fortgeführt werden (§ 22 HGB), was zu einer zusätzlichen Haftung des Erwerbers nach § 25 HGB führen kann.

❓ Let's check
1. Nennen Sie die wichtigsten Publizitätsmittel des HGB.
2. Was ist das Unternehmensregister? Wo ist es geregelt? Welche Informationen enthält es? Wie verhält es sich zum Handelsregister?
3. Welche Fälle regelt § 15 I–III HGB?
4. Welches sind die drei Grundsätze der Firmenbildung?
5. K verpachtet sein Unternehmen (Südfrüchte-Import) für 10 Jahre an P. Kann P die Firma „K Südfrüchte-Import e.K." fortführen?
6. Hat eine Firmenfortführung in der vorigen Aufgabe haftungsrechtliche Konsequenzen?
7. Was ist ein share-deal? Welche Haftungsfolgen hat er?

❓ Vernetzende Aufgaben
1. Publizitätsgrundsätze spielen im Zivilrecht in verschiedenen Bereichen eine unterschiedliche Rolle. Vergleichen Sie §§ 873, 891, 892 mit den §§ 929 ff. BGB und suchen Sie andere Beispiele.
2. Vergleichen Sie den durch §§ 170 bis 173 BGB geschaffenen Vertrauensschutz mit dem durch das Handelsregister geschaffenen.
3. Vergleichen Sie die Regelung des § 15 I–III HGB mit den Vorgaben der Publizitätsrichtlinie.
4. Vergleichen Sie das Irreführungsverbot des § 18 II HGB mit dem allgemeinen Irreführungsverbot in §§ 5, 5a UWG.

ℹ️ Lesen und Vertiefen
- Kindler, P. (2016). *Grundkurs Handels- und Gesellschaftsrecht.* München: C.H. Beck, §§ 3, 4.
- Oetker, H. (2015). *Handelsrecht.* Berlin: Springer, §§ 3, 4.
- Schmidt, K. (2014). *Handelsrecht – Unternehmensrecht I.* Köln: Carl Heymanns Verlag, §§ 11 ff.
- Petersen, J. (2017). Der Dritte im Handels- und Gesellschaftsrecht. *JURA,* 294–299.
- Körber, C., & Schaub, P. (2012). § 15 HGB in der Fallbearbeitung. *JuS,* 303–309.

Kaufmännische Stellvertretung

Justus Meyer

4.1 Allgemeines zur Stellvertretung – 48
4.1.1 Begriff und Bedeutung – 48
4.1.2 Tatbestand und Rechtsfolgen der Stellvertretung – 49

4.2 Kaufmännische Stellvertretung und Abgrenzungsfragen – 51
4.2.1 Das Regelungssystem der §§ 48–58 HGB – 51
4.2.2 Abgrenzungen – 51

4.3 Die Prokura – 52
4.3.1 Prokura-Erteilung – 52
4.3.2 Die Vertretungsmacht des Prokuristen – 53
4.3.3 Gesamtprokura und Filialprokura – 56
4.3.4 Erlöschen der Prokura – 57

4.4 Die Handlungsvollmacht – 57
4.4.1 Erteilung der Handlungsvollmacht – 57
4.4.2 Der Umfang der Handlungsvollmacht – 58

4.5 Stellvertretung durch Ladenangestellte – 61

4.6 Lern-Kontrolle – 62

© Springer Fachmedien Wiesbaden GmbH, ein Teil von Springer Nature 2018
J. Meyer, *Wirtschaftsrecht: Handels- und Gesellschaftsrecht*, Studienwissen kompakt,
https://doi.org/10.1007/978-3-658-19983-8_4

Lern-Agenda

Das HGB enthält, im ersten und vierten Buch verstreut, verschiedene Vorschriften, die Regeln des Allgemeinen Teils des BGB modifizieren. In diesem Kapitel geht es um das Recht der Stellvertretung; hier treffen die §§ 48 ff. HGB Sonderregeln gegenüber den §§ 164 ff. BGB.

Der erste Abschnitt geht daher zunächst auf die Grundlagen zur Stellvertretung nach §§ 164 ff. BGB ein. Näheres können Sie im Parallelwerk von Rudkowski, L. (2016) „Wirtschaftsrecht: BGB AT, Schuldrecht, Sachenrecht" (Springer-Verlag) erfahren. Danach ist insbesondere auf die Prokura, die Handlungsvollmacht sowie die Stellvertretung durch Ladenangestellte einzugehen.

Grundlagen zur kaufmännischen Stellvertretung

Begriff und Bedeutung der Stellvertretung, Voraussetzungen und Rechtsfolgen, sowie allgemein das Regelungssystem der §§ 48 ff. HGB zur kaufmännischen Stellvertretung	Allgemeines zu Stellvertretung und kaufmännischer Stellvertretung	▶ Abschn. 4.1, ▶ Abschn. 4.2
Prokura: Erteilung, Sonderformen, Umfang (Gesamt- und Filialprokura), Erlöschen	Prokura	▶ Abschn. 4.3
Arten und Erteilung der Handlungsvollmacht, deren Umfang und Vertrauensschutz bei weiteren Beschränkungen	Handlungsvollmacht	▶ Abschn. 4.4
Abgrenzung zur Handlungsvollmacht, Voraussetzungen und Reichweite des Vertrauensschutzes	Stellvertretung durch Ladenangestellte	▶ Abschn. 4.5

4.1 Allgemeines zur Stellvertretung

4.1.1 Begriff und Bedeutung

Stellvertretung meint die Abgabe und den Empfang von Willenserklärungen, insbesondere also auch den Vertragsschluss mit unmittelbarer Wirkung für einen anderen (§ 164 I, III BGB). Es geht also nur um Willenserklärungen, nicht auch um sonstiges Handeln, etwa Realakte.

4.1 · Allgemeines zur Stellvertretung

Beispiel
Handelt bei einer Übereignung einer beweglichen Sache gemäß § 929 S. 1 BGB jemand für einen anderen, gilt für die Einigung das Stellvertretungsrecht. Da die Übergabe Realakt und nicht Rechtsgeschäft ist, sind die §§ 164 ff. BGB hierauf nicht anwendbar; für die Besitzerlangung gelten vielmehr die §§ 854 ff. BGB.

Zu unterscheiden ist die gewillkürte Stellvertretung von der gesetzlichen. Die **gewillkürte Stellvertretung** ist die willensabhängige, die eine Bevollmächtigung des Vertreters voraussetzt. Die **gesetzliche Stellvertretung** kommt bei Menschen, insbesondere den Geschäftsunfähigen und beschränkt Geschäftsfähigen vor.

Beispiel
Im Regelfall sind Eltern gemeinschaftlich die gesetzlichen Vertreter ihrer Kinder (§ 1629 BGB). Bis zum Alter von sieben Jahren können Kinder überhaupt nicht selbst rechtsgeschäftlich handeln, so dass die Stellvertretung durch die Eltern die einzige Möglichkeit rechtsgeschäftlichen Handelns darstellt.

Auch Gesellschaften sind zwar Rechtsträger, aber nur durch ihre Organe handlungs- und geschäftsfähig. Daher finden sich für jede Gesellschaft besondere Regeln über ihre gesetzliche (organschaftliche) Stellvertretung.

Beispiel
Nach § 26 BGB vertritt der Vorstand den Verein. Nach § 125 HGB vertreten die Gesellschafter ihre OHG. Nach § 35 GmbHG vertritt die Geschäftsführung die GmbH.

4.1.2 Tatbestand und Rechtsfolgen der Stellvertretung

Voraussetzungen und Rechtsfolgen der Stellvertretung sind in §§ 164 ff. BGB geregelt, auch die allgemeinen Regeln zur Vollmacht.

> **Merke!**
>
> Der **Tatbestand des § 164 BGB** enthält drei Voraussetzungen:
> - eigene Willenserklärung des Vertreters
> - im Namen des Vertretenen
> - im Rahmen der Vertretungsmacht

Durch die Abgabe einer **eigenen Willenserklärung** unterscheidet sich der Vertreter vom Boten. Der Bote übermittelt lediglich eine fremde Willenserklärung; der Vertreter gibt eine eigene Willenserklärung ab. Daher muss er zumindest beschränkt geschäftsfähig sein (§ 165 BGB).

Der Vertreter muss die Willenserklärung **im fremden Namen** abgeben oder empfangen. Er muss grundsätzlich seinem Geschäftspartner deutlich machen, dass er für einen anderen handelt. Das kann sich auch aus den Umständen ergeben (§ 164 I 2 BGB). Regelmäßig reicht es dabei aus, wenn im konkreten Fall, etwa durch den Geschäftsabschluss in einem Ladenlokal, durch eine Visitenkarte oder einen Stempel, deutlich wird, dass es sich um ein unternehmensbezogenes Geschäft handelt. Vertretener ist dann der Unternehmensinhaber. Wenn aber ein Handeln in fremdem Namen gar nicht deutlich wird, dann wird der Vertreter selbst Vertragspartner, ohne dass er insoweit ein Anfechtungsrecht hätte (§ 164 II BGB).

Der Vertreter muss schließlich **im Rahmen der Vertretungsmacht** handeln. Diese kann, wie gesehen, auf Gesetz oder Rechtsgeschäft beruhen. Die rechtsgeschäftliche Vertretungsmacht (Vollmacht) wird gemäß § 167 BGB durch Erklärung gegenüber dem Vertreter (Innenvollmacht) oder gegenüber dem potentiellen Geschäftspartner (Außenvollmacht) erteilt. Sie ist ein einseitiges Rechtsgeschäft und bestimmt auch den Umfang der Vertretungsmacht.

Beispiel

Der Geschäftsherr kann den Vertreter zu bestimmten einzelnen Geschäften, zu bestimmten Arten von Geschäften, zu Geschäften innerhalb eines bestimmten Rahmens usw. ermächtigen.

Eine solche Bevollmächtigung wird gewohnheitsrechtlich auch in zwei Sonderfällen angenommen. Danach gilt erstens eine Vollmacht Gutgläubigen gegenüber auch dann als erteilt, wenn jemand erkennt, dass ein anderer als sein Vertreter auftritt, und nichts dagegen unternimmt (**Duldungsvollmacht**). Dasselbe gilt zweitens auch dann, wenn der Vertretene von dem Vertreterhandeln zwar nicht wusste, bei Beachtung der im Verkehr erforderlichen Sorgfalt aber davon hätte wissen müssen (**Anscheinsvollmacht**).

Rechtsfolge der Stellvertretung ist, dass die Willenserklärung, die der Vertreter abgibt, unmittelbar für und gegen den Vertretenen wirkt. Eine Willenserklärung, die gegenüber einem Vertreter abgegeben wird, wirkt nach § 164 III BGB ebenfalls unmittelbar für und gegen den Vertretenen. Bei einem Vertragsschluss wird also der Vertretene unmittelbar Vertragspartner des anderen Teils.

Handelt ein Vertreter ohne Vertretungsmacht, so richten sich die Rechtsfolgen nach §§ 177, 179 BGB: Der Vertretene kann das Geschäft an sich ziehen; ansonsten haftet der Vertreter.

4.2 Kaufmännische Stellvertretung und Abgrenzungsfragen

4.2.1 Das Regelungssystem der §§ 48–58 HGB

Die §§ 48 ff. HGB treffen Sonderregelungen für die kaufmännische Stellvertretung.

Hintergrund
Der Standort der HGB-Regeln ergibt sich daraus, dass die kaufmännischen Stellvertreter als Personal des Kaufmanns aufgefasst und daher beim „Handelsstand" geregelt werden. Dennoch geht es in §§ 48 ff. HGB nur um stellvertretungsrechtliche Fragen, die von den arbeitsrechtlichen streng zu trennen sind.

Die §§ 48 ff. HGB bauen auf den §§ 164 ff. BGB auf und modifizieren nur die Vorschriften zur Bevollmächtigung. Daher setzen Erörterungen zur kaufmännischen Stellvertretung regelmäßig bei § 164 ff. BGB an und kommen – wenn überhaupt – erst bei der Frage der Vertretungsmacht auf die §§ 48 ff. HGB.

Das HGB erweitert die Stellvertretungsmöglichkeiten um besondere Bevollmächtigungsformen. Das erleichtert es einerseits dem Kaufmann, seine Geschäftskreise zu erweitern, und schützt andererseits den Rechtsverkehr, der sich auf die Vertretungsmacht eines Gegenübers eher verlassen kann.

> **Auf den Punkt gebracht: Das HGB unterscheidet hauptsächlich drei Formen:**
> - Die am weitesten reichende Vollmacht hat der Prokurist (§§ 48 ff. HGB), der zu fast allen Rechtsgeschäften ermächtigt ist, die zum Betrieb irgendeines Handelsgewerbes gehören (vgl. § 49 I HGB). Nur er wird auch im Handelsregister eingetragen.
> - Unter den Handlungsbevollmächtigten können selbst die Generalbevollmächtigten nur die branchentypischen und üblichen Geschäfte tätigen (vgl. § 54 I HGB am Ende).
> - Schließlich gelten die in einem Laden Angestellten als ermächtigt, im üblichen Rahmen zu verkaufen, Waren in Empfang zu nehmen und dergleichen (§ 56 HGB).

4.2.2 Abgrenzungen

Die in §§ 48 ff. HGB geregelte kaufmännische Stellvertretung ist vom Handelsvertreter einerseits und der sogenannten mittelbaren Stellvertretung andererseits abzugrenzen.

Der **Handelsvertreter** im Sinne des § 84 HGB ist nicht angestellter Außendienstmitarbeiter, sondern als Selbständiger ständig damit betraut, für andere Unternehmer

Geschäfte zu vermitteln oder in deren Namen abzuschließen. Er ist Gewerbetreibender und bei entsprechendem Zuschnitt Kaufmann. Soweit Handelsvertreter und angestellte Außendienstmitarbeiter Geschäfte im Namen der Unternehmer abschließen, sind sie Stellvertreter im Sinne der §§ 164 ff. BGB, und dementsprechend regeln §§ 55, 91 f. HGB Sonderregeln für ihre Vertretungsmacht. Im Übrigen ist das Recht der Außendienstmitarbeiter und Handelsvertreter vom hier zu behandelnden Stellvertretungsrecht aber zu unterscheiden.

In der Praxis ist vielfach von **„mittelbarer Stellvertretung"** die Rede, wenn jemand zwar im eigenen Namen, aber wirtschaftlich für einen anderen handelt. Die §§ 164 ff. BGB und §§ 48 ff. HGB greifen in diesem Fall nicht.

Beispiel
Buchhändler B bittet seinen Freund F, ihm aus dem Elsass eine Kiste Cremant mitzubringen. F wird den Cremant in eigenem Namen kaufen und bezahlen und ihn nach der Reise bei B abliefern und mit ihm abrechnen. Sofern dies mehr als ein unverbindlicher Freundschaftsdienst ist, richtet sich das nach Auftragsrecht (§§ 662 ff. BGB).
Buchhändler B vereinbart mit K, dass dieser auf seinen Streifzügen durch Antiquariate und Auktionshäuser nach alten Kafka-Ausgaben für ihn Ausschau hält. Wenn K eine Kafka-Ausgabe findet, wird er sie wiederum in eigenem Namen kaufen. Handelt K gewerblich, so handelt es sich um ein Kommissionsgeschäft (vgl. § 383 HGB).
Mit einer Stellvertretung im technischen Sinn haben beide Fälle nichts zu tun.

4.3 Die Prokura

Die Prokura ist die am weitesten reichende handelsrechtliche Vollmacht. Sie wird ins Handelsregister eingetragen, und ihr – sehr weiter – Umfang ist im Gesetz zwingend festgelegt (§§ 49, 50 I HGB).

4.3.1 Prokura-Erteilung

Im Hinblick auf die Prokura-Erteilung modifiziert § 48 I HGB die allgemeinen Bevollmächtigungsregeln des § 167 BGB. Wie auch sonst handelt es sich um eine einseitige empfangsbedürftige Willenserklärung, die üblicherweise dem Bevollmächtigten gegenüber abgegeben wird. Allerdings kann nur der Kaufmann selbst oder ein gesetzlicher Vertreter, insbesondere das Vertretungsorgan einer Handelsgesellschaft, die Prokura erteilen. Vollmachtgeber kann also nur ein Kaufmann oder eine Handelsgesellschaft sein. Erteilt ein Nichtkaufmann jemandem „Prokura", so handelt es sich um eine falsch bezeichnete Bevollmächtigung nach § 167 BGB.

4.3 · Die Prokura

Beispiel
Kleinbuchhändler K lässt sich nicht eintragen, erteilt aber seiner langjährigen Mitarbeiterin „Prokura". Da K nicht Kaufmann ist (§ 2 HGB), ist die Prokura-Erteilung unwirksam. Sie kann aber in eine entsprechend weitere BGB-Vollmacht umgedeutet werden (§ 140 BGB).

Gleichzeitig besagt § 48 I HGB, dass die Prokura-Erteilung ein höchstpersönliches Geschäft des Kaufmanns ist; ansonsten kommen nur gesetzliche Vertreter in Frage. Das Handeln eines sonstigen Vertreters, etwa eines Prokuristen oder Handlungsbevollmächtigten, scheidet also aus.

Zudem muss die Prokura-Erteilung ausdrücklich erfolgen. Eine Erteilung durch bloßes schlüssiges Handeln ist also nicht möglich, und insbesondere lassen sich die Grundsätze der Duldungs- oder Anscheinsvollmacht nicht auf die Prokura übertragen.

Über die Person des Prokuristen sagt § 48 I HGB nichts. Er muss eine natürliche Person sein, die (zumindest beschränkt, § 165 BGB) geschäftsfähig ist. Häufig ist er ein Angestellter des Kaufmanns; notwendig ist das aber nicht. Der Kaufmann selbst scheidet als Prokurist aus, da man sich nicht selbst vertreten kann. Auch gesetzliche Vertreter scheiden aus, da eine Bevollmächtigung hier keinen Sinn mehr macht.

Beispiel
In der KG sind die Komplementäre organschaftliche Vertreter, nicht aber die Kommanditisten (§§ 125, 170 HGB). Ein Komplementär kann einem Kommanditisten im Namen der KG Prokura erteilen, aber nicht einem anderen Komplementär (sofern dieser nicht von der Vertretung ausgeschlossen ist, § 125 I HGB).

Die so erteilte Prokura ist nach § 53 I HGB in das Handelsregister einzutragen. Das ist registerrechtlich und wegen § 15 HGB wichtig; die Eintragung ist aber nicht Wirksamkeitsvoraussetzung.

4.3.2 Die Vertretungsmacht des Prokuristen

Nach § 49 I HGB hat der Prokurist Vertretungsmacht für alle Rechtsgeschäfte, die der Betrieb irgendeines Handelsgewerbes mit sich bringt.

4.3.2.1 Der weite Umfang nach § 49 I HGB
Die Vertretungsmacht des Prokuristen ist danach weder auf einfache und gewöhnliche Geschäfte beschränkt, noch auf die Geschäfte, die für die betreffende Branche typisch sind (vgl. § 49 I mit § 54 I HGB).

Die Vertretungsmacht ist damit denkbar weit. Daher ist die Ernennung zum Prokuristen ein erheblicher Vertrauensbeweis; andererseits werden dem Rechtsverkehr Erwägungen zum Umfang der Vertretungsmacht weitestgehend erspart.

Beispiel
Buchhändler B macht P zum Prokuristen. Wenn P namens B beim V-Verlag 150 Exemplare einer Katia Mann-Biografie bestellt, muss man sich dort keine Gedanken darübermachen, ob eine solche Menge dem Zuschnitt des Geschäfts des B entspricht; der Kauf gilt. Sendet P dem W ein Fax, in dem er für B „ppa" 150 Gläser Gurken kauft, so muss W nicht lange grübeln, ob es hier um eine besondere Schaufenstergestaltung geht oder um eine Lesung mit Katerfrühstück. P hat hier „per Prokura", also im fremden Namen gehandelt (vgl. § 51 HGB), und der Gurkenkauf gehört gewiss zum Betrieb irgendeines Handelsgewerbes und ist daher von § 49 I HGB gedeckt.

4.3.2.2 Keine Außenwirkung abweichender Abreden

Dem Umfang der Prokura sind zwar verschiedene Grenzen gesetzt (dazu sogleich). Im Übrigen ist die Vertretungsmacht des Prokuristen aber „dingfest". Regelmäßig hat der Prokurist zwar einen Arbeitsvertrag mit dem Kaufmann, und daraus ergibt sich, dass er nur in seinem Aufgabenbereich und nur in den vom Kaufmann gesteckten Grenzen handeln darf.

Beispiel
Der in einer Buchhandlung angestellte Prokurist verletzt seinen Arbeitsvertrag, wenn er ohne Sinn im Namen des Kaufmanns 150 Gläser Gurken kauft. Der Kaufmann kann seinen Prokuristen auch anweisen, keine Bestellungen über 5000 € ohne Rückfrage zu tätigen.

Solche Abreden im Innenverhältnis sind nach arbeitsrechtlichen Maßstäben zu beurteilen. Sie haben aber nach § 50 I HGB keine Wirkung im Außenverhältnis. Der Rechtsverkehr soll sich gerade auf die Vertretungsmacht des Prokuristen verlassen können, ohne sich weitere Gedanken zu machen. Daher ist die Ermächtigung des Prokuristen im Außenverhältnis dingfest gemacht.

Beispiel
In den letzten Beispielen sind der Gurkenkauf wie auch Bücherbestellungen über der Grenze von 5000 € unabhängig von den Abreden im Innenverhältnis wirksam. Ob P seinen Arbeitsvertrag verletzt und sich vielleicht eine Abmahnung einhandelt oder schadensersatzpflichtig macht, steht auf einem anderen Blatt.

4.3.2.3 Grenzen des Prokura-Umfangs

Zunächst hat der Prokurist für die Veräußerung oder Belastung von Grundstücken grundsätzlich keine Vertretungsmacht (§ 49 II HGB).

Nicht von § 49 I HGB sind zudem die sogenannten Grundlagengeschäfte gedeckt, welche die Gesamtstruktur des Unternehmens betreffen, denn sie gehören nicht zum Betrieb eines Handelsgewerbes.

Beispiel

Die Änderung der Firma oder des Unternehmensgegenstandes, die Aufnahme von Gesellschaftern, die Veräußerung, Verpachtung oder Einstellung des Handelsgeschäfts sind Grundlagengeschäfte, die nur vom Kaufmann oder den Gesellschaftern vorgenommen werden können. Die Errichtung einer Zweigniederlassung ist dagegen von § 49 I HGB gedeckt.

Zudem kann der Prokurist den Kaufmann nicht bei den höchstpersönlichen Geschäften vertreten, z. B. eine Prokura erteilen (§ 48 I HGB) oder den Jahresabschluss unterzeichnen (§ 245 S. 1 HGB).

4.3.2.4 Missbrauch der Vertretungsmacht

Eine weitere ungeschriebene Grenze bilden die Grundsätze vom Missbrauch der Vertretungsmacht, die auch sonst bei einer BGB-Stellvertretung eingreifen, aber gerade bei der Prokura besonders wichtig werden. Danach ist ein Vertretungsgeschäft vor allem unwirksam, wenn der Vertreter seine Vertretungsmacht vorsätzlich missbraucht und der Vertragspartner das Geschäft abschließt, obwohl er dies weiß.

Beispiel

P bestellt bei seinem Vetter im Namen des B 150 Gläser Gurken, obwohl beide wissen, dass B sie nicht benötigt.

Die weiteren Einzelheiten sind umstritten: Greift diese Unwirksamkeit auch ein, wenn der Prokurist zwar seine Befugnisse überschreitet, aber seinen Prinzipal nicht schädigen will? Greift sie auch, wenn der Missbrauch dem Geschäftspartner zwar nicht bekannt, aber wenn er evident ist? Wichtig ist hier nur, dass die Weite des § 49 I HGB durch die Grundsätze vom Missbrauch der Vertretungsmacht ein weiteres Korrektiv hat.

> **Auf den Punkt gebracht:** Abreden im Innenverhältnis begrenzen den Umfang der Prokura nicht. Grenzen sind § 49 II HGB, Grundlagengeschäfte und der Missbrauch der Vertretungsmacht.

4.3.3 Gesamtprokura und Filialprokura

Der Grundsatz, dass Einschränkungen der Vertretungsmacht des Prokuristen im Außenverhältnis nicht wirksam sind (▶ Abschn. 4.3.2.2.), erfährt in §§ 48 II, 50 III HGB gewisse Einschränkungen.

4.3.3.1 Gesamtprokura

Wegen der Weite der Prokura und der damit verbundenen erheblichen Risiken kann es sich empfehlen, das Vier-Augen-Prinzip einzuführen. Die Prokura kann daher auch in der Weise erteilt werden, dass mehrere Vertreter nur gemeinschaftlich vertretungsberechtigt sind (Gesamtprokura, § 48 II HGB). Diese Sonderform ist entsprechend einzutragen (§ 53 II HGB). Die Gesamtprokuristen müssen dann gemeinschaftlich handeln; anderenfalls können sie den Geschäftsherrn nicht wirksam berechtigen und verpflichten. Ein einzelner handelt als Vertreter ohne Vertretungsmacht.

Allerdings gilt dieses Gemeinschaftlichkeitserfordernis nicht, soweit es um den Empfang von Willenserklärungen geht (§ 164 III BGB), denn daraus ergäbe sich ein Erschwernis für Dritte, und die Kontrollmöglichkeit des Vier-Augen-Prinzips ist hier weniger wichtig. Dieser Grundsatz ist nur für andere Fälle der Gesamtvertretung bestimmt (z. B. § 125 II 3 HGB), gilt aber allgemein.

Zudem liegt bei der aktiven Stellvertretung gemeinschaftliches Handeln auch dann vor, wenn ein Gesamtprokurist vom anderen bevollmächtigt für beide die Willenserklärung abgibt (vgl. z. B. § 125 II 2 HGB).

Beispiel
Großbuchhändler K erteilt P_1 und P_2 Gesamtprokura. Eine Bestellung beim V-Verlag müssen grundsätzlich beide unterschreiben. P_1 kann aber z. B. P_2 bevollmächtigen, während seines Urlaubs Bestellungen bis 5000 € auch in seinem Namen zu tätigen. Eine Verabredung, dass jeder stets auch im Namen des anderen handelt, wäre dagegen unwirksam, da sie den Sinn der Gesamtprokura unterläuft.

Zulässig ist beispielsweise auch die halbseitige Gesamtprokura, bei der P_1 auch allein, P_2 dagegen nur gemeinsam mit P_1 handeln kann. Das kann sinnvoll sein, wenn P_2 noch geschäftliche Erfahrung sammeln soll. Ganz ähnlich ist es möglich, einen Prokuristen an die Mitwirkung eines vertretungsberechtigten Gesellschafters zu binden und umgekehrt (sog. gemischte Gesamtprokura).

4.3.3.2 Filialprokura

In Abweichung von § 50 I HGB gestattet es § 50 III HGB, die Vertretungsmacht eines Prokuristen auf eine einzelne Zweigniederlassung zu beschränken. Weitere Voraussetzung dafür ist allerdings, dass die Niederlassungen durch verschiedene Firmen, mindestens verschiedene Firmenzusätze unterscheidbar sind.

Im Handelsregister wird die Filialprokura dadurch ersichtlich, dass sie nur durch das für diese Niederlassung zuständige Registergericht eingetragen und bekanntgemacht wird (vgl. § 13 HGB).

4.3.4 Erlöschen der Prokura

Die Prokura erlischt wie jede Vollmacht nach § 168 S. 1 BGB mit dem zugrundeliegenden Rechtsverhältnis. Mit Wirksamkeit der Kündigung eines Prokuristen erlischt also auch seine Prokura, wenn nichts anderes vereinbart wird. Daneben kann die Prokura auch jederzeit unabhängig von dem zugrundeliegenden Rechtsverhältnis widerrufen werden (§ 52 I HGB).

Beispiel
P kauft im Namen des B 150 Gläser Gurken. B ist erbost und entscheidet sich zwar gegen arbeitsrechtliche Maßnahmen, widerruft aber die Prokura des P, da insoweit das Vertrauensverhältnis gestört ist.

Die Prokura erlischt auch mit dem Tod des Prokuristen, nicht dagegen mit dem Tod des Kaufmanns (§ 52 III HGB), denn gerade in solchen Krisensituationen ist der Erhalt der Vertretungsorganisation wichtig. Vielmehr haben die Erben zu entscheiden, ob sie die Prokura widerrufen wollen.

Auch das Erlöschen der Prokura ist nach § 53 II HGB einzutragen. Wegen § 15 I HGB ist diese Eintragung sogar besonders wichtig (▶ Abschn. 3.2.1).

4.4 Die Handlungsvollmacht

Neben der Prokura sieht das Handelsrecht eine weitere Sonderform der Vollmacht vor, die Handlungsvollmacht. § 54 HGB unterscheidet drei Formen der Handlungsvollmacht, grenzt den jeweils typischen Umfang der Vertretungsmacht ab, und schützt gutgläubige Dritte in ihrem Vertrauen auf diesen Umfang.

4.4.1 Erteilung der Handlungsvollmacht

Eine Handlungsvollmacht kann nur von einem Kaufmann erteilt werden, und zwar gemäß § 167 BGB. Es ist also wiederum eine einseitige empfangsbedürftige Willenserklärung nötig, die aber – anders als bei der Prokura – nicht persönlich und nicht ausdrücklich abgegeben werden muss. Daher kann auch ein Prokurist oder sonstiger Vertreter eine Handlungsvollmacht erteilen, es ist auch eine Erteilung durch schlüssiges Handeln möglich und es kommt sogar eine Duldungs- oder Anscheinshandlungsvollmacht in Betracht. Die Erteilung durch schlüssiges Handeln ist sogar der häufigste Fall.

Beispiel
Buchhändler B stellt als neue Kraft die H ein und erklärt ihr auch die Kasse. Darin ist die Erteilung einer Arthandlungsvollmacht zu sehen: H ist zu den üblichen Verkäufen und Kassiervorgängen ermächtigt. Wird der älteren Kollegin G das Bestellwesen samt Remittendenbearbeitung übertragen, so ist damit eine Erweiterung ihrer Handlungsvollmacht auf diesen Bereich verbunden, ohne dass das besonders ausgesprochen werden müsste.

Die Erteilung einer Handlungsvollmacht wird im Gegensatz zur Prokura nicht in das Handelsregister eingetragen.

4.4.2 Der Umfang der Handlungsvollmacht

Bei der Handlungsvollmacht kann der Umfang der Vertretungsmacht durch den Kaufmann mit Wirkung gegenüber Dritten bestimmt werden. Er richtet sich also wie im bürgerlichen Recht grundsätzlich nach der Bevollmächtigung.

> **Merke!**
> § 54 I HGB beschreibt drei Grundtypen der **Handlungsvollmacht**:
> - Generalhandlungsvollmacht
> - Arthandlungsvollmacht (Gattungsvollmacht)
> - Einzelhandlungsvollmacht (Spezialvollmacht)

4.4.2.1 Die Generalhandlungsvollmacht

Der Generalhandlungsbevollmächtigte ist im Zweifel zu allen Geschäften ermächtigt, die der Betrieb eines derartigen Handelsgewerbes üblicherweise mit sich bringt. Im Vergleich zur Prokura beschränkt sich die Vollmacht also einerseits auf die für die konkrete Branche typischen Geschäfte und zum anderen auf die dort üblichen Geschäfte. Schließlich ist selbst der Generalhandlungsbevollmächtigte ohne besondere Anordnung nicht zu Grundstücksveräußerungen und -belastungen, aber auch nicht zur Eingehung von Wechselverbindlichkeiten, zur Aufnahme von Darlehen und zur Prozessführung ermächtigt (vgl. § 54 II HGB mit § 49 II HGB).

Beispiel
Der Generalhandlungsbevollmächtigte eines Buchhändlers kann ein Ladenlokal anmieten oder den Mietvertrag kündigen. Er kann Büromöbel, Regale, Computer und Kasse kaufen oder reklamieren, Personal einstellen oder entlassen. Der Kauf von 150 Gläsern Gurken ist branchenunüblich und daher nicht von § 54 I HGB gedeckt. Die Kreditfinanzierung von Käufen scheitert an § 54 II HGB, ebenso die gerichtliche Durchsetzung einer Reklamation.

4.4.2.2 Die Arthandlungsvollmacht
Die Arthandlungsvollmacht oder Gattungsvollmacht ist auf eine bestimmte Art von Geschäften beschränkt und ermächtigt zu in diesem Rahmen üblichen Geschäften. Welche Art von Geschäften das sind, wie also der Rahmen geschnitten ist, bestimmt der Vollmachtgeber. Häufig wird die Art der Geschäfte durch den zugewiesenen Arbeitsbereich recht eindeutig abgesteckt.

Beispiel
Der Abteilungsleiter Einkauf ist für die üblichen Geschäfte des Einkaufs ermächtigt, nicht aber für Verkäufe. Die Personalleiterin hat Vertretungsmacht für Abschluss, Änderung und Beendigung von Arbeitsverträgen, aber weder für den Einkauf noch für den Verkauf. Der Kassierer im Supermarkt ist zu Verkäufen samt Zahlungsabwicklung ermächtigt.

Insoweit enthält § 54 I HGB aber keinen Vermutungstatbestand, denn es kommt auf den mit der Bevollmächtigung abgesteckten Rahmen oder den konkret zugewiesenen Aufgabenbereich an.

Beispiel
Betrachtet man die Beispiele zur Erteilung der Handlungsvollmacht (▶ Abschn. 4.4.1), zeigt sich, dass sich der Umfang der Handlungsvollmacht im Laufe der Zeit ändern kann. Duldet B nach einer Weile, dass auch H Bestellungen tätigt, liegt insoweit eine Duldungshandlungsvollmacht vor.

Innerhalb dieses Rahmens bleibt jeweils die Grenze der Üblichkeit zu beachten. Die Arthandlungsvollmacht erlaubt nur die Vornahme solcher Rechtsgeschäfte, die derartige Geschäfte gewöhnlich mit sich bringen.

Beispiel
Der Kassierer im Supermarkt kann üblicherweise keine Rabatte gewähren und kann nur die üblichen Zahlungsmittel entgegennehmen. In einer Boutique mag die Rabattierung üblich sein, so dass auch die Handlungsvollmacht der Verkäufer so weit reicht. In einem Flughafenshop kann es üblich sein, Dollar und Euro zu akzeptieren.

Grundtypen der Handlungsvollmacht

| Generalhandlungsvollmacht | Arthandlungsvollmacht | Spezialhandlungsvollmacht |

Abb. 4.1 Grundtypen der Handlungsvollmacht. (Eigene Darstellung)

4.4.2.3 Die Einzelhandlungsvollmacht

Die engste Form der Handlungsvollmacht ist die Einzelhandlungsvollmacht oder Spezialvollmacht. Sie beschränkt sich auf ein bestimmtes Geschäft und deckt alle Rechtshandlungen, die damit üblicherweise verbunden sind.

Beispiel
G soll für Buchhändler B die Leipziger Buchmesse besuchen und bestimmte Bestellungen tätigen sowie einige signierte Exemplare kaufen. Die Spezialhandlungsvollmacht deckt den Kauf einer Fahrkarte, vielleicht eine Hotelbuchung und die Käufe. Soll H die V-Verlags GmbH mit einem Stand auf der Messe vertreten, reicht seine Vertretungsmacht von der Standmiete über das Anheuern von Personal bis zu messeüblichen Verkäufen.

Die **Abb. 4.1** fasst die Grundtypen der Handlungsvollmacht zusammen.

4.4.2.4 Vertrauensschutz gegenüber weiteren Beschränkungen

Während der Umfang der Prokura gesetzlich weitestgehend festgeschrieben ist und § 50 I HGB Einschränkungen die Wirksamkeit im Außenverhältnis versagt, bestimmt § 54 III HGB lediglich, dass (über Absatz 2 hinaus) weitere Beschränkungen Dritten gegenüber nur gelten, wenn sie sie kennen oder kennen müssen.

Die Vorschrift schützt nicht das Vertrauen darauf, dass überhaupt eine Handlungsvollmacht erteilt wurde. Sie hilft auch nicht, die Art der Geschäfte zu bestimmen, zu denen jemand bevollmächtigt ist, und sie hilft auch nicht weiter, solange unklar ist, was bei derlei Geschäften üblich ist. In dem vom Kaufmann gesteckten Rahmen soll sich ein Geschäftspartner aber auf die übliche Vertretungsmacht verlassen können.

Beispiel
G ist dem V-Verlag als Handlungsbevollmächtigter für das Bestellwesen bekannt. Bei üblichen Bestellungen ist sein Vertrauen in die entsprechende Vertretungsmacht geschützt. Wenn der Kaufmann über Bestellungen ab 1000 € selbst entscheiden will, muss er den

V-Verlag darüber informieren; eine interne Beschränkung wirkt nach § 54 III HGB Gutgläubigen gegenüber nicht.

Buchhändler B macht H zum Generalhandlungsbevollmächtigten, behält sich aber die Einstellung von Personal vor. Stellt H dennoch allein namens B eine Buchhändlerin ein, so ist der Arbeitsvertrag gleichwohl wirksam: Die Einstellung einer Buchhändlerin gehört zu den üblichen Geschäften im Buchhandel, fällt nicht unter die Einschränkungen des § 54 II HGB, und sonstige Einschränkungen der Vollmacht muss sich die Buchhändlerin nur entgegenhalten lassen, wenn sie sie kannte oder hätte kennen müssen.

4.5 Stellvertretung durch Ladenangestellte

Die Vorschrift des § 56 HGB steht in engem Zusammenhang mit der Handlungsvollmacht und dient auch dem Vertrauensschutz. Während in § 54 HGB aber eine Bevollmächtigung vorausgesetzt wird (sonst greifen die Vermutungen nicht), soll § 56 HGB gerade Zweifel über eine tatsächliche Bevollmächtigung ausschließen: Wer ein Ladenlokal betritt, soll sich keine Gedanken über die Vertretungsmacht der dort Angestellten machen müssen. Daher gelten die Angestellten als ermächtigt, die gewöhnlichen Geschäfte (Verkäufe und Empfangnahmen) zu tätigen. In der Bearbeitung praktischer Fälle braucht also eine tatsächliche Bevollmächtigung nicht geprüft zu werden, da sie gutgläubigen Dritten gegenüber unwiderleglich vermutet wird, wenn die Voraussetzungen der Norm erfüllt sind.

Merke!

Tatbestandsvoraussetzungen des § 56 HGB:
- „Anstellung" im Laden oder offenen Warenlager eines Kaufmanns
- Verkauf oder Empfangnahme im Rahmen des Üblichen
- Gutgläubigkeit des Dritten (analog § 54 III HGB)

Das Merkmal der Gutgläubigkeit ergibt sich nicht aus dem Wortlaut des § 56 HGB, aber aus der Systematik, denn der Verkehrsschutz soll hier nicht weitergehen als bei § 54 HGB (vgl. auch § 173 BGB).

Beispiel
Buchhändler B bittet seinen Bruder, im Weihnachtsgeschäft bei der Beratung der Kunden und beim Einpacken behilflich zu sein. Das begründet keinen arbeitsrechtlichen Vertrag, aber eine „Anstellung" im Sinne des § 56 HGB, da das interne Rechtsgeschäft für den Verkehrsschutzzweck irrelevant ist. Wenn der Bruder auch Bücher verkauft und Zahlungen

entgegennimmt, so sind diese Rechtsgeschäfte nach § 56 HGB wirksam. Gibt es aber nur eine Kasse, die von einem anderen Verkäufer bedient wird, und weisen Schilder „Zahlung nur an der Kasse" auf dessen „Alleinzuständigkeit" hin, so deckt § 56 HGB einen Zahlungsempfang des Bruders nicht mehr, da die Kunden die Einschränkung seiner Vertretungsmacht kennen müssen (§ 54 III HGB analog).

4.6 Lern-Kontrolle

Kurz und bündig

Die §§ 48 ff. HGB modifizieren das allgemeine Stellvertretungsrecht der §§ 164 ff. BGB lediglich im Hinblick auf die Bevollmächtigung. Die am weitesten reichende handelsrechtliche Sonderform ist die Prokura (§§ 48 ff. HGB), die auch im Handelsregister einzutragen ist. Sie ist durch einen sehr weiten gesetzlich festgelegten Umfang der Vertretungsmacht (§ 49 HGB) gekennzeichnet, der im Außenverhältnis nicht eingeschränkt werden kann (§ 50 I HGB). Auch das Ende der Prokura ist im Handelsregister einzutragen (wichtig für § 15 HGB!).

Die Handlungsvollmacht (§ 54 HGB) muss nicht vom Kaufmann persönlich und nicht ausdrücklich erteilt werden und ist auch nicht im Handelsregister einzutragen. Es werden Generalhandlungsvollmachten, Gattungsvollmachten und Spezialvollmachten unterschieden, und der Rechtsverkehr wird in seinem Vertrauen auf den typischen Umfang solcher Vollmachten geschützt.

Nach § 56 HGB gelten die in einem Ladenlokal Angestellten als ermächtigt, die dort üblichen Verkäufe und Empfangnahmen (insbesondere von Zahlungen) zu tätigen.

? Let's check
1. Welche BGB-Regeln werden durch die §§ 48 ff. HGB modifiziert?
2. Ist der Handelsvertreter Stellvertreter?
3. Was ist unmittelbare Stellungvertretung, was mittelbare Stellvertretung?
4. Welche Besonderheiten gelten für die Erteilung einer Prokura?
5. Wie verhalten sich Vertretungsmacht und Anstellungsverhältnis des Prokuristen zueinander?
6. Welche Grundtypen der Handlungsvollmacht beschreibt § 54 I HGB?
7. Reicht die Vertretungsmacht des Prokuristen weiter als die des Generalhandlungsbevollmächtigten?
8. Wie wirkt sich die Anfechtung eines Arbeitsvertrages auf die Ladenvollmacht nach § 56 HGB aus?

Vernetzende Aufgaben

1. Gelten die §§ 48 ff. 54 und 56 HGB auch für nicht eingetragene Kleingewerbetreibende?
2. Inwieweit schützt das BGB den Geschäftspartner in seinem Vertrauen auf die Vertretungsmacht des Stellvertreters? Wie kann er sich schützen?

Lesen und Vertiefen

- Kindler, P. (2016). *Grundkurs Handels- und Gesellschaftsrecht.* München: C.H. Beck, § 6.
- Oetker, H. (2015). *Handelsrecht.* Berlin: Springer, § 5.
- Schmidt, K. (2014). *Handelsrecht – Unternehmensrecht I.* Köln: Carl Heymanns Verlag, § 16.
- Petersen, J. (2017). Der Dritte im Handels- und Gesellschaftsrecht. *JURA*, 294–299.
- Petersen, J. (2012). Die Prokura. *JURA*, 196–198.

Allgemeine Regeln über Handelsgeschäfte

Justus Meyer

5.1   Begriff und Bedeutung der Handelsgeschäfte – 66

5.2   Besonderheiten in der Rechtsgeschäftslehre – 68
5.2.1   Handelsbrauch und Handelsklauseln – 68
5.2.2   Schweigen im Handelsverkehr – 69
5.2.3   Vergrößerung der Vertragsfreiheit und Absenkung des Schutzniveaus – 72

5.3   Besonderheiten im Schuldrecht – 73
5.3.1   Zinsen und andere Entgelte – 73
5.3.2   Abtretungsverbote im Handelsrecht – 75

5.4   Besonderheiten im Sachenrecht – 76
5.4.1   Grundlagen – 76
5.4.2   Guter Glaube an die Verfügungsbefugnis – 77
5.4.3   Guter Glaube an die Vertretungsmacht? – 78

5.5   Lern-Kontrolle – 79

© Springer Fachmedien Wiesbaden GmbH, ein Teil von Springer Nature 2018
J. Meyer, *Wirtschaftsrecht: Handels- und Gesellschaftsrecht,* Studienwissen kompakt,
https://doi.org/10.1007/978-3-658-19983-8_5

Kapitel 5 · Allgemeine Regeln über Handelsgeschäfte

Lern-Agenda

Das vierte Buch des HGB behandelt die Handelsgeschäfte und enthält dabei (ähnlich dem BGB und dem Schuldrecht) einen Allgemeinen Teil (§§ 343–372) und einen Besonderen Teil (§§ 373-475h). Hier wird diese Konzeption aufgegriffen und es werden zunächst die wichtigsten allgemeinen Vorschriften behandelt, bevor im Anschluss die jeweiligen Besonderheiten und Modifikationen der einzelnen Teilrechtsgebiete näher erläutert werden.

Gerade an diesem Kapitel wird deutlich, wie das Handelsrecht die Regelungen des BGB aufgreift und diese an die entsprechenden Bedürfnisse des Handelsverkehrs anpasst. Die Schwierigkeit in der Prüfungssituation liegt meist nicht in der eigentlichen Prüfung der jeweiligen Thematik, sondern viel eher darin, die handelsrechtlichen Besonderheiten zu erkennen und richtig einzuordnen. Während der Vorbereitung sollten daher stets die jeweiligen Parallelvorschriften im BGB und HGB nachgelesen werden, um eine gedankliche Kopplung zu verfestigen.

Handelsgeschäfte

Begriff des Handelsgeschäfts und dessen Bedeutung	Handelsgeschäfte	▶ Abschn. 5.1
Handelsbräuche und -klauseln, Bedeutung des Schweigens im Rechtsverkehr und Maximierung der Vertragsfreiheit bei Absenkung des Schutzniveaus	Besonderheiten in der Rechtsgeschäftslehre	▶ Abschn. 5.2
Abweichende Regelungen zu Zinsen und anderen Entgelten, sowie Abtretungsverbote im Handelsrecht	Besonderheiten im Schuldrecht	▶ Abschn. 5.3
Erweiterung des gutgläubigen Erwerbs, Differenzierung des guten Glaubens an die Verfügungsbefugnis/-macht	Besonderheiten im Sachenrecht	▶ Abschn. 5.4

5.1 Begriff und Bedeutung der Handelsgeschäfte

Während bislang vielfach vom „Handelsgeschäft" im Sinne des kaufmännischen Unternehmens die Rede war (vgl. §§ 22 ff., 48 HGB), meint der Begriff hier die Rechtsgeschäfte der Kaufleute und Handelsgesellschaften. Nach § 343 HGB sind Handelsgeschäfte diejenigen Geschäfte eines Kaufmanns, die zum Betrieb seines Handelsgewerbes gehören.

5.1 · Begriff und Bedeutung der Handelsgeschäfte

Dazu zählen nicht nur die branchentypischen Geschäfte, sondern auch Hilfsgeschäfte und Branchenfremdes. Abgegrenzt werden lediglich die Privatgeschäfte des Kaufmanns. Da Handelsgesellschaften keine Privatgeschäfte tätigen, entfällt bei ihnen die Differenzierung.

Beispiel
Zu den Handelsgeschäften eines Buchhändlers gehören der Ankauf und Verkauf von Büchern und Tonträgern, ebenso die Ladenmiete, der Kauf von Regalen, eine Prokuraerteilung, ein Anstellungsvertrag und auch der Kauf und Verkauf von fairem Kaffee oder dergleichen für das Lesecafé. Kauft der Buchhändler fairen Kaffee für zuhause oder als Geschenk für Freunde, handelt es sich dagegen nicht um ein Handelsgeschäft.

Da der Zweck des Geschäfts, wie das Kaffeebeispiel zeigt, manchmal zweifelhaft ist, hilft § 344 HGB mit der Vermutung, dass Kaufmannsgeschäfte im Zweifel Handelsgeschäfte sind.

Die Qualifizierung als Handelsgeschäft ist wichtig für die Anwendbarkeit vieler HGB-Vorschriften (▶ Abschn. 1.4.1. und ▶ Abschn. 2.1.1.). Nach § 345 HGB genügt es für die – beiderseitige – Anwendbarkeit der meisten Vorschriften des vierten Buchs, wenn das Geschäft für eine Seite ein Handelsgeschäft ist.

Beispiel
Die Regeln über das Kontokorrent (§§ 355–357 HGB) gelten, sobald nur eine Seite Kaufmann ist (also auch zwischen Bank und Privatkunden). Dasselbe gilt für die Regeln der folgenden §§ 358 ff. HGB.

Teilweise verlangen die einzelnen Vorschriften allerdings, dass das Geschäft für eine bestimmte Seite ein Handelsgeschäft ist, und andere Vorschriften sind nur für beiderseitige Handelsgeschäfte anwendbar, so dass sich die Frage nach der Kaufmannseigenschaft und der Abgrenzung zum Privatbereich zweimal stellen kann.

Beispiel
Ein Bürgschaftsvertrag ist nur formfrei wirksam, wenn er für den Bürgen ein Handelsgeschäft ist (§ 350 HGB). Lagergeld kann nach § 354 HGB nur verlangt werden, wenn der Lagervertrag für den Lageristen Handelsgeschäft ist. Ob die Gegenseite Kaufmann ist, ist jeweils unerheblich. Nur für beiderseitige Handelsgeschäfte gelten z. B. die Vorschriften über Fälligkeitszinsen (§ 353 HGB) und die Rügeobliegenheit (§ 377 HGB).

5.2 Besonderheiten in der Rechtsgeschäftslehre

Neben den schon behandelten §§ 48 ff. HGB, die historisch bedingt beim „Handelsstand" eingeordnet sind, enthält das Handelsrecht verschiedene Modifikationen des Allgemeinen Teils des BGB und insbesondere der Rechtsgeschäftslehre.

5.2.1 Handelsbrauch und Handelsklauseln

Eine Konkretisierung der §§ 133, 157 BGB enthält zunächst § 346 HGB, wonach unter Kaufleuten auf die im Handelsverkehr geltenden Gewohnheiten und Gebräuche besondere Rücksicht zu nehmen ist, wenn es um die Bedeutung von Handlungen und Unterlassungen geht. Solche Handelsbräuche entstehen im Laufe der Zeit durch allgemeine Übung und Anerkennung. Sie sind keine Rechtssätze, können aber eine Vorstufe für Gewohnheitsrecht bilden.

Beispiel
Aus dem Handelsbrauch, mündliche Vertragsschlüsse noch einmal schriftlich zu bestätigen und einer abweichenden Bestätigung unverzüglich zu widersprechen, sind die gewohnheitsrechtlichen Grundsätze vom kaufmännischen Bestätigungsschreiben entstanden (▶ Abschn. 5.2.2.2).

Von besonderer praktischer Bedeutung sind einheitlich verwendete Handelsklauseln. Verwenden zwei Kaufleute in einem Vertrag die Klausel „ab Werk", so ist sie im Zweifel so zu verstehen, wie in den entsprechenden Handelskreisen üblich. Wichtig sind die INCOTERMS, die auch im internationalen Handelsverkehr weitgehend einheitlich verstanden werden, da die Internationale Handelskammer (ICC) einzelnen in der Praxis verwendeten Lieferklauseln eine genau bestimmte Bedeutung beimisst und diese Bedeutung auch weitestgehend so akzeptiert wird (vgl. ▶ www.iccwbo.org).

Beispiel
Die Klausel „FOB Hafen Hamburg" bedeutet *free on board* und meint, dass der Verkäufer liefert, sobald die Ware in Hamburg auf dem Schiffsdeck abgestellt ist; von da ab trägt der Käufer die Gefahr des Verlustes oder der Beschädigung und alle weiteren Kosten.

Hintergrund
Solche Standardklauseln können vereinzelt Handelsbrauch sein. Ansonsten handelt es sich um Allgemeine Geschäftsbedingungen (AGB), die nur anwendbar sind, wenn der konkrete Vertrag auf sie Bezug nimmt. Sofern deutsches Recht anwendbar ist, gelten die §§ 305 ff. BGB. Gerade die internationalen Klauseln unterstreichen noch einmal die besondere Internationalität des Handels-

rechts und auch die besondere Bedeutung von Regelwerken, die nicht staatlicherseits vorgegeben sind, sondern aus der Handelspraxis heraus entstehen (sog. *soft law*).

5.2.2 Schweigen im Handelsverkehr

Grundsätzlich kommen auch im Handelsrecht Verträge nur durch Angebot und Annahme zustande, die freilich auch konkludent erklärt werden können. Schweigen hat grundsätzlich aber nicht die Bedeutung einer Annahme (bestärkend: § 241a BGB). Ausnahmen finden sich schon im BGB (z. B. § 516 II 2), deutlicher aber im Handelsrecht, wo insbesondere § 362 HGB und die Grundsätze vom kaufmännischen Bestätigungsschreiben von Bedeutung sind.

5.2.2.1 Geschäftsbesorgungsverträge durch Schweigen

Nach § 362 HGB muss ein Kaufmann, der Geschäfte für andere besorgt, auf Vertragsangebote eines Anderen unverzüglich reagieren, wenn er mit ihm in Geschäftsverbindung steht oder ihm seine Dienste angeboten hatte. Schweigt er, so gilt dies als Annahme des Angebots.

Beispiel
Importeur I hat ein Konto bei der B-Bank und wickelt mit ihr häufiger Zahlungen ins Ausland per Akkreditiv ab. Faxt er der B-Bank ein Schreiben, in dem er erneut um eine Akkreditiveröffnung bittet, so geht ihr damit ein Antrag zu einem Geschäftsbesorgungsvertrag zu. Nach § 362 S. 1 HGB hat die B-Bank wegen der bestehenden Geschäftsverbindung unverzüglich zu antworten. Bleibt sie untätig, so gilt dies als Annahme. Der Vertrag kommt damit zustande, und die B-Bank ist zur Akkreditiveröffnung verpflichtet.

5.2.2.2 Das kaufmännische Bestätigungsschreiben

Unter Kaufleuten bestätigt häufig eine Vertragspartei der anderen das Ergebnis mündlicher Vertragsverhandlungen, um spätere Streitigkeiten darüber zu vermeiden, ob ein Vertrag zustande gekommen ist und mit welchen Bedingungen im Einzelnen. Widerspricht der Empfänger nicht, wird sein Schweigen als Einverständnis angesehen, weil der Handelsverkehr ein besonderes Bedürfnis nach Klarheit hat und vom Kaufmann besondere Sorgfalt verlangt werden kann. Um diese klärende Wirkung nicht zu gefährden, kann von dem Schweigenden nicht im Nachhinein eingewendet werden, das Bestätigungsschreiben weiche in Einzelheiten von den mündlichen Verhandlungen ab.

Diese Grundsätze sind Gewohnheitsrecht, das ebenso gilt wie z. B. § 362 HGB oder eine andere Norm. Da es sich um ungeschriebenes Recht handelt, muss man sich die wesentlichen Punkte allerdings einprägen.

> **Merke!**
>
> **Voraussetzungen des kaufmännischen Bestätigungsschreibens:**
> - Empfänger = Kaufmann
> - Absender = Geschäftsmann
> - Vorausgegangene Vertragsverhandlungen und Abschlussreife
> - Anschließendes Bestätigungsschreiben
> - Schutzwürdigkeit des Absenders - Keine Unredlichkeit - Allenfalls genehmigungsfähige Abweichungen

> **Merke!**
>
> **Rechtsfolge des kaufmännischen Bestätigungsschreibens:**
> - Bei Untätigkeit/Schweigen: Vertrag mit dem Inhalt des Bestätigungsschreibens
> - Bei unverzüglichem Widerspruch: ggf. Vertrag nach tatsächlicher Einigung

Die Grundsätze vom kaufmännischen Bestätigungsschreiben gelten unter Kaufleuten; während aber auf der Empfängerseite die strenge Obliegenheit zur unverzüglichen Reaktion wirklich nur Kaufleuten aufgebürdet werden soll, ist die Praxis auf der Absenderseite großzügiger und lässt eine kaufmannsähnliche Teilnahme am Geschäftsverkehr ausreichen.

Von einem kaufmännischen Bestätigungsschreiben kann ferner nur gesprochen werden, wenn mündliche Vertragsverhandlungen bis zur Abschlussreife gelangt sind, mindestens die Absenderseite auch vom Vertragsschluss ausgeht und diesen daraufhin unter Wiedergabe seines Inhalts schriftlich (auch per Fax oder E-Mail) bestätigt. Bei schriftlichen Äußerungen beider Parteien ist kein Raum mehr für ein Bestätigungsschreiben.

Beispiel
Buchhändler B bestellt per Fax beim V-Verlag fünf Exemplare einer Katia Mann-Biographie. Der V-Verlag faxt eine „Auftragsbestätigung" zurück und liefert die Bände. Hier stellt die Bestellung ein Angebot auf Abschluss eines Kaufvertrags dar. Die „Auftragsbestätigung" ist die Annahme dieses Angebots; sie führt zum Vertragsschluss und bestätigt diesen nicht erst. Verhandeln B und V per E-Mail wegen einer größeren Bestellmenge um einen Rabatt, die Frachtkosten und andere Details und führt der Schriftwechsel schließlich zu einer Bestellung des B, so ist der Vertragsschluss samt Inhalt bereits schriftlich fixiert, und es bleibt kein Raum für ein kaufmännisches Bestätigungsschreiben.

5.2 · Besonderheiten in der Rechtsgeschäftslehre

Grundsätzlich soll das Bestätigungsschreiben die tatsächlich erzielte Einigung natürlich exakt wiedergeben. Die Funktion des Bestätigungsschreibens verlangt aber, dass es auch Geltung hat, wenn sich später Abweichungen herausstellen. Es kann Klarheit auch über die Einzelheiten nur schaffen und späteren Streit darüber vermeiden, wenn dem schweigenden Empfänger der spätere Einwand verwehrt wird, man habe sich doch etwas anders geeinigt.

Beispiel
B und V verhandeln telefonisch wegen einer größeren Bestellmenge um einen Rabatt, wobei es lange zwischen 8 und 10 % hin und her geht. Bestätigt nun V den Vertrag mit 8 % Rabatt und bleibt eine Reaktion des B aus, so gilt der Vertrag mit diesem Inhalt. Das gilt auch dann, wenn B später mit einem Zeugen beweisen kann, dass man sich schließlich doch auf 10 % geeinigt hatte. Da der Absender eines Bestätigungsschreibens gerade vor solchen späteren Einwänden geschützt werden soll, hätte B seinen Widerspruch sofort äußern müssen.

Andererseits ist der Absender nicht immer schutzwürdig. Der Vertrag gilt nicht als bestätigt, wenn er bewusst versucht, der Gegenseite ungünstigere Konditionen unterzuschieben. Anderseits dürfen auch gutgläubige Abweichungen nicht so groß sein, dass kein vernünftiger Absender das Schweigen als Einverständnis auffassen kann.

Beispiel
Im letzten Beispiel kann ein redlicher Absender das Schweigen als Einverständnis mit dem geringeren Rabatt verstehen. Bestätigt V versehentlich 0,8 % statt 8 % Rabatt oder hatte er eine doppelt so große Bestellmenge in Erinnerung und bestätigt sie, so führt auch ein Schweigen darauf nicht zu einem entsprechenden Vertrag. Das Bestätigungsschreiben bleibt insoweit ohne Wirkung, und es gilt das tatsächlich Vereinbarte.

Die Grundsätze vom kaufmännischen Bestätigungsschreiben erscheinen zunächst recht kompliziert, ihre praktische Bedeutung ist aber schnell einsichtig. Es geht wiederum um die Schnelligkeit und Leichtigkeit des Handelsverkehrs, indem schnell Klarheit geschaffen wird; dafür werden höhere Sorgfaltsanforderungen (auf Empfängerseite) hingenommen.

Hintergrund
Die Grundsätze vom kaufmännischen Bestätigungsschreiben haben sich – ebenso wie die Regel des § 362 HGB – aus Handelsbräuchen entwickelt, sind aber nicht kodifiziert worden, sondern haben sich zu Gewohnheitsrecht verfestigt.

> **Auf den Punkt gebracht:** Schweigen bedeutet auch im kaufmännischen Verkehr nicht generell eine Annahme. Das gilt nur im Rahmen des § 362 HGB und beim kaufmännischen Bestätigungsschreiben.

5.2.3 Vergrößerung der Vertragsfreiheit und Absenkung des Schutzniveaus

Weitere handelsrechtliche Modifikationen erweitern die Privatautonomie der Kaufleute und senken umgekehrt das Schutzniveau ab, da Kaufleuten als Profis in gesteigertem Maße abverlangt wird, die Konsequenzen ihres rechtsgeschäftlichen Handelns einzukalkulieren.

5.2.3.1 Vertragsstrafen

Vertragsstrafen sind auch im allgemeinen bürgerlichen Recht zulässig und oft dort sinnvoll, wo die Erfüllung einer Vertragspflicht so wichtig ist, dass die Parteien sie durch eine besondere Sanktionierung absichern (§§ 336 ff. BGB).

Beispiel
K bestellt Rohstoffe bei V, die er unbedingt zu einem bestimmten Termin benötigt. V verspricht die rechtzeitige Lieferung unbedingt. Um dem Nachdruck zu verleihen, verabreden V und K aber zusätzlich, dass V unabhängig von etwaigem Schadensersatz 5000 € Vertragsstrafe zu zahlen hat, wenn er den Termin nicht einhält.

§ 343 BGB sieht die Möglichkeit einer gerichtlichen Überprüfung der Verhältnismäßigkeit einer solchen vereinbarten Vertragsstrafe vor, da Privatleute den Ernst der Vereinbarung vielleicht nicht überschauen. Kaufleuten wird eine solche Weitsicht aber abverlangt, bei ihnen findet nach § 348 HGB diese Kontrolle nicht statt, so dass nur die Grenzen der §§ 138 und 307 BGB zu beachten sind.

5.2.3.2 Die kaufmännische Bürgschaft

Ein Bürgschaftsvertrag ist nach §§ 765, 766 BGB grundsätzlich nur wirksam, wenn das Bürgschaftsversprechen schriftlich abgegeben wird. Der Bürge muss dann für den Hauptschuldner einstehen; da aber der Hauptschuldner selbst seine Schuld in erster Linie begleichen soll, kann der Bürge sich zunächst wehren, solange der Gläubiger nicht versucht hat, den Hauptschuldner zu belangen (§ 771 BGB). Auf diese Einrede der Vorausklage kann zwar – bei der selbstschuldnerischen Bürgschaft – verzichtet werden, § 773 Nr. 1 BGB, grundsätzlich schützt sie aber den Bürgen vor zu rascher Inanspruchnahme.

Sofern die Bürgschaft für den Kaufmann ein Handelsgeschäft ist, wird im Interesse der Schnelligkeit und Leichtigkeit des Handelsverkehrs auf beide Schutzmechanismen verzichtet: Nach § 349 HGB hat der Kaufmann keine Einrede der Vorausklage; seine Bürgschaft ist regelmäßig eine selbstschuldnerische. Nach § 350 HGB gilt auch das Schriftformerfordernis des § 766 BGB nicht; er kann sich auch mündlich verbürgen.

Beispiel
H verhandelt wegen eines Kredits zur Erweiterung seiner Produktion mit der S-Bank. Der Darlehensvertrag kommt erst zustande, als der vermögende Vater des H in einem zweiten Gespräch vor Zeugen verspricht, für diesen Kredit geradezustehen. Dieses Versprechen begründet keinen Bürgschaftsvertrag, da die Form des § 766 BGB nicht eingehalten ist. Wenn dagegen Fabrikant K mündlich zusichert, für den Kredit geradezustehen, weil H ein wichtiger Zulieferer ist, dann stellt die Bürgschaft für ihn ein Handelsgeschäft dar, so dass sie nach § 350 HGB formlos wirksam ist.

Eine entsprechende Formfreiheit ordnet § 350 HGB auch für abstrakte Schuldversprechen (§ 380 BGB) an.

5.3 Besonderheiten im Schuldrecht

In den §§ 343–372 HGB finden sich verschiedene Vorschriften, die die allgemeinen Regelungen der §§ 241 ff. BGB nur konkretisieren und allenfalls geringe Abweichungen enthalten.

Beispiel
Während allgemein die im Verkehr erforderliche Sorgfalt beachtet werden muss (§ 276 I 2 BGB), hat ein Kaufmann bei seinen Handelsgeschäften für die Sorgfalt eines ordentlichen Kaufmanns einzustehen (§ 347 I HGB). Allgemein sind Leistungen im Zweifel sofort, aber nicht zur Unzeit zu bewirken (§§ 271, 242 BGB); nach § 358 HGB ist während der gewöhnlichen Geschäftszeit zu leisten. Allgemein werden bei Gattungsschulden Sachen mittlerer Art und Güte geschuldet (§ 243 I BGB), im Handelsverkehr wird Handelsgut mittlerer Art und Güte geschuldet (§ 360 HGB).

Hintergrund
Diese Sonderregeln sind nicht unbedingt nötig aber auch unschädlich. Sie erklären sich historisch daraus, dass der HGB-Vorläufer, das ADHGB, vor dem BGB entstanden ist, als auch das Deutsche Reich noch nicht existierte. Vor diesem Hintergrund wird auch die Vorschrift des § 361 HGB verständlicher, die im Übrigen noch einmal auf die typische Internationalität des Handelsrechts hinweist.

5.3.1 Zinsen und andere Entgelte

Oben wurde schon die Entgeltlichkeit als ein typisches Merkmal handelsrechtlicher Regelung angesprochen und die Gewinnerzielungsabsicht als Merkmal des Gewerbebegriffs diskutiert (▶ Abschn. 2.2.2.4). Die §§ 352–354 HGB tragen dem Rechnung.

5.3.1.1 Der gesetzliche Zinssatz

Zunächst bestimmt § 352 HGB, dass der gesetzliche Zinssatz im Handelsverkehr nicht wie sonst 4 % ausmacht (§ 246 BGB), sondern 5 %. Das gilt nach Absatz 1 für beiderseitige Handelsgeschäfte und nach Absatz 2 für die Zinszahlungspflichten nach dem HGB (§§ 110 II, 111, 354 f.). Der fünfprozentige Zinssatz gilt allerdings nicht, sofern andere Zinshöhen festgelegt sind (wie z. B. im Wechsel- und Scheckgesetz) und er gilt vor allem nicht im Verzug mit der Begleichung einer Entgeltforderung, denn hier trifft § 288 BGB vor dem Hintergrund der EU-Zahlungsverzugsrichtlinie eine Sonderregelung, die besondere variable Zinssätze vorsieht.

5.3.1.2 Fälligkeitszinsen

Eine weitere Modifikation enthält § 353 HGB, indem bei Geldschulden aus beiderseitigen Handelsgeschäften Zinsen nicht erst im Verzug (§ 288 BGB), sondern bereits ab Fälligkeit geschuldet werden. Geldschulden sind wie alle Schulden nach § 271 BGB im Zweifel sofort, also regelmäßig mit Vertragsschluss zu begleichen, sofern nichts anderes vereinbart ist. Allerdings muss der Schuldner nach § 320 BGB erst dann zahlen, wenn er seinerseits die Gegenleistung erhält. Erst damit beginnt auch die Verzinsungspflicht nach § 353 HGB.

Beispiel
K ordert am 01.08. Bücher bei V. Die Lieferung erfolgt am 10.08.; K zahlt erst am 30.08., nachdem V ihn am 20.08. gemahnt hat. Die Geldschuld des K aus § 433 II BGB wird hier nach § 271 BGB am 01.08. fällig. Grundsätzlich schuldet K von da an auch Fälligkeitszinsen gemäß § 353 HGB, und zwar gemäß § 352 I HGB in Höhe von 5 %. Da er aber nach § 320 BGB erst mit Erhalt der Lieferung zahlen muss, greift auch die Verzinsungspflicht erst ab dem 10.08. Mit der Mahnung am 20.08. gerät K in Verzug und schuldet von nun an gemäß § 288 BGB die höheren Verzugszinsen (und zwar in Höhe von neun Prozentpunkten über dem Basiszinssatz, da beide Unternehmer sind). Insgesamt schuldet K also (neben dem Kaufpreis) Zinsen i. H. v. 5 % ab dem 10.08. und Verzugszinsen ab dem 20.08.

5.3.1.3 Provision, Lagergeld und Zinsen

Schon nach den allgemeinen BGB-Regeln gelten bei Dienst- und Werkverträgen Vergütungen als stillschweigend vereinbart, wenn die Leistung den Umständen nach nur gegen eine Vergütung zu erwarten ist (§§ 612 I, 632 I BGB; vgl. auch § 653 I BGB für Makler und § 689 BGB für die Verwahrung). Für Darlehen gibt es eine solche Regelung allerdings nicht (vgl. § 488 BGB).

Vor diesem Hintergrund trifft § 354 HGB eine Sonderregelung, die dem Grundsatz entspricht, dass Kaufleute im Rahmen ihres Handelsgewerbes regelmäßig nicht umsonst für jemanden tätig werden. Nach § 354 I HGB kann ein Kaufmann für seine

Geschäftsbesorgungen und Dienstleistungen auch ohne Verabredung eine Provision nach ortsüblichen Sätzen verlangen und bei Aufbewahrungen ein entsprechendes Lagergeld. Nach § 354 II HGB kann er für Darlehen, Auslagen usw. im Zweifel Zinsen verlangen, und zwar i. H. v. 5 % (§ 352 II HGB).

Die Vorschrift gilt nicht, wenn für eine Leistung ein bestimmtes Entgelt oder ihre Unentgeltlichkeit vereinbart ist, und sie gilt entsprechend nicht für Nebenleistungen, die mit dem Preis für die Hauptleistung abgegolten sind.

Beispiel
Bittet K den Buchhändler B, nach einer Erstausgabe von Thomas Manns Zauberberg zu recherchieren, so schuldet er dafür regelmäßig noch kein Entgelt, da eine solche Recherche typischerweise nur der Vorbereitung eines Verkaufs dient. Buchhändler B kauft bei Antiquitätenhändler A zwei alte Regale für 2400 €, die A in drei Wochen bei B anliefern und aufstellen soll. Hier sind mit dem Kaufpreis auch die Kosten für die dreiwöchige Aufbewahrung, den Transport und die Aufstellung mit abgegolten.

5.3.2 Abtretungsverbote im Handelsrecht

Forderungen können allgemein nach § 398 BGB durch Vertrag zwischen Alt- und Neugläubiger abgetreten werden, ohne dass der Schuldner beteiligt wäre. Solche Forderungsabtretungen kommen in der Praxis sehr häufig vor, insbesondere als Sicherungsabtretung und im Rahmen des Factorings.

Beispiel
Autohändler A verkauft viele Fahrzeuge auf Raten und hat daher auch längerfristige Kundenforderungen. Benötigt er Kredit, so kann er zur Sicherung des Darlehens seine Kundenforderungen abtreten. Um seine Liquidität zu sichern kann er sie auch einer Factorbank abtreten, die ihm den Nennwert zu einem Gutteil gutschreibt und die Einziehung übernimmt.

Da es auch für die Schuldner häufig einen zusätzlichen Aufwand bedeutet, sich einem neuen Gläubiger gegenüber zu sehen, hat es sich sehr verbreitet, bei der Eingehung einer Zahlungspflicht ein Abtretungsverbot gemäß § 399 BGB zu vereinbaren, so dass Abtretungen unwirksam sind.

Beispiel
Unternehmen U kauft bei A 20 Fahrzeuge. Die verwendeten AGB sehen dabei vor, dass A seine Forderungen gegen U nicht abtreten darf. Tritt A nun seine sämtlichen Forderungen an seine kreditgebende Bank oder seine Factorbank ab, so wäre die Abtretung der Forderungen gegen U eigentlich nach § 399 BGB unwirksam. Je häufiger solche Abtretungsverbote sind, umso geringer wird der Spielraum des A.

Um hier die Spielräume zu erhalten, bestimmt § 354a HGB, dass solche Abtretungen von Geldforderungen aus beiderseitigen Handelsgeschäften entgegen § 399 BGB wirksam sind.

Beispiel
Im letzten Beispiel ist die Abtretung durch A nach § 354a HGB wirksam; das mit U vereinbarte Abtretungsverbot wirkt nicht. U muss sich auf einen neuen Gläubiger einstellen.

Das Gesetz gibt den Interessen der Besicherungspraxis und Liquiditätssicherung also den Vorrang vor dem Interesse des Schuldners, seinen Gläubiger zu behalten. Dabei ist allerdings der Zuschnitt der Vorschrift unglücklich, denn sie vernachlässigt den Schutz von Kleinunternehmern, indem sie ein beiderseitiges Handelsgeschäft verlangt.

Beispiel
Ist A ein nicht eingetragener Kleingewerbetreibender, so ist der Verkauf an U kein beiderseitiges Handelsgeschäft. § 354a HGB hilft ihm daher nicht, obwohl er wahrscheinlich ein größeres Bedürfnis nach einer solchen Besicherungsmöglichkeit hat als größere Autohäuser.

> **Auf den Punkt gebracht:** Forderungen können nach § 398 BGB abgetreten werden. Ausnahme: Abtretungsverbote (§ 399 BGB). § 354a HGB macht eine Gegenausnahme, um finanzielle Freiräume abzusichern.

5.4 Besonderheiten im Sachenrecht

Unter den sachenrechtlichen Besonderheiten steht die erweiterte Möglichkeit gutgläubigen Erwerbs im Vordergrund; daneben bestehen insbesondere spezielle kaufmännische Sicherungsrechte.

Die §§ 366–367 HGB erweitern die Möglichkeiten, bewegliche Sachen und Wertpapiere gutgläubig vom Nichtberechtigten oder lastenfrei zu erwerben. Am wichtigsten ist § 366 I HGB.

5.4.1 Grundlagen

Der Eigentümer kann sein Eigentum an beweglichen Sachen nach §§ 929–931 BGB übertragen und er kann auch einem anderen diese Verfügungsbefugnis erteilen (§ 185 BGB). Verfügt dagegen ein Nichtberechtigter in entsprechender Weise, so wird der Erwerber grundsätzlich nicht Eigentümer, denn man kann nicht etwas übertragen, das man gar nicht hat. Um die Verkehrsfähigkeit beweglicher Sachen zu erhöhen, lassen die §§ 932–935 BGB den Erwerb vom Nichtberechtigten dennoch zu, wenn einerseits der Erwerber den Veräußerer für den Eigentümer hält (§ 932 II BGB) und andererseits die Sache dem wirklichen Eigentümer nicht abhandengekommen ist (§ 935 BGB).

Hintergrund
Der bösgläubige Erwerber ist natürlich nicht schutzwürdig; das gilt nach § 932 II BGB auch, wenn er den Veräußerer grob fahrlässig für den Eigentümer hält. Andererseits ist der wahre Eigentümer nur dann weniger schutzwürdig als der gutgläubige Erwerber, wenn er die Sache freiwillig aus der Hand gegeben hat; ansonsten ist ein gutgläubiger Erwerb nach § 935 BGB ausgeschlossen.

5.4.2 Guter Glaube an die Verfügungsbefugnis

Von diesen Wertungen geht auch das HGB aus. Es erhöht lediglich die Verkehrsfähigkeit beweglicher Sachen durch eine Erweiterung des Gutglaubenserwerbs. Da es im kaufmännischen Verkehr häufig vorkommt, dass fremdes Eigentum weiterveräußert wird, werden Erwerber nicht nur geschützt, soweit sie den Veräußerer für den Eigentümer halten, sondern auch, wenn sie ihn für verfügungsbefugt halten.

Beispiel
Buchhändler B gibt seinem Kollegen C zwei seiner seltensten Bücher mit, damit er sie auf einer Messe verkauft. B ist Eigentümer, eine Veräußerung durch C ist aber nach § 185 I BGB wirksam, da sie mit Einwilligung des B geschieht. Händler H kauft TV-Geräte unter Eigentumsvorbehalt von V. Eigentümer ist noch V; dennoch kann H die Geräte an seine Kunden weiterverkaufen und ihnen auch das Eigentum übertragen, § 185 I BGB. Juwelier J nimmt die Uhr des E in Kommission und veräußert sie an K.

In allen drei Fällen können die Erwerber, falls die Einwilligung der Eigentümer fehlt, nach §§ 932–935 BGB das Eigentum erwerben, wenn sie den Veräußerer für den Eigentümer halten. Nach § 366 I HGB gelten diese Regeln aber auch, wenn der Erwerber nicht an das Eigentum des veräußernden Kaufmanns aber an seine Verfügungsbefugnis glaubt.

Beispiel
C sollte die Bücher des B auf der Messe nur schätzen lassen. Als ein Interessent ein besonders gutes Angebot macht, sagt C, die Bücher gehörten zwar B, er sei aber sein Kommissionär und veräußere sie für dessen Rechnung. Hier wird der Interessent Eigentümer, obwohl er C nicht für den Eigentümer hält: C ist Kaufmann und die Veräußerung ist für ihn ein Handelsgeschäft. Die allgemeinen Voraussetzungen der §§ 929 S. 1, 932 BGB liegen vor, nur der gute Glaube bezieht sich stattdessen auf die Verfügungsbefugnis des C, was nach § 366 I HGB ausreicht.

5.4.3 Guter Glaube an die Vertretungsmacht?

Im Handelsverkehr wird häufig nicht sauber unterschieden, ob jemand im Namen eines anderen handelt oder nur für dessen Rechnung. Nur der erste Fall ist ein Fall der Stellvertretung. Im zweiten Fall darf die Bezeichnung „mittelbare Stellvertretung" nicht darüber hinwegtäuschen, dass der Handelnde sich selbst berechtigt und verpflichtet und lediglich mit seinem Hintermann abrechnet (▶ Abschn. 4.2.2).

§ 366 I HGB handelt nur vom zweiten Fall, in dem es um die Verfügungsbefugnis geht. Es ergibt sich aber die Frage, ob der Gutglaubensschutz nicht auch auf die Frage der Vertretungsmacht ausgedehnt werden sollte.

Beispiel
Scheitert im letzten Beispiel der gutgläubige Erwerb, wenn C dem Interessenten die Bücher im Namen des B statt nur für dessen Rechnung veräußert?
Manche verneinen die Frage: Da die Praxis insoweit oft nicht sauber unterscheide, solle § 366 I HGB auch insoweit angewendet werden. Dagegen spricht aber, dass das Gesetz die Unterscheidung eben doch trifft und dass sie auch manchen kaufmännischen Berufsbildern zu-

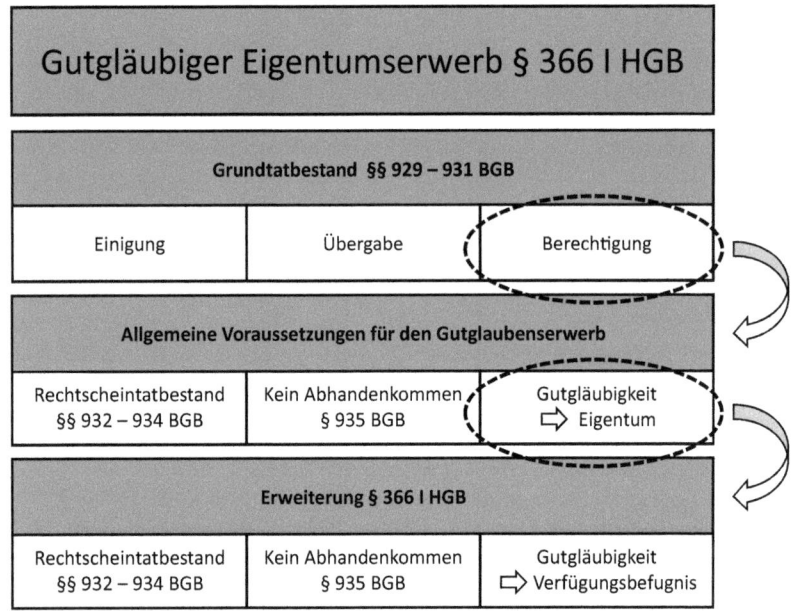

◘ Abb. 5.1 Gutgläubiger Erwerb § 366 I HGB. (Eigene Darstellung)

grunde liegt (Kommissionäre haben typischerweise Verfügungsbefugnis, § 383 HGB); Handelsvertreter haben – wenn überhaupt – typischerweise Vertretungsmacht. Zudem wird das Vertrauen auf die Vertretungsmacht auch im HGB auf grundsätzlich andere Weise geschützt. Daher sollte § 366 HGB auf Fälle fehlender Vertretungsmacht nicht angewandt werden.

Die ◘ Abb. 5.1 fasst die Grundlagen zum Eigentumserwerb nach § 366 I HGB zusammen.

5.5 Lern-Kontrolle

Kurz und bündig

§§ 343 bis 372 HGB enthalten die allgemeinen Regeln über Handelsgeschäfte. Handelsgeschäfte sind die Rechtsgeschäfte, die im Namen einer Handelsgesellschaft oder durch einen Kaufmann geschlossen werden, sofern es nicht seine Privatgeschäfte sind. Für die Anwendung der HGB-Normen genügt es grundsätzlich, wenn das Geschäft für eine Seite ein Handelsgeschäft ist (§ 345 HGB). Manche Vorschriften gelten nur für beiderseitige Handelsgeschäfte (z. B. §§ 353, 377 HGB).

Bei Handelsgeschäften spielen Gewohnheiten und Geräusche eine größere Rolle als im privaten Rechtsverkehr (vgl. § 346 HGB). Schweigen führt schneller zum Vertragsschluss (vgl. insbesondere § 362 HGB und die Grundsätze vom kaufmännischen Bestätigungsschreiben). Das HGB verzichtet auf eine Reihe von BGB-Schutzvorschriften. So findet nach § 348 HGB keine Kontrolle von Vertragsstrafen gemäß § 343 BGB statt und kaufmännische Bürgschaften sind formfrei möglich und selbstschuldnerisch (§§ 349, 350 HGB). Geldschulden aus beiderseitigen Handelsgeschäften sind grundsätzlich ab Fälligkeit zu verzinsen (§§ 352, 353 HGB). Im Zahlungsverzug gilt aber vorrangig § 288 BGB mit seinen unterschiedlichen und flexiblen Zinssätzen.

Bei beiderseitigen Handelsgeschäften bleiben gemäß § 354a HGB Abtretungsverbote (§ 399 HGB) wirkungslos. Wird im Rahmen eines Handelsgeschäfts eine bewegliche Sache veräußert, erweitert § 366 I HGB die Möglichkeit eines gutgläubigen Erwerbs über §§ 932 ff. BGB hinaus, indem auch der gute Glaube in die Verfügungsbefugnis des Veräußerers geschützt wird.

❓ Let's check

1. Gelten die §§ 343, 344 HGB auch für Handelsgesellschaften?
2. Was sind „Incoterms"?
3. Wo sind die Grundsätze vom kaufmännischen Bestätigungsschreiben normiert? Gelten sie auch für Kleingewerbetreibende?
4. Welche Sonderregelungen enthält das HGB für kaufmännische Bürgschaften?
5. Welche Wirkung haben Abtretungsverbote gemäß § 399 BGB? In welchem Verhältnis hierzu steht § 354a HGB?

6. Welche BGB-Vorschriften erweitert § 366 HGB vor allem?
7. Wie wird der gute Glaube an die Vertretungsmacht im HGB geschützt?

❓ Vernetzende Aufgaben
1. Einseitige Handelsgeschäfte (§ 345 HGB) sind häufig Verträge zwischen einem Unternehmer und einem Verbraucher (Verbraucherverträge). Wie ist hier das Verhältnis von HGB-Regeln und dem Verbraucherschutzrecht?
2. Informieren Sie sich im Lehrbuch von Carsten Schmidt über die Begriffe „Incoterms", „soft law" und „lex mercatoria".
3. Sollte § 354 a HGB nicht zugunsten kleingewerblicher Gläubiger analog angewandt werden?

ℹ Lesen und Vertiefen
- Kindler, P. (2016). *Grundkurs Handels- und Gesellschaftsrecht.* München: C.H. Beck, § 7.
- Oetker, H. (2015). *Handelsrecht.* Berlin: Springer, § 7
- Schmidt, K. (2014). *Handelsrecht – Unternehmensrecht I.* Köln: Carl Heymanns Verlag, §§ 18 ff.

Besonderheiten des Handelskaufs und anderer Handelsgeschäfte

Justus Meyer

6.1 Der Handelskauf – 82
6.1.1 Begriff, Bedeutung und Abgrenzung – 82
6.1.2 Besonderheiten beim Annahmeverzug – 83
6.1.3 Fixhandelskauf – 83
6.1.4 Die Rügeobliegenheit – 84

6.2 Das Kommissionsgeschäft – 88

6.3 Transport- und Lagergeschäfte – 89

6.4 Lern-Kontrolle – 90

© Springer Fachmedien Wiesbaden GmbH, ein Teil von Springer Nature 2018
J. Meyer, *Wirtschaftsrecht: Handels- und Gesellschaftsrecht*, Studienwissen kompakt,
https://doi.org/10.1007/978-3-658-19983-8_6

> **Lern-Agenda**
> Im vierten Buch des HGB folgen auf den ersten Abschnitt mit allgemeinen Vorschriften weitere Abschnitte zu besonderen Vertragstypen. Dieses Kapitel behandelt den praktisch besonders wichtigen Handelskauf und zeigt hier exemplarisch, wie die Regeln über einzelne Handelsgeschäfte zusammen mit den allgemeinen Vorschriften die BGB-Regeln modifizieren.
>
> **Grundlagen zum Handelskauf und anderen Handelsgeschäften**
>
> | | | |
> |---|---|---|
> | Begriff und Bedeutung des Handelskaufs, sich hieraus ergebende Besonderheiten beim Annahmeverzug, der Fixhandelskauf und die Rügeobliegenheit | Handelskauf | ▶ Abschn. 6.1 |
> | Begriff und inhaltliche Ausgestaltung des Kommissionsgeschäfts | Kommissionsgeschäft | ▶ Abschn. 6.2 |
> | Abgrenzung des Fracht- und Speditionsvertrags, sowie Besonderheiten des Lagervertrags | Transport- und Lagergeschäfte | ▶ Abschn. 6.3 |

6.1 Der Handelskauf

Der Handelskauf unterliegt zunächst den allgemeinen Vorschriften der §§ 433 ff. BGB, die um die Regeln des Allgemeinen Schuldrechts und des Allgemeinen Teils des BGB ergänzt werden. Die Sondervorschriften zum Handelskauf (§§ 373–381 HGB) modifizieren diese allgemeinen Regelungen.

6.1.1 Begriff, Bedeutung und Abgrenzung

Ein **Handelskauf** liegt vor, wenn ein Kaufvertrag über Waren geschlossen wird, der für mindestens eine Partei ein Handelsgeschäft ist (§ 345 HGB).

Nur in §§ 377, 379 HGB wird ein beiderseitiges Handelsgeschäft verlangt. Kaufverträge über Wertpapiere stehen dem gleich (§ 381 I HGB); ebenso Verträge über die Lieferung herzustellender Waren (§ 381 II HGB).

Damit wird ein sehr großer Teil aller Umsatzgeschäfte erfasst, denn der Austausch von Waren gegen Geld bildet den häufigsten Geschäftstyp, und in sehr vielen Fällen ist wenigstens auf einer Seite eine Handelsgesellschaft oder ein Einzelkaufmann beteiligt.

In der Hersteller- und Verteilerkette sind meist sogar zwei Kaufleute beteiligt, so dass auch §§ 377, 379 HGB anwendbar sind. Für den Wertpapierhandel gilt das erst recht.

Hintergrund
Die deutschen Regeln gelten vielfach auch bei Auslandsgeschäften, namentlich im Export. Häufig gilt insoweit freilich das UN-Kaufrecht oder ein von den Parteien gewähltes anderes Recht (▶ Abschn. 1.4.4 am Ende).

6.1.2 Besonderheiten beim Annahmeverzug

Der Käufer gerät in **Annahmeverzug**, wenn er die angebotene Leistung, insbesondere also die gelieferten Waren oder Wertpapiere, nicht annimmt (§§ 293 ff. BGB).

Die Rechtsfolgen des Annahmeverzugs sind in §§ 300–304 BGB bestimmt: Insbesondere trifft den Käufer eine verschärfte Haftung und er hat die zusätzlichen Aufwendungen des Verkäufers zu tragen. Hat der Verkäufer Geld (z. B. in anderer Währung), Wertpapiere oder andere Kostbarkeiten zu liefern, kann er sie im Annahmeverzug hinterlegen (§§ 372 ff. BGB). Andere Sachen kann er nach Androhung versteigern lassen, wenn der Käufer sie dann immer noch nicht annimmt (§§ 383 ff. BGB).

§§ 373, 374 HGB modifizieren diese Regelung in typischer Weise: Die BGB-Rechte bleiben beim Handelskauf erhalten (§ 374 HGB). Der Verkäufer kann aber nicht nur Kostbarkeiten, sondern alle Waren an einem sicheren Ort, insbesondere einem öffentlichen Lagerhaus, hinterlegen (§ 373 I HGB), und auch die Versteigerung ist freier ausgestaltet. Insgesamt wird der Sinn der Regelung abseits aller Details schnell deutlich: Der Verkäufer soll sich der Ware leichter entledigen, wenn sein Vertragspartner sie nicht abnimmt, damit seine weiteren Umsatzgeschäfte nicht blockiert werden.

6.1.3 Fixhandelskauf

― **Merke!** ―――――――――――――――――――――――――――――――

Von einem **Fixkauf** spricht man, wenn der Liefertermin für den Käufer so wichtig ist, dass sein Lieferinteresse grundsätzlich nur bei Einhaltung des Termins besteht.

Nach § 323 I, II Nr. 2 BGB behält der Käufer bei Terminüberschreitungen zwar seinen Erfüllungsanspruch, kann aber ohne weiteres vom Vertrag zurücktreten. Schadensersatz statt der Leistung kann er erst verlangen, wenn der Verkäufer auch nach Ablauf einer ihm gesetzten angemessenen weiteren Frist noch immer nicht geliefert hat (§ 281 I BGB).

Für den **Fixhandelskauf** trifft § 376 HGB eine Sonderregelung, die wiederum dazu dient, dem Käufer möglichst schnell seine Dispositionsfreiheit zu sichern: Er kann ebenso zurücktreten, muss aber umgekehrt anzeigen, wenn er auch die verspätete Lieferung noch fordern will. Stattdessen kann er regelmäßig ohne weitere Fristsetzung auch Schadensersatz statt der Leistung verlangen.

Beispiel
K bestellt bei der V-Bank Krügerrand-Münzen, die ein guter Kunde seinen Mitarbeitern als Sondergratifikation am 20.12. aushändigen will. Da der Termin so wichtig ist, vereinbaren V und K die Lieferung fix bis 18.12. Als V bis zum Geschäftsschluss am 18. nicht liefert, deckt sich K am Folgetag teurer bei der W-Bank ein, um seine Verpflichtungen dem Kunden gegenüber zu erfüllen, und verlangt nach § 376 I 1 HGB von der V-Bank Schadensersatz statt der Leistung. V kann die Münzen nicht mehr liefern und Bezahlung verlangen, sondern muss K seine Mehrkosten ersetzen.

Um den Druck zur pünktlichen Lieferung noch zu erhöhen, wird in solchen Fällen häufig noch eine Vertragsstrafe vereinbart (▶ Abschn. 5.2.3.1).

6.1.4 Die Rügeobliegenheit

Die wichtigste Modifikation des allgemeinen Kaufrechts bestimmt § 377 HGB. Sie betrifft die Lieferung mangelhafter Ware beim beiderseitigen Handelskauf und verlangt eine ordnungsgemäße Untersuchung nach Ablieferung. Dabei erkennbare Mängel sind unverzüglich zu rügen; nicht entdeckbare Mängel sind zu rügen, sobald sie erkennbar werden. Der Käufer verliert seine Rechte wegen des Mangels, wenn er nicht ordnungsgemäß rügt.

6.1.4.1 Voraussetzungen

> **Auf den Punkt gebracht: Die Vorschrift greift also nur unter den folgenden Voraussetzungen ein:**
> - Beiderseitiger Handelskauf
> - Mangel
> - Ablieferung

§ 377 HGB verlangt einen **beiderseitigen Handelskauf**. Es muss also ein Kaufvertrag über (auch noch herzustellende) Waren oder Wertpapiere vorliegen (vgl. § 381 HGB), beide Parteien müssen Kaufleute sein, und es darf für beide kein Privatgeschäft sein (§§ 343 f. HGB).

§ 377 HGB ist ferner nur relevant, wenn die Lieferung einen „**Mangel**" aufweist. Zwar ist praktisch jede Lieferung zu untersuchen, um etwaige Mängel zu entdecken. Rechtlich relevant ist aber nur die ordnungsgemäße Rüge; wo kein Mangel vorliegt, ist auch nichts zu rügen. Unter „Mangel" versteht § 377 HGB nicht nur den Qualitätsmangel, also die Schlechtlieferung, vielmehr gelten nach § 434 II BGB auch fehlerhafte Montagen und Montageanleitungen als Mangel, und vor allem nach § 434 III BGB auch Falschlieferungen und Zuweniglieferungen.

Beispiel
Buchhändler B bestellt beim V-Verlag 80 Bände des letzten Harry Potter-Romans. Werden Bände mit angestoßenem Einband, verwischtem Druck oder fehlenden Seiten geliefert, liegt ein zu rügender Mangel vor. Liefert V nur 78 Bände, ist gleichfalls zu rügen, ebenso, wenn er 80 Bände „Algebra für die Mittelstufe" liefert.

Die Obliegenheiten des Käufers setzen erst ein, wenn die Ware **abgeliefert** ist. Dazu muss sie so in seinen Machtbereich gelangen, dass eine Untersuchung möglich ist.

Beispiel
Die Bücherlieferung des V-Verlags ist abgeliefert, wenn der Transporteur sie bei B ausgeladen hat. Bestellt B ein betriebsfertiges Computersystem für Kasse und Buchführung, so liegt die Ablieferung erst vor, wenn die Software installiert und das Handbuch mitgeliefert ist, denn erst dann ist eine ordentliche Untersuchung durch B möglich. Lässt B den V-Verlag die bestellten 60 Bände „Algebra für die Mittelstufe" direkt an die Luise-Hensel-Schule liefern, hat er für die dortige Untersuchung zu sorgen, um seine Rechte zu wahren.

6.1.4.2 Ordnungsgemäße Untersuchung

Nach § 377 I HGB hat der Käufer die Ware nach der Ablieferung „unverzüglich" zu untersuchen, „soweit dies nach ordnungsgemäßem Geschäftsgange tunlich ist". Eine feste Untersuchungszeit ist nicht angegeben und auch nicht allgemein anzugeben. Die Untersuchungszeit ist im Interesse der Schnelligkeit des Handelsverkehrs kurz zu halten; verschuldete Verzögerungen gehen zu Lasten des Käufers, auch Nachlässigkeiten des Personals (vgl. § 278 BGB).

> **Auf den Punkt gebracht: Die Formulierung „unverzüglich" verweist auf eine Legaldefinition in § 121 BGB und meint: ohne schuldhaftes Zögern.**

Beispiel
Eine Bücherlieferung ist regelmäßig in ein oder zwei Tagen zu untersuchen, Frischfisch innerhalb weniger Stunden; der Testlauf einer umfangreichen Maschine kann mit Justierungsarbeiten und dergleichen einige Tage oder auch Wochen dauern. Lässt ein Angestellter die mittwochs gelieferten Bücher bis übers Wochenende liegen, weil er danach Urlaub hat, erfolgt die Untersuchung nicht mehr unverzüglich.

Die Art und Weise der Untersuchung richtet sich danach, was „nach ordnungsgemäßem Geschäftsgange tunlich ist". Dabei geht es weniger um das in der jeweiligen Branche Übliche als um das dem Käufer angesichts der Verkäuferinteressen einerseits und der Kosten, dem Zeitaufwand, der nötigen Sachkenntnis andererseits Zumutbare. Eine einfache Sichtkontrolle unter Einschluss etwaiger Papiere ist danach in jedem Fall erforderlich. Das Nachzählen und zumindest teilweise Auspacken der Ware meist auch. Ferner sind vielfach weitergehende Prüfungen an Stichproben nötig. Bei fehlender eigener Sachkenntnis kann bei einem gewissen Geschäftsvolumen die Hinzuziehung eines Experten zumutbar sein.

Beispiel
Lebensmittel müssen nach Aussehen, Geruch und probeweise oft auch Geschmack geprüft werden. Bei gefrorenem Fisch ist ein Stück aufzutauen, um Verderb festzustellen. Bei 2400 Pilzdosen ist es ausreichend, wenn fünf geöffnet und auf Sorte und Verderb geprüft werden. Bei gefärbten Stoffen ist die Farbechtheit zumindest durch Abreiben mit einem feuchten Lappen zu prüfen, je nach Wert und Menge auch durch einen Probewaschgang. Werden zwölf Videorecorder geliefert, sind mehrere auszupacken und von außen zu untersuchen, einer ist probeweise anzuschließen.

6.1.4.3 Die Rügeobliegenheit bei offenen und versteckten Mängeln

Offene Mängel sind solche, die bei einer ordnungsgemäßen Untersuchung erkennbar sind. Sie sind nach § 377 I HGB unverzüglich zu rügen. Nach Entdeckung des Mangels muss der Kaufmann also ein zweites Mal ohne schuldhaftes Zögern reagieren. Er kann das Ergebnis der Untersuchung abwarten, muss den Mangel dann aber zügig substantiiert bezeichnen und dem Verkäufer anzeigen. Eine bestimmte Form ist dafür nicht erforderlich. In der Praxis ist aber zu berücksichtigen, dass der Käufer die Rüge im Streitfall auch beweisen muss. Angesichts der modernen Kommunikationsmittel werden hier selten mehr als zwei Tage unverzüglich sein; bei verderblichen Waren kann die Frist deutlich kürzer sein. Nach § 377 IV HGB ist für die Frist die Absendung entscheidend; der rügende Käufer trägt also zwar das Zugangsrisiko, nicht aber das Risiko verspäteter Ankunft, sofern die Absendung ordnungsgemäß war.

Beispiel
K sendet V ein Rügeschreiben, das er noch am Tag der Anlieferung und Untersuchung in den Briefkasten wirft. Kommt der Brief nie an, hat K nicht ordnungsgemäß gerügt. Kommt der Brief wegen eines – nicht voraussehbaren – Poststreiks erst nach vier Tagen an, hat K ordnungsgemäß gerügt. Kommt der Brief erst nach vier Tagen an, weil er ihn nicht frankiert oder falsch adressiert hat, oder war der Poststreik voraussehbar, hat K dagegen seine Rügeobliegenheit wiederum verletzt.

Versteckte Mängel sind solche, die bei einer ordnungsgemäßen Untersuchung nicht erkennbar sind. Sie müssen nach § 377 III HGB unverzüglich nach ihrer Entdeckung gerügt werden. Das wird regelmäßig der Fall sein, wenn sich der Mangel beim Ge- oder Verbrauch beim Käufer zeigt oder wenn sich nach Weiterverkauf Reklamationen ergeben.

Beispiel
Buchhändler B hatte das bestellte Computersystem ordnungsgemäß getestet. Erst nach acht Monaten stellt sich aber heraus, dass das System der inzwischen angewachsenen Datenmenge nicht gewachsen ist. B hat das dem Verkäufer ohne schuldhaftes Zögern anzuzeigen. Bestellt er stattdessen zunächst den Software-Spezialisten S, der sich 12 Tage Zeit lässt, so hat B seine Rügeobliegenheit verletzt.

6.1.4.4 Rechtsfolgen bei Verletzung der Rügeobliegenheit
Soweit der Käufer Mängel ordnungsgemäß rügt, richten die weiteren Rechtsfolgen nach den allgemeinen Regeln des BGB.

Beispiel
Buchhändler B bestellt beim V-Verlag 80 Bände des letzten „Harry Potter"-Romans. Werden Bände mit angestoßenem Einband, verwischtem Druck oder fehlenden Seiten geliefert, so kann der ordnungsgemäß rügende B nach §§ 434, 437, 439 BGB in erster Linie verlangen, dass V ihm mangelfreie Exemplare liefert und die mangelhaften auf eigene Kosten zurücknimmt (Ersatzlieferung als Form der Nacherfüllung). Liefert V nur 78 Bände, so kann B Nachlieferung der fehlenden zwei Bände verlangen. Liefert V 80 Bände „Algebra für die Mittelstufe", so muss er sie wiederum auf eigene Kosten gegen die „Harry Potter"-Bände austauschen.

Soweit der Käufer die Rügeobliegenheit versäumt, gilt die Ware nach § 377 II und III BGB als genehmigt. Das bedeutet, dass sie insoweit als vertragsgemäße Ware angesehen wird und alle Rechtsbehelfe wegen des Mangels ausgeschlossen sind.

Beispiel
Werden bei der obigen Bestellung Bände mit angestoßenem Einband, verwischtem Druck oder fehlenden Seiten geliefert, die B nicht ordnungsgemäß rügt, so muss er die Lieferung akzeptieren und bezahlen, ohne die Rechte aus §§ 434, 437 BGB geltend machen zu können. Liefert V nur 78 Bände, so muss B im Fall der Rügesäumnis 80 Bände zahlen, ohne Nachlieferung der fehlenden zwei Bände verlangen zu können. Liefert V 80 Bände „Algebra für die Mittelstufe", die B nicht rügt, so gilt die Ware wiederum als genehmigt. B muss die Lieferung also abnehmen und grundsätzlich den vereinbarten Kaufpreis zahlen (der anhand der „Harry Potter"-Bände berechnet ist). Das ist allerdings dann problematisch, wenn die Mathematik-Bücher teurer sind, denn B könnte bewusst auf die Rüge verzichten und die teureren Bücher günstig erwerben. Um dieses Ergebnis zu vermeiden, muss man entweder V gestatten, auf die Genehmigungsfiktion zu verzichten und die Algebra-Bücher gegen die bestellten Potter-Bände auszutauschen, oder man muss mit § 377 HGB ernst machen und B die genehmigte Ware auch entsprechend teurer bezahlen lassen. Darüber streiten die Gelehrten noch.

6.1.4.5 § 377 HGB in der Fallprüfung

Wichtiger als solche umstrittenen Details ist aber die dogmatische Einordnung des § 377 HGB. Bei der Genehmigungsfiktion geht es (außer vielleicht bei der teureren Falschlieferung) um den Verlust von Rechtsbehelfen. Daher kommt es auf § 377 HGB erst an, wenn bereits festgestellt ist, dass ein Kaufvertrag vorliegt, aus dem der Käufer grundsätzlich irgendwelche Ansprüche herleiten kann. Erst anschließend fragt sich, ob sich aus § 377 HGB der Untergang eines solchen Anspruchs ergibt (vgl. dazu noch einmal das letzte Beispiel unter ▶ Abschn. 6.1.4.4).

6.2 Das Kommissionsgeschäft

Das Kommissionsgeschäft, in §§ 383–406 HGB geregelt, ist dadurch gekennzeichnet, dass jemand gewerblich im eigenen Namen aber für fremde Rechnung den Einkauf oder Verkauf von Waren oder Wertpapieren übernimmt. Es kam schon als Beispiel einer mittelbaren Stellvertretung (▶ Abschn. 4.2.2.) und beim gutgläubigen Erwerb (▶ Abschn. 5.3.1.) vor, und wir hatten auch schon gesehen, dass die §§ 383 ff. HGB auch dann greifen, wenn der Kommissionär als Kleingewerbetreibender nicht eingetragen und damit Nichtkaufmann ist (vgl. § 383 II HGB, ▶ Abschn. 2.3.2).

Der **Kommissionsvertrag** ist ein Sondertyp des Geschäftsbesorgungsvertrags (§ 675 BGB). Der Kommissionär ist in erster Linie zur sorgfältigen Ausführung des Kommissionsauftrags verpflichtet; die §§ 384 ff. HGB modifizieren insoweit das allgemeine Recht des Geschäftsbesorgungsvertrags (§§ 675, 665 ff. BGB). Sein Vertragspartner, der Kommittent, ist vor allem zur Zahlung der Provision und zum Ersatz der Aufwendungen verpflichtet (§ 396 HGB).

Das **Ausführungsgeschäft** (Kauf oder Verkauf) schließt der Kommissionär im eigenen Namen mit einem Dritten, sofern er nicht von seinem Selbsteintrittsrecht (§§ 400 ff. HGB) Gebrauch macht. Dementsprechend hat z. B. ein Einkaufskommissionär gegen den Verkäufer die Lieferansprüche aus § 433 I BGB und die Zahlungspflicht aus § 433 II BGB, er hat etwaige Mängel dem Verkäufer gegenüber nach § 377 HGB zu rügen und so fort. Grundsätzlich ist es dementsprechend auch der Einkaufskommissionär, der nach §§ 929 ff. BGB vom Verkäufer das Eigentum übertragen bekommt (andere Gestaltungen sind möglich).

Auf der Grundlage des Kommissionsvertrags erfolgt schließlich das **Abwicklungsgeschäft**, mit dem der Kommissionär das wirtschaftliche Ergebnis auf den Kommittenten überträgt. Er ist zur Abrechnung verpflichtet, hat bei der Einkaufskommission das Kommissionsgut zu übereignen, bei der Verkaufskommission die empfangenen Zahlungen weiterzuleiten und etwaige Ansprüche gegen den Dritten abzutreten. Dafür hat er umgekehrt Provisions- und Aufwendungsersatzansprüche, mit denen er aufrechnen kann (wenn keine Kontokorrentbeziehung besteht).

6.3 Transport- und Lagergeschäfte

Nur noch zu erwähnen sind schließlich die Transport- und Lagergeschäfte, die in §§ 407 ff. HGB geregelt sind. Gerade hier wird die Internationalität des Handelsrechts noch einmal besonders deutlich. Zum einen ist das Transportrecht 1998 mit Rücksicht auf die internationalen Entwicklungen reformiert worden, und zum anderen gelten für die – immer häufigeren – internationalen Transportgeschäfte oft nicht die HGB-Regeln, sondern internationale Abkommen wie die CMR für den internationalen Transport auf der Straße. Während die Praxis heute vielfach mit Rahmenverträgen über umfängliche Logistik-Leistungen operiert, trennt das HGB wie herkömmlich zwischen dem Frachtvertrag, Speditionsvertrag und Lagervertrag.

Der **Frachtvertrag** (§§ 407–452d HGB) verpflichtet einen gewerblichen Transporteur zur Güterbeförderung samt Ablieferung gegen Entgelt (Fracht). Besondere Regeln finden sich insbesondere über das Be- und Entladen, Frachtbrief und Begleitpapiere sowie die – recht weit eingeschränkte – Frachtführerhaftung samt Rügepflicht des Absenders. Als Sonderformen des Frachtvertrags sind Verträge über die Beförderung von Umzugsgut (ebenfalls mit Rügepflicht!) und Verträge über den multimodalen Transport behandelt (§§ 451–451h und §§ 452–452d HGB).

Der **Speditionsvertrag** (§§ 453–466 HGB) verpflichtet den Spediteur zur Organisation der Güterbeförderung und den Versender zur Zahlung der vereinbarten Vergütung. Der Spediteur ist also – dem allgemeinen Sprachgebrauch entgegen – nicht der Transporteur, sondern ein Fachmann auf dem Frachtmarkt, der die günstigsten Wege und Anbieter von Einzelleistungen für den Versender zusammenstellt. Er hat nach § 454 HGB Beförderungswege und -mittel zu bestimmen und die entsprechenden

Fracht- und Lagerverträge zu schließen sowie für Verpackung, Versicherung, Kennzeichnung und Verzollung zu sorgen, was regelmäßig im eigenen Namen geschieht (Abs. 3). Er kann auch seinerseits Spediteure einschalten, die z. B. auf bestimmte Kontinente oder Güter spezialisiert sind, oder er kann umgekehrt die Beförderung selbst übernehmen (Selbsteintritt, § 458 HGB). Er kann schließlich auch die Beförderung der Güter mehrerer Versender kombinieren, um zu kostengünstigeren Lösungen zu kommen (Sammelladung, § 460 HGB).

Der **Lagervertrag** (§§ 467–475h HGB) ist die handelsrechtliche Sonderform des Verwahrungsvertrags (§§ 688 ff. BGB). Er verpflichtet den Lagerhalter zur Lagerung und Aufbewahrung von Gütern gegen Vergütung. Einlagerungsfähige Güter sind grundsätzlich alle beweglichen Sachen, nicht aber Geld oder Wertpapiere. Die wichtigste Besonderheit des Lagergeschäfts ist das Institut des Lagerscheins, der einerseits eine wesentliche Beweisfunktion zwischen den Vertragsparteien hat und vor allem andererseits als Wertpapier die Verfügung über das eingelagerte Gut erleichtert (§§ 475c ff. HGB).

Auch insoweit sollen weitere Einzelheiten nicht verfolgt werden. Gemeinsam ist den Vorschriften des 4. bis 6. Abschnitts aber, dass der Dienstleister jeweils wie bei der Kommission nicht Kaufmann zu sein braucht, sondern nur Gewerbetreibender sein muss. Auch der Kunde braucht nicht Kaufmann zu sein.

Hintergrund
Vielmehr gibt es jeweils Sonderregeln für den Fall, dass der Kunde Verbraucher ist (vgl. § 414 III HGB mit § 13 BGB. Die Gewerbetreibenden haben dann insbesondere zusätzliche Informationspflichten (z. B. 451b II, 451g, 468 II 2, 472 I 2 HGB) und manche kundenschützenden Vorschriften werden zu zwingendem Recht erklärt (z. B. §§ 449 I, 451h I, 466 I, 475h HGB).

6.4 Lern-Kontrolle

Kurz und bündig
Im vierten Buch des HGB sind in den weiteren Abschnitten (§ 373 ff. HGB) einige wichtige Vertragstypen wie der Handelskauf, das Kommissionsgeschäft sowie Transport- und Lagergeschäfte geregelt.
Kaufverträge über Waren und Wertpapiere sind Handelskäufe, wenn sie zumindest für eine Vertragspartei ein Handelsgeschäft (§ 343 HGB) ist. Für den Fall des Annahmeverzugs (§§ 293 ff. BGB) erweitert § 373 HGB die Möglichkeiten der Hinterlegung und Versteigerung. Beim Fixhandelskauf modifiziert § 376 HGB die §§ 281, 323 BGB dahin, dass unmittelbar Schadensersatz statt der Leistung verlangt werden kann und der Erfüllungsanspruch nur nach sofortiger Anzeige erhalten bleibt.
Die Rügeobliegenheit des § 377 HGB besteht nur beim beiderseitigen Handelskauf. Die Vorschrift knüpft an den Begriff des Mangels (§ 434 BGB) an und stellt einen Untergangs-

grund für die mangelbedingten Rechte des Käufers dar. Der Käufer hat die Ware nach Ablieferung unverzüglich hinreichend zu untersuchen. Hierbei entdeckbare (offene) Mängel hat er unverzüglich zu rügen. Dabei nicht entdeckbare (verdeckte) Mängel hat er später nach ihrem Auftreten unverzüglich zu rügen. Erfolgt die Rüge verspätet, so verliert der Käufer die Rechte wegen des Mangels.

Das Kommissionsgeschäft (§§ 383 ff. HGB) regelt den gewerbsmäßigen Einkauf oder Verkauf im eigenen Namen für fremde Rechnung. Bei den Transport- und Lagergeschäften unterschiedet das Gesetz den Fracht-, Speditions- und Lagervertrag.

❓ Let's check
1. Welche Regeln des BGB und HGB gelten für Handelskäufe?
2. Welche sind die Anwendungsvoraussetzungen des § 373 HGB?
3. Was sind absolute Fixgeschäfte, was relative Fixgeschäfte? Welchen Fall erfasst § 376 HGB und zu welchen Modifikationen führt er?
4. Welches sind die Anwendungsvoraussetzungen des § 377 HGB?
5. Gilt § 377 HGB auch, wenn die abgelieferte Ware eine vom Hersteller (nicht Verkäufer!) versprochene Eigenschaft nicht aufweist?
6. Gilt § 377 HGB auch beim Streckengeschäft, bei dem der Käufer die Ware weiterveräußert und direkt an seinen Käufer liefern lässt?
7. Verlangt § 377 HGB auch zerstörende Stichprobenuntersuchungen?
8. An welcher Stelle der Prüfung eines Anspruchs ist § 377 HGB in der Regel zu prüfen?
9. Was ist der Unterschied zwischen einem Fracht- bzw. Speditionsvertrag?

❓ Vernetzende Aufgaben
1. Das UN-Kaufrecht enthält in Art. 38–40, 44 CISG ähnliche Regeln zur Rügeobliegenheit. Vergleichen Sie die Regeln.
2. Die Regeln des § 377 HGB werden in der Praxis teils als zu vage, zu starr oder zu streng empfunden. Was ist zu raten?

ℹ️ Lesen und Vertiefen
- Kindler, P. (2016). *Grundkurs Handels- und Gesellschaftsrecht.* München: C.H. Beck, § 8.
- Oetker, H. (2015). *Handelsrecht.* Berlin: Springer, § 8.
- Schmidt, K. (2014). *Handelsrecht – Unternehmensrecht I.* Köln: Carl Heymanns Verlag., §§ 29 f.
- Petersen, J. (2012). Die kaufmännische Rügeobliegenheit. *JURA,* 796–797.

Die wichtigsten Gesellschaftsformen in der Übersicht

Justus Meyer

7.1 Personengesellschaften, Körperschaften und Unternehmensgruppen – 94

7.2 Statistische Übersicht – 95

7.3 Lern-Kontrolle – 97

© Springer Fachmedien Wiesbaden GmbH, ein Teil von Springer Nature 2018
J. Meyer, *Wirtschaftsrecht: Handels- und Gesellschaftsrecht*, Studienwissen kompakt,
https://doi.org/10.1007/978-3-658-19983-8_7

Lern-Agenda
Das Gesellschaftsrecht untersucht Gemeinsamkeiten und Unterschiede verschiedener Personenvereinigungen. Zur groben Strukturierung hat sich dabei die Einteilung in Personengesellschaften mit dem Urtyp der BGB-Gesellschaft und Körperschaften mit dem Urtyp des Vereins durchgesetzt. Ferner sind Kombinationsformen möglich und in Form der GmbH & Co. KG auch durchaus häufig in der Praxis anzutreffen. Bevor in den nachfolgenden Kapiteln die einzelnen Gesellschaftsformen näher vorgestellt werden, soll zunächst diese Grobeinteilung genauer beschrieben und anhand einer statistischen Übersicht die praktische Relevanz der einzelnen Rechtsformen veranschaulicht werden.

Grundlagen zu den wichtigsten Gesellschaftsformen

Abgrenzung der Personen- bzw. Kapitalgesellschaften und sonstige Unternehmensgruppierungen	Überblick Gesellschaftsformen	▶ Abschn. 7.1
Überblick zum EU-Recht, dem BGB und HGB und weiteren Sondergesetzen	Statistische Übersicht	▶ Abschn. 7.2

7.1 Personengesellschaften, Körperschaften und Unternehmensgruppen

Unter den Gesellschaften wird vor allem zwischen Personengesellschaften und Kapitalgesellschaften sowie anderen Körperschaften unterschieden. Zu den **Personengesellschaften** gehören die BGB-Gesellschaft (§§ 705 ff. BGB) und die Personenhandelsgesellschaften OHG und KG (§§ 105 ff. und 161 ff. HGB). Idealtypisch steht bei ihnen der vertragliche Zusammenschluss der Gesellschafter im Vordergrund.

Beispiel
Bei der BGB-Gesellschaft kann jeder Gesellschafter die Gesellschaft durch Kündigung zur Auflösung bringen, und auch der Tod oder die Insolvenz eines Gesellschafters sind Auflösungsgründe (§§ 723, 727, 728 BGB).

Weitere Personengesellschaften sind die stille Gesellschaft, bei der es um eine Kapitalbeteiligung an einem handelsgewerblichen Unternehmen geht (§§ 230 ff. HGB), und die Partnerschaftsgesellschaft, die für die gemeinschaftlich freiberufliche Berufsausübung konzipiert wurde (§§ 1 ff. PartGG). Erwähnenswert ist schließlich die

Europäische Wirtschaftliche Interessenvereinigung (EWIV), die als EU-rechtliche Kooperationsform konzipiert ist.

Demgegenüber bleiben **Körperschaften** grundsätzlich vom Wechsel in ihrem Mitgliederbestand unberührt, was bei Vereinen und Aktiengesellschaften unmittelbar einleuchtet. Während Vereine grundsätzlich für nicht-wirtschaftliche Zwecke konzipiert sind (vgl. §§ 21, 22 BGB), sollen Genossenschaften die Wirtschaft ihrer Mitglieder durch gemeinschaftlichen Geschäftsbetrieb fördern (§ 1 I GenG). Daher gelten sie nach § 17 II GenG als Kaufleute im Sinne des HGB, auch wenn sie nicht im Handels- sondern Genossenschaftsregister erfasst sind. Zu den Körperschaften gehören auch die **Kapitalgesellschaften**, also insbesondere die AG und die GmbH, die im AktG und dem GmbHG geregelt sind. Eine Kapitalgesellschaft ist auch die Kommanditgesellschaft auf Aktien (KGaA, §§ 278 ff. AktG), die Elemente der KG mit aktienrechtlichen verbindet. Zu erwähnen ist schließlich als weitere EU-rechtliche Rechtsform die Europäische Aktiengesellschaft (*Societas Europaea* – SE), die wie die EWIV in einer EU-Verordnung samt nationalem Ausführungsgesetz geregelt ist. Sie alle sind Handelsgesellschaften.

Die wichtigste Mischform ist die **GmbH & Co. KG**, bei der eine GmbH anstelle des Geschäftsleiters die Rolle des persönlich haftenden Komplementärs übernimmt. Sie ist KG und damit Personengesellschaft, wird aber wegen der durch die GmbH vermittelten Haftungsbeschränkung z. B. im Bilanzrecht wie eine Kapitalgesellschaft behandelt (§ 264a HGB). Darüber hinaus kommen auch andere Verbindungen mehrerer Gesellschaften vor. Eine recht typische Erscheinung sind **Betriebsaufspaltungen**, bei denen die wichtigsten Vermögenswerte von einer Besitzgesellschaft gehalten werden, während das operative Geschäft in einer Produktions- oder Vertriebsgesellschaft stattfindet. Vor allem Kapitalgesellschaften sind zudem vielfach in Konzernen oder anderen **Unternehmensgruppen** zusammengefasst; das Aktiengesetz spricht von verbundenen Unternehmen (§§ 15 ff. und 291 ff. AktG).

7.2 Statistische Übersicht

Die Bedeutung der verschiedenen Gesellschaftsformen kann unter ganz verschiedenen Aspekten beschrieben werden. Historisch erscheint z. B. der Vorläufer der BGB-Gesellschaft (die römische *societas*, ▶ Abschn. 1.5.1) als wichtigster Urtyp aller Gesellschaften, die AG hat für die Industrialisierung eine wesentliche Rolle gespielt, und die Genossenschaft ist wirtschafts- und sozialgeschichtlich von besonderer Bedeutung. Die aktuelle wirtschaftliche Bedeutung der verschiedenen Gesellschaftsformen lässt sich am ehesten aus den Umsatzsteuerstatistiken ersehen (Statistisches Bundesamt, Fachserie 14, Reihe 8.1 – 2016, auch unter ▶ www.destatis.de). Die USt-Statistik erfasst allerdings nicht die zahlreichen Unternehmen, die von der Umsatzsteuer befreit sind oder keine bzw. nur geringe Umsätze erwirtschaften (d. h. bis 17.500 € pro Jahr).

Rechtsform	Anzahl	Umsatz in Mio. EUR
Einzelunternehmer	2.177.000	586.000
davon im Handelsregister	*157.000	?
BGB-Gesellschaft	209.000	86.000
OHG (klass.)	15.000	44.000
KG (klass.)	16.000	114.000
GmbH	*1.220.000	2.340.000
davon UG	*125.000	7.000
AG	*15.000	860.000
SE	180	130.000
GmbH & Co. KG	145.000	1.157.000
Genossenschaften	5.600	68.000
Limited	*8.200	?

◘ Abb. 7.1 Statistik zur Umsatzsteuer für das Jahr 2016. (Eigene Darstellung)

Beispiel
Non-Profit-Unternehmen, Besitzgesellschaften bei Betriebsaufspaltungen, Holdings und andere Konzernglieder, GmbH in der GmbH & Co. KG.

Der Vergleich mit Auszählungen der Handelsregister (Kornblum, GmbHR 2017, 739) zeigt, dass einerseits von den mehr als zwei Millionen umsatzsteuerpflichtigen Einzelunternehmen nur rund 157.000 als Einzelkaufleute eingetragen sind, während andererseits z. B. von den rund 1,2 Mio. eingetragenen GmbH nur 522.000 in der USt-Statistik erscheinen. Die ◘ Abb. 7.1 gibt daher die Zahlen der USt-Statistik (für 2016) wieder und ergänzt oder ersetzt einzelne durch die Handelsregisterzahlen, die mit einem *-Hinweis gekennzeichnet sind.

Danach sind mehr als zwei Drittel aller umsatzsteuerpflichtigen Unternehmen Einzelunternehmen, die auf die Gründung irgendeiner Gesellschaftsform verzichten und damit auch die persönliche unbeschränkte Haftung für alle Geschäftsschulden hinnehmen. Bei den klassischen **Personengesellschaften** fällt die hohe Zahl der Gesellschaften bürgerlichen Rechts oder BGB-Gesellschaften im Vergleich zur klassischen OHG und KG auf. Selbst ihre aggregierten Umsätze erreichen die der Einzelunternehmen bei weitem nicht.

Die **Kapitalgesellschaften** sind zahlreicher und vor allem wesentlich umsatzstärker als die Personengesellschaften. Die GmbH sticht der Zahl und der Umsätze nach hervor: Die GmbH ist die häufigste Gesellschaftsform und Unternehmen in GmbH-Form erwirtschaften gut 38 % der steuerbaren Umsätze. Die recht wenigen Aktiengesellschaften erwirtschaften den dritthöchsten Umsatzanteil hinter der GmbH und GmbH & Co. KG; zusammen vereinigen diese Rechtsformen über 70 % der Umsätze auf sich.

Während die SE der Anzahl und Umsätze nach in den vergangenen Jahren an Bedeutung gewonnen hat, ist bei den **Genossenschaften** der gegenläufige Trend sichtbar. Unter den **sonstigen Unternehmensformen** befinden sich unter anderem Stiftungen, öffentlich-rechtliche Unternehmen und ausländische Gesellschaften wie die englische Limited Company.

7.3 Lern-Kontrolle

Kurz und bündig

Das Gesellschaftsrecht unterscheidet insbesondere zwischen Personengesellschaften und Körperschaften. Zu den Körperschaften gehören insbesondere auch die Kapitalgesellschaften. Sie gehören der Zahl und der Umsätze nach zu den wichtigsten Gesellschaftsformen. Gesellschafter müssen nicht notwendig Menschen sein, häufig sind es andere Gesellschaften. Ein prominentes Beispiel ist die GmbH & Co. KG, die formal Personengesellschaft ist, aber Elemente der Kapitalgesellschaft aufweist und teils auch so behandelt wird. Schließlich sind insbesondere unter den Kapitalgesellschaften viele Konzerngesellschaften oder sonstige verbundene Unternehmen.

❓ Let's check
1. Ordnen Sie die in der Tabelle aufgeführten Gesellschaftsformen den Kategorien Personengesellschaften, Kapitalgesellschaften, sonstige Körperschaften zu.
2. Wieso sind im Handelsregister vielmehr GmbH eingetragen als in der Umsatzsteuerstatistik erfasst?

❓ Vernetzende Aufgaben

Das Handelsregister und die Umsatzsteuerstatistik führen auch zahlreiche Traditionsunternehmen auf. Wie aber sieht es bei Neugründungen aus? Gibt es hier rechtsformspezifische Statistiken?

ℹ️ Lesen und Vertiefen
- Kindler, P. (2016). *Grundkurs Handels- und Gesellschaftsrecht*. München: C.H. Beck, § 9.
- Windbichler, C. (2017). *Gesellschaftsrecht*. München: C.H. Beck, § 1.
- Schmidt, K. (2018). *Gesellschaftsrecht – Unternehmensrecht II*. Köln: Carl Heymanns Verlag, §§ 1–3.
- Hübner, L. (2017a). Examinatorium Gesellschaftsrecht – Teil 1. *JURA*, 130–147.
- Allabaei, S. (2016). Rechtsformwahl und Rechtsfragen bei der Gründung eines „Social Business". *ZJS, 2/2016*, 119–123.

Die BGB-Gesellschaft (GbR)

Justus Meyer

8.1 Begriff, Erscheinungsformen und Bedeutung – 100

8.2 Gründung – 101

8.3 Innenverhältnis – 102
8.3.1 Gesellschafterpflichten – 102
8.3.2 Gesellschafterrechte – 103
8.3.3 Geschäftsführung – 105
8.3.4 Grundlagenentscheidungen – 106

8.4 Gesellschaftsvermögen – 106
8.4.1 Die Außen-BGB-Gesellschaft als rechtsfähige Personengesellschaft – 107
8.4.2 Vermögenszuordnung – 107
8.4.3 Geschäftsanteil, Gewinne und Verluste – 108

8.5 Außenverhältnis – 109
8.5.1 Vertretung – 109
8.5.2 Haftung für Gesellschaftsverbindlichkeiten – 111

8.6 Gesellschafterwechsel – 113
8.6.1 Eintritt eines Gesellschafters – 113
8.6.2 Ausscheiden eines Gesellschafters – 114
8.6.3 Übertragung der Mitgliedschaft – 114

8.7 Auflösung und Beendigung der Gesellschaft – 115

8.8 Lern-Kontrolle – 116

© Springer Fachmedien Wiesbaden GmbH, ein Teil von Springer Nature 2018
J. Meyer, *Wirtschaftsrecht: Handels- und Gesellschaftsrecht*, Studienwissen kompakt,
https://doi.org/10.1007/978-3-658-19983-8_8

Lern-Agenda

Die BGB-Gesellschaft, auch als Gesellschaft bürgerlichen Rechts (GbR) bezeichnet, ist in §§ 705 ff. BGB geregelt und verkörpert die Urform der Personengesellschaft. Daher ist die Regelung auch wichtig, um die OHG, KG und GmbH & Co. KG zu verstehen. Allerdings hat die Rechtsprechung die altehrwürdigen BGB-Regeln mittlerweile weiterentwickelt. Welche Besonderheiten sich aus dieser Entwicklung für die Gründung bzw. Beendigung der Gesellschaft, deren Gesellschaftsvermögen sowie das Innen- und Außenverhältnis ergeben, wird im Nachfolgenden aufgezeigt.

Die Struktur der Darstellung wird in den nachfolgenden Kapiteln für die anderen Gesellschaftsformen übernommen, um die Vergleichbarkeit zu erleichtern.

Grundlagen zur BGB-Gesellschaft

Die unterschiedlichen Erscheinungsformen und deren jeweilige Bedeutung, sowie die Gründung der GbR	Erscheinungsformen, Bedeutung und Gründung	▶ Abschn. 8.1, ▶ Abschn. 8.2
Gesellschafterpflichten und -rechte, die Grundlagenentscheidungen und generelle Geschäftsführung	Innenverhältnis	▶ Abschn. 8.3
Vermögenszuordnung und Einzelheiten zu den Geschäftsanteilen, Gewinne und Verluste	Gesellschaftsvermögen	▶ Abschn. 8.4
Vertretung der Gesellschaft und die Haftung für Gesellschaftsverbindlichkeiten	Außenverhältnis	▶ Abschn. 8.5
Eintritt und Austritt eines Gesellschafters, Übertragung der Mitgliedschaft sowie Auflösung und Beendigung der Gesellschaft	Gesellschafterwechsel sowie Auflösung und Beendigung	▶ Abschn. 8.6, ▶ Abschn. 8.7

8.1 Begriff, Erscheinungsformen und Bedeutung

Die BGB-Gesellschaft ist gemäß § 705 BGB ein auf einem Gesellschaftsvertrag beruhender Zusammenschluss mehrerer Personen zur Verfolgung eines **gemeinsamen Zwecks**. Durch das Vertragserfordernis scheiden bloß unverbindliche Zusammenschlüsse aus. Andererseits können fast beliebige Zwecke gemeinschaftlich verfolgt werden; sie müssen nicht dauerhaft sein, können rein privat, karitativ, aber auch unternehmerisch sein.

Lediglich der gemeinsame Betrieb eines Handelsgewerbes scheidet aus, da dann keine BGB-Gesellschaft vorliegt, sondern eine OHG oder KG (§ 105 I HGB). Daher findet sich in der Praxis eine sehr große Bandbreite von BGB-Gesellschaften.

Beispiel
Fahrgemeinschaften auch für eine einzige Tour bei rechtsverbindlicher Verabredung, Lotto-Gemeinschaften oder eine Theatergruppe mit karitativen Ambitionen. Ebenso der Zusammenschluss von Nachbarn zur gemeinsamen Heizölbestellung, die Gemeinschaft dreier Freunde zum Bau eines Miethauses oder zur gemeinsamen Verwaltung ihrer Immobilien (mangels Ausrichtung nach außen kein Gewerbe). Arbeitsgemeinschaften für Bauprojekte, Emissionskonsortien und Kreditgemeinschaften (mangels Dauer keine Gewerbe). Freiberuflergemeinschaften wie Anwaltssozietäten oder Gemeinschaftspraxen. Kleingewerbliche Unternehmen ohne Handelsregistereintragung.

Unter den BGB-Gesellschaften finden sich danach viele im privaten und viele im wirtschaftlichen und auch gewerblichen Bereich. Die meisten treten in irgendeiner Form nach außen in Erscheinung. Es gibt aber auch reine Innengesellschaften.

Beispiel
D und E planen gemeinsam den Bau eines Miethauses; sie wollen sich paritätisch finanziell beteiligen, aber E soll allein als Bauherr auftreten. Der kleingewerbliche Buchhändler B nimmt C mit einer Einlage als Partner auf, bleibt aber alleiniger Gewerbetreibender. Wäre die Buchhandlung „großgewerblich" oder B eingetragen, so würde sich C an dem Handelsgewerbe eines anderen beteiligen und es handelte sich um eine stille Gesellschaft (§ 230 HGB), eine Sonderform der BGB-(Innen-)Gesellschaft.

> **Auf den Punkt gebracht:** Die Bedeutung der BGB-Gesellschaft ist in der Wirtschaft wie im Privatbereich sehr groß. Die Erscheinungsformen sind vielfältig. Darüber hinaus sind die §§ 705 ff. BGB auch als Basisnormen für die übrigen Personengesellschaften wichtig (vgl. nur § 105 III HGB).

8.2 Gründung

Eine BGB-Gesellschaft entsteht mit Abschluss des **Gesellschaftsvertrages** i. S. d. § 705 BGB. Das kann auch formfrei geschehen, wie bei Fahr- und Lotto-Gemeinschaften üblich; eine Urkunde oder irgendeine Registereintragung ist ebenso wenig erforderlich wie eine Anfangskapitalisierung oder dergleichen. Mit Abschluss des Vertrages entstehen die Rechte und Pflichten der Gesellschafter untereinander; gleichzeitig entsteht aber auch die BGB-Gesellschaft als Wirkungseinheit, die durch den Vertrag ihre Verfassung erhält.

Beispiel
B und C beschließen, gemeinsam eine kleine Buchhandlung auf die Beine zu stellen. Sie verabreden gleiche finanzielle Beteiligung und gleiche Befugnisse und geben sich die Hand darauf. Damit ist die Gesellschaft gegründet.

Hintergrund
Da durch den Gesellschaftsvertrag eine neue organisatorische Einheit entsteht und geregelt wird, enthält er schuldrechtliche wie organisationsrechtliche Elemente. Das BGB stellt erstere in den Vordergrund.

8.3 Innenverhältnis

Die Rechte und Pflichten der Gesellschafter ergeben sich in erster Linie aus dem Gesellschaftsvertrag, hilfsweise aus den §§ 705 ff. BGB.

8.3.1 Gesellschafterpflichten

Die Gesellschafter verpflichten sich in erster Linie, den vereinbarten **Gesellschaftszweck zu fördern**, insbesondere durch Beitragsleistungen. Vielfach verpflichten sie sich zu Geldleistungen oder Sachleistungen, die in das Gesellschaftsvermögen übergehen. Aber auch Dienstleistungen können Beiträge sein (§ 706 III BGB), ebenso die Überlassung von Räumlichkeiten, Know-how, Marken oder Patenten.

Beispiel
In der A&B-Buchhandlung stellt A die Räumlichkeiten und 70 % des Kapitals, während B die übrigen Barmittel beisteuert und sich zur Verkäufertätigkeit zu den üblichen Geschäftszeiten verpflichtet.

Regelmäßig wird der Gesellschaftsvertrag die **Beitragspflichten** festlegen. Ansonsten ergeben sie sich aus dem vereinbarten Zweck und sind im Zweifel gleichmäßig zu tragen (§ 706 I BGB). Zur Erhöhung des vereinbarten Beitrags oder zu Nachschüssen sind die Gesellschafter im Zweifel nicht verpflichtet (§ 707 BGB); so bleibt das Engagement des einzelnen überschaubar. In Grenzen kann der Gesellschaftsvertrag aber auch davon abweichen.

Beispiel
Die A-GmbH, B-GmbH und die C-KG gründen eine „Interessengemeinschaft" zur Bündelung ihrer Anstrengungen in Forschung und Entwicklung. Der Gesellschaftsvertrag sieht vor, dass sich die jährlichen Beiträge der Gesellschafter auf je 50.000 € belaufen, aber per Mehr-

heitsbeschluss um bis zu 10 % erhöht werden können, wenn die Bedürfnisse der Forschung und Entwicklung dies erfordern.

Die **Förderpflicht** der Gesellschafter beschränkt sich aber, wie schon § 705 BGB deutlich macht („insbesondere"), nicht auf die Beitragsleistungen. Allgemeiner haben sie die Interessen der Gesellschaft im Rahmen des Zumutbaren zu wahren und insbesondere auch gegenläufiges Verhalten zu unterlassen.

Beispiel
V bietet der A-GmbH einen Lizenzvertrag über ein Patent an, das für die Interessengemeinschaft besonders interessant ist. Die A-GmbH hat aus ihrer allgemeinen Förder- und Treuepflicht heraus der Gesellschaft den Vertragsschluss zu ermöglichen. Würde sie den Lizenzvertrag für sich allein abschließen, so würde das dem Gesellschaftszweck deutlich zuwiderlaufen. Hier ergibt sich also eine Unterlassungspflicht und sogar eine positive Pflicht zur Vertragsandienung.

Schließlich ergeben sich – wie typischerweise in Schuldverhältnissen – **allgemeine Nebenpflichten**, die dem Schutz der Interessen der Gesellschaft wie auch der Mitgesellschafter dienen. Für die Erfüllung all dieser Pflichten haften die Gesellschafter wie auch sonstige Schuldner auf Erfüllung, eventuell auf Unterlassung und im Verschuldensfall auch auf Schadensersatz. Insoweit enthält § 708 BGB allerdings ein **Haftungsprivileg** für das Innenverhältnis: Ein Gesellschafter schuldet nur diejenige Sorgfalt, die er üblicherweise auch in eigenen Angelegenheiten anwendet.

Beispiel
In der A&B-Buchhandlung lässt B manchmal Rechnungen länger liegen – genau wie zuhause. Selbst wenn das Gesellschaftsvermögen dadurch um die ein oder anderen Mahnkosten geschmälert wird, haftet B dafür nicht nach § 280 I BGB, da er diese leichte Fahrlässigkeit nach § 708 BGB nicht zu vertreten hat. Er haftet erst, wenn er in der Buchhandlung schludriger agiert als sonst oder wenn die Grenze zur groben Fahrlässigkeit erreicht ist (§ 277 BGB).

Hintergrund
Solche zunächst etwas merkwürdigen Haftungsprivilegien finden sich auch sonst bei engen Verbindungen, z. B. zwischen Eheleuten (vgl. § 1359 BGB). Auch in der BGB-Gesellschaft sollen sich die Gesellschafter grundsätzlich so nehmen, wie sie sind – oder etwas Abweichendes vereinbaren.

8.3.2 Gesellschafterrechte

Den Pflichten der Gesellschafter stehen natürlich auch Rechte gegenüber. Hierher gehören einerseits **vermögensrechtliche** wie die Gewinnbeteiligung (§§ 721 f. BGB,

▶ Abschn. 8.4.2.). Andererseits sieht das Gesetz für die Gesellschafter wesentliche Mitverwaltungsrechte vor, indem Beschlüsse grundsätzlich einstimmig erfolgen (§ 709 I BGB), eine gemeinschaftliche Vertretung vorgesehen ist (§ 714 BGB) und so fort. Auch wenn der Gesellschaftsvertrag hiervon abweicht, haben die Gesellschafter doch Anspruch auf angemessene Rücksichtnahme, Informations- und Kontrollrechte (§ 716 BGB) und ein Recht auf allgemeine Gleichbehandlung (vgl. § 706 I, 709 I, II, 722 BGB), das sie auch bei abweichender Regelung zumindest vor willkürlicher Ungleichbehandlung schützt.

Beispiel
Auch wenn der Gesellschaftsvertrag der obigen „Interessengemeinschaft" eine Beitragserhöhung per Mehrheitsbeschluss um bis zu 10 % vorsieht, können doch die B-GmbH und C-KG nicht beschließen, dass nur die A-GmbH wegen ihrer besseren Ertragslage höhere Beiträge zu leisten hat.

Die oben beschriebenen Pflichten haben die Gesellschafter in erster Linie der Gesellschaft gegenüber, und entsprechend stellen die Gesellschafterrechte in erster Linie Ansprüche gegen die BGB-Gesellschaft dar.

Beispiel
In der A-B-C-Gesellschaft schulden A, B und C ihre Beiträge der Gesellschaft. Ist nach dem Gesellschaftsvertrag nur A geschäftsführungs- und vertretungsbefugt, obliegt ihm die Beitragserhebung. Umgekehrt können B und C ihre Kontrollrechte nach § 716 BGB der Gesellschaft gegenüber geltend machen.

Daneben ist die BGB-Gesellschaft auch ein Schuldverhältnis zwischen den Gesellschaftern, so dass in § 705 BGB von der gegenseitigen Verpflichtung der Gesellschafter die Rede ist. Daher können auch die Gesellschafter im Notfall die Erfüllung der Pflichten der Mitgesellschafter einfordern. Erkennt man dagegen die BGB-Gesellschaft als selbstständige Organisation an, so ergibt sich automatisch auch eine Überlagerung von Pflichten gegenüber der Gesellschaft und Pflichten gegenüber den Gesellschaftern. Grundsätzlich stehen erstere im Vordergrund, aber auch letztere können in der Praxis Bedeutung erlangen.

Beispiel
Wenn im letzten Beispiel C seine Beiträge nicht leistet, hat A sie namens der Gesellschaft einzufordern. Die gesellschaftsvertragliche Kompetenzverteilung verbietet grundsätzlich ein Tätigwerden des B. Leistet dagegen A seine Beiträge nicht, so würde ein Festhalten an dieser Kompetenzverteilung die Einforderung blockieren. Daher können hilfsweise auch die einzelnen Gesellschafter, also B oder C den Beitrag einfordern, da A die Beitragsleistung ja auch ihnen gegenüber versprochen hat (sog. *actio pro socio*).

8.3.3 Geschäftsführung

Die Führung der Geschäfte der Gesellschaft, also die Entscheidung über Gesellschaftsangelegenheiten und die Ausführung dieser Entscheidungen, steht nach § 709 BGB allen Gesellschaftern gemeinschaftlich zu. Alle Gesellschafter entscheiden also grundsätzlich gemeinschaftlich über alles und alle müssen jeder Maßnahme zustimmen. Dieses **Einstimmigkeitsprinzip** entspricht vielleicht am ehesten der gemeinschaftlichen Zweckverfolgung und bedeutet für den einzelnen Gesellschafter den weitestgehenden Schutz. Andererseits macht es die Entscheidungsprozesse zumindest bei größerer Gesellschafterzahl schnell schwerfällig und ist vielfach schon in Zweipersonen-Gesellschaften unpraktisch. Daher finden sich in Gesellschaftsverträgen gerade für unternehmerisch tätige Gesellschaften vielfach **abweichende Regelungen**. §§ 709 II ff. BGB behandeln die geläufigsten Abweichungen vom Grundprinzip der gemeinschaftlichen Geschäftsführung.

- Alle Gesellschafter sind gemeinschaftlich geschäftsführungsbefugt, es entscheidet aber die Mehrheit der Gesellschafter nach Köpfen (§ 709 II BGB). Dieses Majoritätsprinzip entspricht dem in der Mitgliederversammlung im Verein (vgl. § 32 BGB).
- Alle Gesellschafter sind gemeinschaftlich geschäftsführungsbefugt, es entscheidet aber die Mehrheit der Gesellschafter nach Kapitalanteilen. Dieses Majoritätsprinzip entspricht dem in der Mitgliederversammlung in Kapitalgesellschaften (vgl. nur § 47 I, II GmbHG).
- Alle Gesellschafter sind einzeln geschäftsführungsbefugt, jeder hat aber ein Widerspruchsrecht (§ 711 BGB). Diese gebundene Einzelgeschäftsführung entspricht dem OHG-Recht (§§ 114 f. HGB).
- Ein bestimmter Gesellschafter ist geschäftsführungsbefugt, die übrigen haben nur Kontrollrechte (§ 710 S. 1 BGB).
- Bestimmte Gesellschafter sind gemeinschaftlich geschäftsführungsbefugt (§ 710 BGB), unter ihnen gilt das Einstimmigkeitsprinzip/Majoritätsprinzip/Einzelgeschäftsführungsbefugnis mit Widerspruchsrecht der übrigen.

Weitere Kombinationsmöglichkeiten sind denkbar und können auch im Gesellschaftsvertrag vereinbart werden. Das Gesetz geht jedenfalls davon aus, dass die Gesellschafter selbst ihre Angelegenheiten entscheiden (**Selbstorganschaft**). Eine Fremdgeschäftsführung sieht das Gesetz nicht vor, und sie ist auch nur insoweit zulässig, als sich die Gesellschafter nicht selbst entmachten.

Beispiel
In der A&B-Buchhandlung kann der gelernte Buchhändler C auch als Geschäftsführer eingestellt werden. Die Letztentscheidungskompetenz muss aber bei mindestens einem Gesellschafter verbleiben.

Die Rechte und Pflichten der geschäftsführenden Gesellschafter richten sich gemäß § 713 BGB nach dem Auftragsrecht der §§ 664 ff. BGB. Das ist beispielsweise wichtig für ihre Rechenschaftspflicht nach § 666 BGB und den Ersatz ihrer Aufwendungen nach § 670 BGB.

8.3.4 Grundlagenentscheidungen

Von der besprochenen Geschäftsführung sind die Entscheidungen zu trennen, die die Grundlagen der Gesellschaft berühren und daher auf eine Änderung des Gesellschaftsvertrags hinauslaufen. Hierher gehören etwa:
- die Änderung des Gesellschaftszwecks,
- die Aufnahme neuer Gesellschafter,
- die Fortsetzung der Gesellschaft nach Kündigung
- oder Austritt eines Mitgesellschafters
- oder auch die Auflösung der Gesellschaft.

In all diesen Fällen ist grundsätzlich ein einstimmiger Beschluss erforderlich, auch wenn der Gesellschaftsvertrag allgemein vom Majoritätsprinzip ausgeht. Eine Ausdehnung des Majoritätsprinzips auch auf diese Fälle ist nur in Grenzen möglich und bedarf jedenfalls einer ausdrücklichen und konkreten Bestimmung im Gesellschaftsvertrag.

Beispiel
In der A-B-C-D-E-Gesellschaft entscheiden die Gesellschafter laut Gesellschaftsvertrag per Mehrheitsbeschluss über die Aufnahme neuer Gesellschafter. Das ist grundsätzlich zulässig, und A, B, C und D können daher den F auch gegen den Willen des E aufnehmen. An dem 20-prozentigen Kapitalanteil und dem (vertraglich so vorgesehenen) Stimmrecht kann ohne die Zustimmung des E aber nicht gerüttelt werden.

Hintergrund
Von Grundlagengeschäften war bereits bei der Prokura die Rede. Sie sind nicht von der Vertretungsmacht des § 49 HGB gedeckt.

8.4 Gesellschaftsvermögen

BGB-Gesellschaften müssen kein Gesellschaftsvermögen haben, das wird vor allem bei den reinen Innengesellschaften schnell deutlich.

8.4 · Gesellschaftsvermögen

Beispiel
A beteiligt sich als Stiller an der Buchhandlung des B. Seine Einlage geht in das Vermögen des B über. A hat zwar einen Anspruch auf Gewinnbeteiligung und bei Auflösung auf Auskehrung seines Guthabens; ein GbR-Vermögen entsteht aber nicht.

In der Regel entsteht aber mit den Beitragsleistungen ein Gesellschaftsvermögen, das sich durch weitere Beiträge und Gewinne mehrt oder durch Verluste vermindert.

8.4.1 Die Außen-BGB-Gesellschaft als rechtsfähige Personengesellschaft

Die Fragen der Vermögenszuordnung sind (wie die der Vertretung und Haftung) davon geprägt, ob man die Gesellschaft als selbstständigen Rechtsträger ansieht oder lediglich gleichsam als Abkürzung für „die Gesellschafter in ihrer gesamthänderischen Verbundenheit". Die traditionelle Konzeption des BGB folgt weitgehend noch der zweiten Sicht. Dementsprechend regelt § 714 BGB nur die Ermächtigung, „die anderen Gesellschafter" zu vertreten, und § 718 BGB spricht ambivalent vom „Vermögen der Gesellschafter (Gesellschaftsvermögen)". Demgegenüber fehlen Vorschriften wie §§ 124, 128 HGB, die die Rechtsfähigkeit der Gesellschaft und die Haftung der Gesellschafter für die Gesellschaftsverbindlichkeiten regeln.

Das lässt sich historisch erklären (▶ Abschn. 1.5.1), passt aber insbesondere für unternehmenstragende Gesellschaften schlecht. Die Rechtsprechung und die herrschende Lehre haben sich daher von diesem traditionellen Konzept gelöst und wenden auf die (Außen)GbR § 124 HGB analog an: Die BGB-Gesellschaft, die nicht lediglich Innengesellschaft ist, ist eine rechtsfähige Personengesellschaft, kann Vertragspartnerin, Eigentümerin und auch Grundeigentümerin sein (so jetzt auch § 899a BGB). Mit dieser Vorschrift hat der Gesetzgeber die **Rechtsfähigkeit** der BGB-Gesellschaft inzwischen anerkannt; ansonsten ist es bei den alten Vorschriften geblieben, so dass man sich die partielle analoge Anwendung des OHG-Rechts einprägen muss.

8.4.2 Vermögenszuordnung

Das Gesellschaftsvermögen ist daher nicht nur gesamthänderisch gebundenes Vermögen der Gesellschafter (vgl. § 719 BGB), sondern der BGB-Gesellschaft selbst zuzuordnen.

Beispiel
Zahlt A in der A & B-Buchhandlung einen Teil seines Beitrags ein, so wird die Gesellschaft Eigentümerin des Geldes oder im unbaren Verkehr als Kontoinhaberin Inhaberin der For-

derung gegen die Bank. Kauft B im Namen der A & B-Buchhandlung Bücher beim V-Verlag, so wird die Gesellschaft mit Lieferung der Bücher Besitzerin und Eigentümerin. Kauft A in Vertretung der Gesellschaft ein Grundstück, so wird die Gesellschaft in das Grundbuch eingetragen (vgl. § 899a BGB und § 47 II GBO).

Daraus erklärt sich die Anordnung des § 719 BGB zwanglos: Die Gesellschafter haben danach nur einen gemeinschaftlichen Zugriff auf das Gesellschaftsvermögen; ein einzelner Gesellschafter kann nicht wie ein Miteigentümer über seinen Anteil oder gar einzelne Bestandteile des Vermögens verfügen. Das ist aus der ursprünglichen Perspektive des BGB keineswegs selbstverständlich. Mit der Zuordnung des Vermögens zur Gesellschaft selbst ergibt es sich aber fast automatisch: Nur die Gesellschaft selbst ist zur Verfügung befugt; das Nähere ergibt sich aus der jeweiligen Geschäftsführungs- und Vertretungsordnung, im Zweifel haben alle Gesellschafter mitzuentscheiden (§ 709 I BGB).

8.4.3 Geschäftsanteil, Gewinne und Verluste

Das Gesellschaftsvermögen setzt sich einerseits aus verschiedenen, teils schnell wechselnden Gegenständen zusammen und verändert sich dem Betrag nach mit jedem Gewinn und Verlust. Andererseits setzt es sich aus den Anteilen am Gesellschaftsvermögen zusammen, die den einzelnen Gesellschaftern zukommen (auch wenn sie nach § 719 I BGB nicht darüber verfügen können).

Hintergrund
Diese Anteile am Gesellschaftsvermögen werden häufig Kapitalanteile genannt; vielfach sehen aber die Gesellschaftsverträge feste Kapitalanteile vor, um Rechengrößen etwa für die Stimmrechte oder auch Gewinnanteile zu haben.

Beispiel
In der A & B-Buchhandlung stellt A 70 % des Kapitals, während B die übrigen 30 % beisteuert. Dieses Verhältnis soll auch für das Stimmgewicht der beiden maßgeblich sein. Um diese Gewichtung beizubehalten, werden die mit dem Gesellschaftsvermögen aber auch mit Entnahmen usw. schwankenden Größen auf einem zweiten, variablen Kapitalkonto erfasst.

§ 721 BGB bestimmt zunächst die Zeitpunkte der **Gewinn- oder Verlustfeststellung** durch Rechnungsabschluss. Dieser hat bei auf Dauer angelegten Gesellschaften im Zweifel geschäftsjährlich zu erfolgen, ansonsten mit Projektende oder dergleichen nach Auflösung der Gesellschaft.

Auf Grundlage dieser Feststellung sind die **Gewinne oder Verluste zu verteilen**, das heißt, den einzelnen Gesellschaftern zuzuordnen. Der Verteilungsmaßstab ergibt sich regelmäßig aus dem Gesellschaftsvertrag, hilfsweise aus § 722 BGB. Danach werden Gewinne und Verluste im Zweifel gleich verteilt (Abs. 2) und zwar grundsätzlich nach Köpfen (Abs. 1). Das Gesetz geht insoweit wiederum (wie z. B. in §§ 706, 709 I BGB) von einem gleichberechtigten Miteinander der Gesellschafter aus.

Von der Verteilung der Gewinne ist die Frage der **Entnahme** zu unterscheiden, denn Gewinne können auch „stehengelassen" (und damit längerfristig auf einem Kapitalkonto eingebucht) werden. Vielfach wird auch insoweit eine gesellschaftsvertragliche Regelung bestehen. Ansonsten geht das Gesetz lediglich von Ansprüchen auf einen Gewinnanteil aus (§ 717 S. 2 BGB), so dass die Gesellschafter im Zweifel den anteiligen Gewinn entnehmen können. Ein gewinnunabhängiges Entnahmerecht ist – anders als etwa in § 122 HGB für die OHG – im BGB nicht vorgesehen, wird aber vielfach dem Willen der Gesellschafter entsprechen, wenn sie ihren Lebensunterhalt über die Gesellschaft verdienen.

Hintergrund
Die entnommenen Gewinne sind nach § 15 EStG Einkommen der Gesellschafter, die sie nach den allgemeinen Regeln zu versteuern haben. Die Gesellschaft selbst ist zwar z. B. umsatzsteuer- nicht aber einkommensteuerpflichtig. Das ist bei den anderen Personengesellschaften ebenso, während bei den Körperschaften Körperschaftssteuer anfällt (und bei ausgekehrten – an sich der Einkommensteuer unterfallenden – Gewinnen ein Anrechnungsverfahren greift).

8.5 Außenverhältnis

Da die (Außen-)GbR heute als rechtsfähige Personengesellschaft anerkannt ist (▶ Abschn. 8.4.1), stellt sich die Frage nach der Vertretung der BGB-Gesellschaft und nach der Haftung der Gesellschafter für die Verbindlichkeiten der BGB-Gesellschaft.

8.5.1 Vertretung

Die Stellvertretung der Gesellschaft richtet sich wie auch sonst zunächst nach §§ 164 ff. BGB. Die Frage der Vertretungsmacht ist in der Praxis vielfach im Gesellschaftsvertrag geregelt. Ansonsten richtet sie sich gemäß § 714 BGB im Zweifel nach der Geschäftsführungsbefugnis. Gesellschafter können die Gesellschaft also grundsätzlich soweit vertreten wie auch ihre Geschäftsführungsbefugnis reicht; die Entscheidungskompetenzen im Innenverhältnis decken sich dann mit der Rechtsmacht zu rechtsgeschäftlichem Handeln im Außenverhältnis.

Das bedeutet für den gesetzlichen Regelfall der gemeinschaftlichen Geschäftsführung aller Gesellschafter (§ 709 I BGB), dass alle auch die zur Umsetzung ihrer Entscheidungen erforderlichen Willenserklärungen im Namen der Gesellschaft abgeben müssen: **Gesamtvertretung**.

Beispiel

In der A & B-Buchhandlung herrscht allgemeine Gleichberechtigung, und über die Geschäftsführungs- und Vertretungsbefugnisse gibt es keine Vereinbarung. Nach § 709 I BGB entscheiden A und B daher gemeinsam, ob Bücher beim V-Verlag bestellt werden. Entscheiden sie sich dazu, so müssen sie die Bestellung im Namen der Gesellschaft gemäß § 714 BGB grundsätzlich beide unterzeichnen, während es umgekehrt ausreicht, wenn die Annahmeerklärung des V-Verlags einem von ihnen zugeht (Gesamtvertretung).

Soweit dagegen im Gesellschaftsvertrag Mehrheitsentscheidungen vorgesehen sind, hat die Mehrheit im Zweifel auch die entsprechende Gesamtvertretungsmacht. Sind einzelne Gesellschafter zur gemeinschaftlichen Geschäftsführung bestellt, sind sie im Zweifel auch die Gesamtvertreter. Im Fall der Einzelgeschäftsführungsbefugnis ist mangels abweichender Regelung auch von der Vertretungsmacht des einzelnen Gesellschafters auszugehen. Der Gesellschaftsvertrag kann die Vertretungsmacht aber natürlich auch abweichend von der Geschäftsführungsbefugnis regeln.

Beispiel

In der A & B-Buchhandlung ist A vertraglich zum alleinigen Geschäftsführer bestimmt. Wenn der Gesellschaftsvertrag zur Vertretungsmacht schweigt, folgt daraus nach § 714 BGB, dass er auch der Vertreter der Gesellschaft ist. Der Gesellschaftsvertrag kann aber auch Einzelvertretungsmacht von A und B vorsehen.

Auch der **Umfang der Vertretungsmacht** richtet sich zunächst nach dem Gesellschaftsvertrag. Er kann – beispielsweise auf bestimmte Gegenstände oder betragsmäßig – beschränkt werden. Das hat für den Rechtsverkehr Unsicherheiten zur Folge, die hier aber ebenso hingenommen werden wie allgemein bei Bevollmächtigungen.

Beispiel

In der A & B-Buchhandlung einigen sich die Gesellschafter, dass A die Gesellschaft nur im Einkauf und B nur im Verkauf vertritt. Eine solche Vereinbarung ist nirgends einzutragen. Bestellt B namens der Gesellschaft beim V-Verlag, so handelt er als Vertreter ohne Vertretungsmacht (§§ 177, 179 BGB).

Sofern keine vertragliche Regelung getroffen ist, gilt auch für den Umfang der Vertretungsmacht der in § 714 BGB angeordnete Gleichlauf von Geschäftsführungsbefugnis und Vertretungsmacht. Daher hat auch ein Einzel-Geschäftsführer-Vertreter nur insoweit Vertretungsmacht, wie die Geschäftsführungsbefugnisse reichen und kann insbesondere keine Grundlagengeschäfte tätigen.

Beispiel

In der A & B-Buchhandlung ist A alleiniger Geschäftsführer und Vertreter. Entscheidet sich A zur Aufgabe der Buchhandlung, zum Verkauf des Inventars an einen Konkurrenten und zur Vermietung der Geschäftsräume an eine Schnellrestaurantkette, so sind das Grundlagenentscheidungen, die von seiner Geschäftsführungsbefugnis nicht gedeckt sind. Dementsprechend fehlt ihm auch die Vertretungsmacht für den Verkauf und die Vermietung.

8.5.2 Haftung für Gesellschaftsverbindlichkeiten

8.5.2.1 Gesellschaftsverbindlichkeiten

In erster Linie entstehen Gesellschaftsverbindlichkeiten durch rechtsgeschäftliches Handeln im Namen der Gesellschaft.

Beispiel
Der alleinvertretungsberechtigte A mietet im Namen der A & B-Buchhandlung Geschäftsräume an; die Gesellschaft schuldet die Miete nach § 535 II BGB. Nimmt A namens der Gesellschaft ein Darlehen auf, so wird die Gesellschaft Darlehensnehmerin und haftet in erster Linie selbst gemäß § 488 I 2 BGB für die Rückzahlung. Kauft A im Namen der A & B-Buchhandlung Bücher beim V-Verlag, schuldet die Gesellschaft nach § 433 II BGB den Kaufpreis.

Für eine BGB-Gesellschaft können aber auch sonstige Verbindlichkeiten in verschiedenster Weise entstehen. So kann es um eine weiterreichende Vertragshaftung gehen, um eine Halterhaftung oder um Steuerschulden.

Beispiel
K kauft in der A & B-Buchhandlung einen Bildband mit Fehldruck auf 16 Seiten. Den Kaufvertrag hat er mit der BGB-Gesellschaft geschlossen, die als Verkäuferin im Fall eines Sachmangels gemäß § 439 BGB zur Ersatzlieferung verpflichtet ist. Aus dem Verkauf ist die BGB-Gesellschaft umsatzsteuerpflichtig. Leistet sich die A & B-Buchhandlung für Auslieferungen einen Pkw, so trifft sie bei einem Unfall die Halterhaftung des Straßenverkehrsgesetzes.

Die BGB-Gesellschaft kann wie jeder andere Vertragspartner auch für das Verschulden ihrer Erfüllungsgehilfen haftbar werden (§ 278 BGB) und wie jeder Geschäftsherr auch für die Delikte ihrer Verrichtungsgehilfen (§ 831 BGB). Daneben enthält § 31 BGB eine besondere gesellschaftsrechtliche Zurechnungsnorm, die zunächst nur für den Verein eine allgemeine Regel aufstellt: Der Verein ist für das schadensersatzpflichtige Verhalten seiner Organe nach § 31 BGB einstandspflichtig. Dieser Grundsatz gilt aber nicht nur für den Verein, sondern analog für alle juristischen Personen und auch die rechtsfähigen Personengesellschaften und daher auch für die BGB-Gesellschaft, sofern sie Außengesellschaft ist: Da sie alle selbst handlungsunfähig sind und durch ihre Organe handeln, sind sie analog § 31 BGB für schädigendes Organhandeln haftbar.

Beispiel
Der Geschäftsführer der A & B-Buchhandlung A lässt sich bei der V-Verlags-GmbH einige Gläser Portwein einschenken und kippt nach Vertragsschluss beim Aufstehen seinen Stuhl in die dahinterstehende Vitrine. Wegen dieser Verletzung einer vertraglichen Nebenpflicht (§ 241 II BGB) ist die Gesellschaft als Vertragspartnerin gemäß § 280 BGB verantwortlich, da ihr das Verhalten des A analog § 31 BGB zuzurechnen ist. Gleichzeitig liegt darin eine schuldhafte Eigentumsverletzung (§ 823 I BGB), für die A selbst verantwortlich ist. Auch insoweit bestimmt aber § 31 BGB, dass auch die Gesellschaft einstandspflichtig ist.

Für all diese Verbindlichkeiten haftet zunächst die BGB-Gesellschaft selbst. Die Gläubiger können sie notfalls verklagen und in das Gesellschaftsvermögen vollstrecken. Allerdings haben BGB-Gesellschaften, wie schon gesehen, nicht notwendig ein Gesellschaftsvermögen, und es existieren erst recht keine Regeln über eine Mindestkapitalisierung, zur Kapitalerhaltung und so fort. Daher ergibt sich wiederum die Frage, ob neben der GbR auch die Gesellschafter für Verbindlichkeiten haften.

8.5.2.2 Gesellschafterhaftung

Eine Regelung über die Haftung der Gesellschafter enthalten die §§ 705 ff. BGB nicht. Die persönliche Haftung der Gesellschafter ergibt sich nach der traditionellen Konzeption des BGB in erster Linie daraus, dass es „die Gesellschafter" sind, die nach § 714 BGB vertreten werden. Die heute herrschende Dogmatik, die die BGB-Gesellschaft selbst als Rechtsträger und Vertretene sieht, geht dagegen von einer **akzessorischen Haftung der Gesellschafter** aus, wie sie in § 128 HGB für die OHG angeordnet ist. Die **§§ 128 ff. HGB** sind auf die BGB-Gesellschaft **analog** anwendbar. Neben der BGB-Gesellschaft haften auch ihre Gesellschafter unbeschränkt persönlich.

Hintergrund
Da die Vertretungsmacht der Gesellschafter an sich einschränkbar ist, hatte die Praxis allerdings versucht, unter dem Stichwort der „BGB-Gesellschaft mit beschränkter Haftung" eine Haftungsbeschränkung zu erreichen, indem die Vertretungsmacht der Gesellschafter dahingehend eingeschränkt wurde, nur „das Gesellschaftsvermögen" verpflichten zu können. Dieser Konstruktion hat die Rechtsprechung aber eine Absage erteilt.

Neben der Gesellschaft haften die Gesellschafter daher persönlich für die Verbindlichkeiten der BGB-Gesellschaft. Da diese die Verbindlichkeiten aber in erster Linie tragen soll, hat ein Gesellschafter, soweit er eine Gesellschaftsverbindlichkeit begleicht, einen **Regressanspruch** gegen die Gesellschaft: Er führt insoweit Geschäfte der Gesellschaft und hat nach §§ 713, 670 BGB einen Anspruch auf Aufwendungsersatz.

Beispiel

Der V-Verlag verklagt die A & B-Gesellschaft sowie A und B wegen einer Kaufpreisforderung. A zahlt bevor es zum Prozess kommt. Gemäß §§ 713, 670 BGB hat er einen Regressanspruch gegen die Gesellschaft. Ist das Gesellschaftsvermögen aufgezehrt, sieht § 735 BGB eine Nachschusspflicht der Gesellschafter vor. Notfalls kann sich A im Übrigen auch an B direkt halten, denn beide haften analog § 128 HGB als Gesamtschuldner, und Gesamtschuldner sind untereinander nach § 426 BGB ausgleichspflichtig. Im Zweifel haben sie den Verlust zu gleichen Teilen zu tragen, wenn der Gesellschaftsvertrag keine andere Verlustverteilung vorsieht.

Beispiel

Im Beispiel vom umgeworfenen Stuhl (▶ Abschn. 8.5.2.1) haftet A persönlich nach § 823 I BGB für den Sachschaden. Dafür ist analog § 31 BGB auch die Gesellschaft einstandspflichtig, und für die Gesellschaftsverbindlichkeit haften wiederum A und B analog § 128 HGB persönlich. Zahlt A den Schaden, kann er wiederum grundsätzlich Regress nehmen. Mit der Schädigung hat er andererseits seine Geschäftsführerpflichten verletzt, und nach §§ 280, 708 BGB haftet er der Gesellschaft dafür, sofern er nicht seine eigenübliche Sorgfalt hat walten lassen. Im Ergebnis scheidet ein Regress damit also aus.

8.6 Gesellschafterwechsel

8.6.1 Eintritt eines Gesellschafters

Die Aufnahme eines neuen Gesellschafters erfordert eine **Änderung des Gesellschaftsvertrags** und ist grundsätzlich nur mit Zustimmung aller Gesellschafter möglich. Der neu eintretende Gesellschafter haftet analog § 130 HGB auch für die Altverbindlichkeiten. Er wird auch Teilhaber am Gesellschaftsvermögen, indem ihm der gesellschaftsvertraglich bestimmte oder im Zweifel gleiche Anteil am Gesellschaftsvermögen zuwächst.

Beispiel

Die paritätisch beteiligten A und B nehmen den langjährigen Mitarbeiter C mit einer zwanzigprozentigen Beteiligung als Partner in die A & B-Buchhandlung auf. Dazu müssen sich alle drei über einen Beitrittsvertrag einigen. Mit Wirksamkeit des Beitritts steht ihm ein Anteil von 20 % zu, während A und B nunmehr mit jeweils nur noch 40 % beteiligt sind (sog. **Abwachsung**). Vielfach gehen solche Beitritte mit Einlageleistungen einher, so dass sich das Gesamtvermögen der Gesellschaft erhöht und die Anteile zwar prozentual, aber nicht unbedingt im Wert verringern.

8.6.2 Ausscheiden eines Gesellschafters

Das BGB sieht umgekehrt auch kein Austrittsrecht der Gesellschafter vor, sondern jeder Gesellschafter kann die Gesellschaft nach § 723 BGB kündigen, was grundsätzlich ihre Auflösung zur Folge hat. Dasselbe gilt grundsätzlich, wenn ein Gesellschafter stirbt oder insolvent wird (§§ 727, 728 II BGB).

Die Gesellschafter können sich aber selbstverständlich auf das Ausscheiden eines Gesellschafters unter Fortbestand der Gesellschaft einigen. Vor allem kann der Gesellschaftsvertrag auch bestimmen, dass die Gesellschaft im Fall der Kündigung, des Todes oder der Insolvenz eines Gesellschafters fortbesteht. Nach § 736 I BGB endet dann mit dem Eintritt dieser Ereignisse die Mitgliedschaft, während die Gesellschaft in ihrer Identität erhalten bleibt (sofern mindestens zwei Gesellschafter verbleiben). Nach § 736 II BGB i. V. m. § 160 HGB besteht die Haftung des Ausscheidenden für die Altverbindlichkeiten noch fünf Jahre fort. Nach § 738 BGB wächst der Anteil des Ausscheidenden den übrigen Gesellschaftern zu. Stattdessen hat aber der Ausscheidende einen entsprechenden Abfindungsanspruch, der im Todesfall den Erben zusteht und im Insolvenzfall vom Insolvenzverwalter geltend gemacht wird.

Beispiel
Acht Jahre nach seiner Aufnahme scheidet C aus Altersgründen wieder aus der A & B-Buchhandlung aus. Die Gesellschaft besteht laut Gesellschaftsvertrag fort. A und B sind wieder zu je 50 % am Gesellschaftsvermögen beteiligt (**Anwachsung**). C hat aber nach § 738 I 2 BGB einen Abfindungsanspruch, der sich nach dem aktuellen Wert seiner Beteiligung richtet. Wenn die Gesellschaft vor dem Ausscheiden des C noch eine Bestellung beim V-Verlag getätigt hat, haftet auch C dafür, hat aber im Fall seiner Inanspruchnahme einen Aufwendungsersatzanspruch.

8.6.3 Übertragung der Mitgliedschaft

Nach § 719 I BGB können Gesellschafter nicht gesondert über ihren Anteil am Gesellschaftsvermögen verfügen. Auch eine Übertragung der gesamten Gesellschafterstellung ist im Gesetz nicht vorgesehen, sondern es bedarf auch insoweit einer Änderung des Gesellschaftsvertrags.

Beispiel
In der A & B-Buchhandlung einigen sich A, B und dessen Tochter T zum 65. Geburtstag des B darauf, dass T in seine Gesellschafterstellung eintritt. Eine solche Regelung sichert den Fortbestand der Gesellschaft und schützt sie vor Abfindungsansprüchen. Da der Gesellschaftsvertrag nur unter Mitwirkung des A geändert werden kann, ist dieser umgekehrt dagegen gesichert, einem ihm unliebsamen Mitgesellschafter gegenüberzustehen.

Der Gesellschaftsvertrag kann aber auch eine Übertragung der Mitgliedschaft durch Abtretungsvertrag zwischen Alt- und Neu-Gesellschafter nach §§ 398, 413 BGB oder durch eine Verfügung von Todes wegen (vgl. § 727 I BGB am Ende) vorsehen.

Beispiel

In dem Gesellschaftsvertrag der A & B-Buchhandlung kann es heißen, dass B seinen Gesellschaftsanteil mit dem 65. Lebensjahr auf eines seiner Kinder übertragen kann, sofern dieses über eine abgeschlossene Ausbildung zum Buchhändler verfügt. Der Anteil kann auch allgemein oder mit einer entsprechenden Einschränkung vererblich gestellt werden.

Mit der Übertragung tritt der Neu-Gesellschafter als Rechtsnachfolger in die Stellung des Alt-Gesellschafters ein und übernimmt dessen Rechte und Pflichten.

8.7 Auflösung und Beendigung der Gesellschaft

Als wichtige **Auflösungsgründe** sind die Kündigung durch einen Gesellschafter (§ 723 BGB) sowie der Tod und die Insolvenz eines Gesellschafters (§§ 727, 728 II BGB) schon angesprochen worden. Die BGB-Gesellschaft wird auch aufgelöst, wenn ihr Zweck erreicht ist, die Zweckerreichung unmöglich wird (§ 726 BGB) oder wenn die Gesellschafter es beschließen. Einen besonderen Auflösungsgrund bildet die Insolvenz der BGB-Gesellschaft (§ 728 I BGB), da sich die Abwicklung nach den besonderen Regeln der Insolvenzordnung (InsO) richtet.

Ansonsten vollzieht sich die **Abwicklung** grundsätzlich nach §§ 730 ff. BGB. Ihr überlassene Gegenstände hat die Gesellschaft zurückzugeben (§ 732 BGB), Gesellschaftsverbindlichkeiten sind zu berichtigen (§ 733 I BGB) und aus verbleibendem Vermögen sind die Einlagen zu erstatten (§ 733 II BGB). Etwaiger weiterer Überschuss ist der Gewinnverteilung entsprechend auszukehren (§ 734 BGB). Umgekehrt sind die Gesellschafter (entgegen § 707 BGB) nachschusspflichtig, sofern das Gesellschaftsvermögen nicht zur Begleichung der Verbindlichkeiten und Einlagenrückerstattung ausreicht, § 735 BGB.

Die Gesellschafter können aber auch eine anderweitige Abwicklung vereinbaren (§ 731 S. 1 BGB), da die Gesellschaftsgläubiger durch die gesamtschuldnerische Haftung der Gesellschafter ausreichend geschützt sind.

Beispiel

In der A & B-Buchhandlung einigen sich A und B, dass A die Anteile des B übernimmt, wenn B sich zur Ruhe setzen will. Mit der Übernahme endet die Gesellschaft, und A führt das Geschäft als Einzelunternehmer fort. Die Alt-Gläubiger der Gesellschaft können sich nach § 736 II BGB, § 160 HGB noch bis zu fünf Jahre an A und B halten.

8.8 Lern-Kontrolle

Kurz und bündig

Die BGB-Gesellschaft entsteht gemäß § 705 BGB durch einen vertraglichen Zusammenschluss mehrerer Personen zu einem beliebigen (nicht handelsgewerblichen) Zweck. Die Erscheinungsformen sind vielfältig und reichen von Fahrgemeinschaften bis zu kleingewerblichen und freiberuflichen Unternehmen. Die BGB-Gesellschaft (auch GbR) ist in §§ 705 ff. BGB als Schuldverhältnis geregelt; die Außen-GbR ist aber mittlerweile als rechtsfähige Personengesellschaft anerkannt (§ 124 HGB analog). Im Innenverhältnis haben die Gesellschafter den Gesellschaftszweck insbesondere durch Beiträge zu fördern. Sie sind zur Geschäftsführung gemeinschaftlich berechtigt und verpflichtet; § 709 BGB geht vom Einstimmigkeitsprinzip aus, der Gesellschaftsvertrag kann die Geschäftsführung aber anders regeln.

Im Außenverhältnis wird die GbR im Zweifel durch alle Gesellschafter vertreten, da sich die Vertretungsmacht nach der Geschäftsführungsbefugnis richtet (§ 714 BGB). Anders geregelte Geschäftsführungsbefugnisse führen danach auch zu einer anderen Vertretungsmacht. Der Gesellschaftsvertrag kann die Vertretungsmacht aber auch eigenständig abweichend regeln.

Für die Verbindlichkeiten der GbR haftet die Gesellschaft als rechtsfähige Personengesellschaft zunächst selbst. Daneben haften alle Gesellschafter unbeschränkt und gesamtschuldnerisch (§ 128 HGB analog).

? Let's check

1. Gibt es eine Mindestgründerzahl oder Mindestkapitalisierung für die BGB-Gesellschaft?
2. Welche Förmlichkeiten sind bei der Gründung einer BGB-Gesellschaft zu beachten?
3. Kann ein Gesellschafter einer GbR seine Beitragspflichten auch durch Einbringung von Computern, die Überlassung von Maschinen oder PKW, die Einbringung eines Patents oder durch seine Tätigkeit als Geschäftsführer leisten?
4. Die Studentinnen A, B, C und D wollen sich nebenberuflich zusammentun, um im zunächst kleinen Stil Softwareberatung anzubieten. A stellt ihren Laptop zur Verfügung, B ihre Wohnung, C hat ein Auto und will die Fahrerei übernehmen, D erstellt die Homepage des Unternehmens. Darauf stoßen sie mit einem Tequila an. Ist damit eine BGB-Gesellschaft gegründet?
5. Wer ist Geschäftsführer, wer Vertreter der neu gegründeten Gesellschaft, wenn A, B, C und D nichts Weiteres dazu vereinbaren?
6. Wie die vorletzte Aufgabe: Kann der Gesellschaftsvertrag auch bestimmen, dass Geschäftsführungsfragen nach Mehrheit entschieden werden und A alleinige Vertreterin der Gesellschaft ist?
7. § 14 BGB spricht von rechtsfähigen Personengesellschaften. Zählt die BGB-Gesellschaft dazu?

8.8 · Lern-Kontrolle

8. A und B sind alleinvertretungsberechtigte Gesellschafter der A & B-Anwaltssozietät. A bestellt im Namen der Gesellschaft einen HGB-Kommentar, der drei Tage später geliefert wird. Wer ist Käufer, wer wird Eigentümer des Kommentars?
9. Wie die vorherige Aufgabe: An wen kann sich der Verkäufer wegen der Kaufpreiszahlung halten?

❓ Vernetzende Aufgaben

1. Wie verhält sich die Rechtsprechung zur Rechtsfähigkeit der BGB-Gesellschaft zum Gewaltenteilungsprinzip?
2. Ist § 708 BGB eigentlich noch zeitgemäß?

ℹ️ Lesen und Vertiefen

- Kindler, P. (2016). *Grundkurs Handels- und Gesellschaftsrecht.* München: C. H.Beck, §§ 10 ff.
- Windbichler, C. (2017). *Gesellschaftsrecht.* München: C. H.Beck, §§ 5 ff.
- Schmidt, K. (2017). *Gesellschaftsrecht – Unternehmensrecht II.* Köln: Carl Heymanns Verlag, §§ 58 ff.
- Lange, K. W. (2015a). Grundzüge des Rechts der GbR. *JURA*, 547–553.
- Oechsler, J., & Mihaylova, E. (2016). Ein Abiturjahrgang als Gesellschaft bürgerlichen Rechts? *JURA*, 833–841.

Die Offene Handelsgesellschaft (OHG)

Justus Meyer

9.1 **Erscheinungsformen und Bedeutung** – 120

9.2 **Gründung** – 121

9.3 **Innenverhältnis** – 122
9.3.1 Pflichten der OHG-Gesellschafter – 122
9.3.2 Rechte der OHG-Gesellschafter – 123
9.3.3 Geschäftsführung – 124
9.3.4 Gesellschafterbeschlüsse – 124

9.4 **Das OHG-Vermögen** – 125

9.5 **Außenverhältnis** – 126
9.5.1 Vertretung – 127
9.5.2 Haftung für OHG-Verbindlichkeiten – 127

9.6 **Gesellschafterwechsel** – 129
9.6.1 Eintritt eines Gesellschafters – 129
9.6.2 Ausscheiden eines Gesellschafters – 129
9.6.3 Übertragung der Mitgliedschaft – 130

9.7 **Auflösung und Beendigung der OHG** – 130

9.8 **Lern-Kontrolle** – 131

© Springer Fachmedien Wiesbaden GmbH, ein Teil von Springer Nature 2018
J. Meyer, *Wirtschaftsrecht: Handels- und Gesellschaftsrecht*, Studienwissen kompakt,
https://doi.org/10.1007/978-3-658-19983-8_9

Lern-Agenda
Die OHG ist die handelsrechtliche Sonderform der BGB-Gesellschaft und die klassische Rechtsform für die gleichrangige Mitunternehmerschaft mehrerer Gesellschafter. Das OHG-Recht ist zudem die Basis für die KG (und GmbH & Co. KG). Ihr Lernprogramm folgt dem Schema des 8. Kapitels.

Grundlagen der offenen Handelsgesellschaft

Allgemeine Ausführungen zur OHG, insbesondere Gründung	Erscheinungsform, Bedeutung und Gründung	▶ Abschn. 9.1, ▶ Abschn. 9.2
Rechte und Pflichten der OHG-Gesellschafter	Innenverhältnis der OHG	▶ Abschn. 9.3
Zusammensetzung des Geschäftsvermögens, Gewinn- und Verlustverteilung	Vermögen der OHG	▶ Abschn. 9.4
Fragen der Vertretung und vor allem die Haftung für OHG-Verbindlichkeiten werden aufgezeigt	Außenverhältnis der OHG	▶ Abschn. 9.5
Ausführungen zum Eintritt eines Gesellschafters bzw. dessen Ausscheiden, der Übertragung der Mitgliedschaft und der Auflösung der OHG	Gesellschafterwechsel, sowie Auflösung und Beendigung	▶ Abschn. 9.6, ▶ Abschn. 9.7

9.1 Erscheinungsformen und Bedeutung

Die OHG ist nach § 105 I HGB eine Gesellschaft (i. S. d. § 705 BGB), bei der der gemeinsam verfolgte Zweck im Betrieb eines Handelsgewerbes besteht. Sie ist als **handelsrechtliche Sonderform der BGB-Gesellschaft** konzipiert (vgl. § 105 III HGB), wie die GbR eine Personengesellschaft und anders als sie eine Handelsgesellschaft. Sie verbindet eine sehr weit reichende Vertretungsmacht jedes Gesellschafters (§ 125 HGB) mit der persönlichen unbeschränkten Haftung jedes Gesellschafters (§ 128 HGB) und ist die klassische Rechtsform für **Mitunternehmer**, sofern das Unternehmen keinen kleingewerblichen Zuschnitt hat aber auch nicht in GmbH-Form betrieben wird. Typischerweise handelt es sich um mittelständische Unternehmen, die von zwei bis drei gleichberechtigten Gesellschaftern geführt werden. Das OHG-Recht (§§ 105–160 HGB) ist daneben aber auch für die KG wichtig (§ 161 II HGB) und damit auch für die GmbH & Co. KG.

9.2 Gründung

Das HGB regelt unter der Überschrift „Errichtung der Gesellschaft" lediglich ihre Eintragung.

Die OHG entsteht im **Innenverhältnis**, sobald ein Gesellschaftsvertrag abgeschlossen wird, der auf den gemeinschaftlichen Betrieb eines Handelsgewerbes gerichtet ist (§ 705 BGB, § 105 III HGB). Der Vertrag bedarf keiner besonderen Form, wird aber schon wegen der Eintragungsformalitäten (§ 12 HGB) regelmäßig schriftlich abgefasst.

Die Entstehung im **Außenverhältnis** regelt § 123 HGB. Danach entsteht die OHG Dritten gegenüber mit der nach §§ 106–108 HGB zu bewirkenden Eintragung. Nach § 123 II HGB entsteht allerdings die „Ist-OHG" bereits, wenn sie ihre Geschäfte beginnt, während bei der „Kann-OHG" ausschließlich die Eintragung maßgeblich ist.

Beispiel
Die A & B-Buchhandelsgesellschaft ist bei kleingewerblichem Zuschnitt BGB-Gesellschaft (und bleibt das, sofern die Gesellschaft nicht als OHG im Handelsregister eingetragen wird). Bei größerem Zuschnitt ist sie OHG, auch wenn sie (regelwidrig) nicht eingetragen ist und wird auch im Außenverhältnis mit Geschäftsbeginn als solche wirksam.

Eine OHG entsteht entsprechend auch, wenn jemand als persönlich haftender Gesellschafter in das Geschäft eines Einzelkaufmanns eintritt. § 28 HGB ordnet für diesen Fall – unabhängig von der Firmenfortführung – die Haftung der OHG für die Altverbindlichkeiten an.

Beispiel
A betreibt als eingetragener Kaufmann eine Buchhandlung, die mit Hilfe eines Sparkassenkredits erheblich gewachsen ist und mittlerweile drei Filialen hat. Um weitere Expansionen zu ermöglichen, verabredet er mit B, dass dieser gegen Zahlung einer Einlage von 350.000 € als paritätisch beteiligter und gleichberechtigter Partner in das Unternehmen eintritt. Mit diesem Gesellschaftsvertrag entsteht wegen des schon laufenden Geschäftsbetriebs unmittelbar eine OHG, die nach § 28 I HGB auch für die Rückzahlung des Sparkassenkredits haftet (vgl. aber Abs. 2). Die OHG ist nach § 106 HGB in das Handelsregister einzutragen, wobei die bisherige Firma „A e.K." nach § 19 Nr. 2 HGB zumindest in „A OHG" zu ändern ist. Für die Entstehung der OHG oder ihre Haftung hat das aber keine Bedeutung.

> **Auf den Punkt gebracht:** Hinsichtlich der Entstehung der OHG ist zwischen dem Innen- und Außenverhältnis zu trennen. Im Innenverhältnis entsteht die OHG gem. § 705 BGB, § 105 III HGB bereits mit Abschluss des Gesellschaftervertrages, im Außenverhältnis gem. § 123 HGB normalerweise mit ihrer Eintragung im Handelsregister.

9.3 Innenverhältnis

Die Rechte und Pflichten der Gesellschafter ergeben sich nach § 109 HGB in erster Linie aus dem Gesellschaftsvertrag. Ansonsten greifen die §§ 110–122 HGB und nach § 105 III HGB hilfsweise die §§ 705 ff. BGB.

9.3.1 Pflichten der OHG-Gesellschafter

Die Gesellschafter verpflichten sich in erster Linie, den vereinbarten Gesellschaftszweck als das **Handelsgewerbe** zu fördern, insbesondere durch Beitragsleistungen. Soweit der Gesellschaftsvertrag hierzu schweigt, gelten die §§ 705–708 BGB (allgemeine Förder- und insbesondere Beitragspflicht, keine Nachschusspflicht, Haftung für Sorgfalt in eigenen Angelegenheiten). Eine modifizierende Ergänzung enthält § 111 HGB, wonach verspätete Einlagen und dergleichen vom Zeitpunkt der Fälligkeit an zu verzinsen sind; das korrespondiert mit § 353 HGB.

Ansonsten gilt auch im Übrigen das oben zur BGB-Gesellschaft Gesagte, insbesondere auch zur Treuepflicht der Gesellschafter. Eine konkrete Ausprägung findet diese **Treuepflicht** in dem **Wettbewerbsverbot** der §§ 112 f. HGB. Danach darf kein Gesellschafter in dem Handelszweig der OHG Geschäfte machen und sich insoweit auch nicht als persönlich haftender Gesellschafter an einer konkurrierenden Gesellschaft beteiligen. Dieses Verbot gilt nur während seiner Mitgliedschaft in der OHG und nur innerhalb des sachlich und räumlich relevanten Marktes. Es kann aber vertraglich eingeschränkt und ausgeschlossen, aber auch erweitert werden, solange die Grenzen von § 138 BGB und § 1 GWB eingehalten werden.

Beispiel
Neben seiner Mitgliedschaft in der A & B-Buchhandels-OHG darf A selbst im gleichen Ort keine Buchhandlung betreiben, sich nicht an einer anderen Buchhandels-OHG beteiligen, nicht Geschäftsführer oder Alleingesellschafter einer Buchhandel-GmbH sein. A könnte aber eine Musikalienhandlung betreiben und dort auch Noten verkaufen. Ob A in der Nachbarstadt eine Buchhandlung eröffnen darf, hängt vom Einzugsgebiet der A & B-Buchhandels-OHG ab.
Der Gesellschaftsvertrag kann A den Betrieb einer Buchhandlung am selben Ort gestatten. Er kann das Wettbewerbsverbot auch auf das erste Jahr nach Ausscheiden des A ausdehnen. Eine Ausdehnung auf das gesamte Bundesland und fünf Jahre nach Ausscheiden des A wäre unwirksam.

Bei Verstößen gegen das Wettbewerbsverbot kann die OHG in erster Linie Unterlassung verlangen. Daneben macht sich der Gesellschafter nach § 113 HGB schadensersatzpflichtig. Da ein konkreter Schaden häufig schwer festzustellen ist, hält § 113 I HGB alternativ einen Anspruch auf Gewinnherausgabe bereit.

9.3.2 Rechte der OHG-Gesellschafter

Die Mitgliedschaft in der OHG vermittelt andererseits auch wesentliche Vermögens- und Mitverwaltungsrechte. Zudem korrespondieren mit der Treuebindung gegenüber der OHG und den Mitgesellschaftern entsprechende Rechte. Eine besondere Ausprägung dieser Treuebindung stellt der allgemeine **Grundsatz der Gleichbehandlung** dar, der zwar differenzierende Gesellschaftsverträge nicht hindert (vgl. nur §§ 114 II, 125 I HGB) aber die Gesellschafter vor willkürlicher Ungleichbehandlung schützt.

Wichtige Vermögensrechte sind die auf Gewinnverteilung nebst Entnahmerechten und der Anspruch auf den Liquidationsanteil. Im Übrigen bestimmt § 110 HGB, dass Gesellschafter die in OHG-Angelegenheiten gemachten Aufwendungen und erlittenen Verluste von der Gesellschaft ersetzt verlangen können.

Beispiel
Begleicht A eine Verbindlichkeit der A & B-OHG, so kann er nach § 110 HGB bei ihr Regress nehmen. Muss A wegen Erkrankung des B für einige Tage einspringen, so kann er nach § 110 HGB einen dadurch bedingten Verdienstausfall geltend machen. Wendet D in der A-B-C-D-OHG 13 € auf, um zu einer Gesellschafterversammlung zu kommen, so sind das seine eigenen mitgliedschaftlichen Angelegenheiten und nicht solche der OHG: Kein Aufwendungsersatz.

Hintergrund
§ 110 I HGB wiederholt und erweitert §§ 713, 670 BGB, die nur für die Geschäftsführung gelten.
§ 110 II HGB entspricht wiederum § 353 HGB.

Die **Mitverwaltungsrechte** der Gesellschafter sind besonders ausgeprägt, da die OHG als echte Mitunternehmergesellschaft angelegt ist. Jeder Gesellschafter ist grundsätzlich zur Geschäftsführung berechtigt und verpflichtet, Beschlüsse sind grundsätzlich einstimmig zu fassen.

Der Gesellschaftsvertrag kann hiervon zwar in erheblichem Maße abweichen. Es verbleibt aber ein wesentlicher Bereich, in dem nur mit Zustimmung der betroffenen Gesellschafter entschieden werden kann. Zudem haben auch die von der Geschäftsführung ausgeschlossenen Gesellschafter recht weitgehende Kontrollrechte (vgl. § 118 HGB mit § 716 BGB und §§ 51a, 51b GmbHG). Das korrespondiert mit ihrem erheblichen geschäftlichen und auch haftungsrechtlichen Risiko.

Verfahrensrechtlich werden die Rechte der Gesellschafter durch die allgemeinen Klagemöglichkeiten sowie die *actio pro socio* (▶ Abschn. 8.3.2) ergänzt.

Beispiel
In der A-B-C-OHG verletzt der geschäftsführende A das Wettbewerbsverbot. Der sich aus § 112 HGB ergebende Unterlassungsanspruch steht der OHG zu, kann hilfsweise aber auch von jedem einzelnen Gesellschafter geltend gemacht werden. Für einen etwaigen Schadenersatz- oder Gewinnherausgabeanspruch schreibt dagegen § 113 II HGB einen Beschluss der übrigen Gesellschafter vor; B und C müssten sich also auf die Geltendmachung verständigen.

9.3.3 Geschäftsführung

Auch die Geschäftsführungsbefugnis der Gesellschafter richtet sich in erster Linie nach dem Gesellschaftsvertrag. Im Übrigen ist sie in §§ 114 ff. HGB geregelt. Danach sind – wie in der BGB-Gesellschaft – grundsätzlich alle Gesellschafter gleichermaßen zur Geschäftsführung berechtigt und verpflichtet (§ 114 I HGB). Während aber § 709 BGB insoweit eine gemeinschaftliche Geschäftsführung vorsieht, trifft § 115 HGB eine modifizierende Regelung, die den Bedürfnissen des Handelsverkehrs eher entspricht: Die Geschäftsführer sind im Regelfall einzeln zur Geschäftsführung befugt; jeder andere Geschäftsführer kann die Entscheidung aber durch seinen Widerspruch blockieren. Selbst wenn der Gesellschaftsvertrag eine gemeinschaftliche Geschäftsführung vorsieht, kann bei Gefahr im Verzug auf die sonst nötigen Zustimmungen verzichtet werden (§ 115 II HGB).

Nach § 116 HGB deckt die Geschäftsführungsbefugnis im Zweifel nur die in dem konkreten Handelsgewerbe gewöhnlichen Entscheidungen und Handlungen. Darüberhinausgehende Entscheidungen bedürfen grundsätzlich der Zustimmung aller Gesellschafter (§ 116 II HGB) oder zumindest aller Geschäftsführer (differenzierend für die Prokura § 116 III HGB).

9.3.4 Gesellschafterbeschlüsse

Gesellschafterbeschlüsse sind danach für **außergewöhnliche Geschäftsmaßnahmen** sowie natürlich für die Grundlagenentscheidungen wie die Änderung des Gesellschaftszwecks, die Aufnahme neuer Gesellschafter, die Fortsetzung der Gesellschaft nach Kündigung oder Austritt eines Mitgesellschafters oder auch die Auflösung der Gesellschaft erforderlich.

Gesellschafterbeschlüsse werden nach § 119 I HGB grundsätzlich mit Zustimmung aller Gesellschafter gefasst, soweit ihre Mitwirkung nicht ausnahmsweise ausgeschlossen ist (vgl. z. B. § 133 II HGB und § 47 IV GmbHG, dessen Rechtsgedanke verallgemeinerungsfähig ist). Dieses Einstimmigkeitserfordernis entspricht einem Grundprinzip des Personengesellschaftsrechts, gewährleistet einen weitreichenden Schutz aller Gesellschafter und wird in den meisten Gesellschaften auch den sonstigen Interessen der Beteiligten am ehesten gerecht, zumal eine OHG ohnehin meist nur zwei Gesellschafter hat.

§ 109 HGB lässt aber auch andere Regelungen und insbesondere die Einführung des Majoritätsprinzips zu. Nach § 119 II HGB ist dann im Zweifel nach Köpfen und nicht etwa nach Kapitalanteilen abzustimmen, aber auch insoweit sind abweichende Regelungen möglich.

> **Auf den Punkt gebracht:** Es gilt das Prinzip der Einzelgeschäftsführung mit Widerspruchsmöglichkeit; für außergewöhnliche Entscheidungen das Einstimmigkeitsprinzip.

9.4 Das OHG-Vermögen

Die OHG ist als rechtsfähige Personengesellschaft (§ 124 HGB) selbst Inhaberin des Gesellschaftsvermögens.

Beispiel
Die OHG kann Kontoinhaberin, Eigentümerin von Betriebsvermögen und als Grundeigentümerin im Grundbuch eingetragen sein. Sie selbst ist bei Verkäufen Inhaberin der Kaufpreisforderung nach § 433 II BGB und schuldet umgekehrt als Käuferin den Kaufpreis, wenn in ihrem Namen ein Einkauf getätigt wird.

Das **OHG-Vermögen** ergibt sich aus den Beiträgen der Gesellschafter sowie dem Erwirtschafteten und ist gesamthänderisch gebunden (§§ 718 f. BGB, 105 III HGB), schwankt also mit jedem Geschäft. Ein festes Stamm- oder Grundkapital ist für die OHG ebenso wenig vorgesehen wie für die BGB-Gesellschaft. Vielfach sehen die Gesellschaftsverträge aber feste Kapitalanteile der Gesellschafter vor.

Für die Frage der Gewinn- und Verlustverteilung kann das OHG-Recht von der Buchführungspflicht der OHG nach §§ 6, 238 ff. HGB ausgehen (vgl. § 120 HGB mit § 721 BGB). Der bilanzielle Jahresgewinn wird mangels abweichender Vertragsregelung nach § 121 HGB verteilt. Danach erhält jeder Gesellschafter einen Anteil in Höhe von 4 % seines Kapitalanteils (Abs. 1), und der weitere Gewinn wird – ebenso wie der gesamte Verlust – nach Köpfen verteilt (Abs. 2). Zunächst wird also der Kapitaleinsatz (mit dem gesetzlichen Zinssatz nach dem BGB) berücksichtigt, wobei gegebenenfalls durch feste Kapitalanteile eine konstante Verteilungsquote geschaffen wird. Im Übrigen entspricht die Gewinn- und Verlustverteilung nach Köpfen der Vorstellung eines gleichberechtigten Miteinanders der Unternehmergesellschafter.

Beispiel
In der A & B-OHG sieht der Gesellschaftsvertrag der ursprünglichen Einlage entsprechend feste Kapitalanteile von 200.000 € für A und 100.000 € für B, aber keine besondere Verteilungsregel für Gewinn und Verlust vor. Im Jahr X beträgt der Gewinn 40.000 €. Nach § 121 I HGB entfallen zunächst auf A 8000 € und auf B 4000 €. Die weiteren 28.000 € werden gleich verteilt. Insgesamt werden A also 22.000 € und B 18.000 € zugebucht. Wegen der festen Kapitalanteile erfolgt die Buchung (in Abweichung zu § 120 II HGB) auf einem zweiten (dem variablen) Kapitalkonto.

„Gewinnverteilung" bedeutet danach noch nicht die Auskehrung des Gewinns, sondern – wie das Beispiel schon zeigt – nur eine Zuordnung zu den Gesellschaftern. Die Frage der **Entnahme** ist in § 122 HGB geregelt, und zwar unabhängig von Gewinn oder Verlust. Danach sind Entnahmen bis zu 4 % vom Kapitalanteil ohne weiteres zulässig (auch bei einem geringeren Gewinn oder einem Verlust; die Regelung darf nicht mit § 121 I HGB verwechselt werden). Im Übrigen sind Gewinnentnahmen auch gegen den Willen der Mitgesellschafter zulässig, soweit es die OHG nicht offenbar schädigt. Weitere Entnahmen sind schließlich nach § 122 II HGB im Einvernehmen aller Gesellschafter unbegrenzt möglich.

Beispiel
Im obigen Beispiel könnte A die ihm zugebuchten 22.000 € auch gegen den Willen des B entnehmen, solange der OHG dadurch nicht unentbehrliche Betriebsmittel entzogen werden oder dergleichen. Auch wenn die OHG im Jahr Y Verluste macht, kann A 8000 € entnehmen; das Gesetz will damit einen Mindestunterhalt absichern (der im Beispiel freilich spärlich ausfällt). Da das OHG-Recht kein Mindestkapital vorsieht, können A und B zudem jederzeit die 30.000 € und alles weitere Vermögen entnehmen, wenn sie sich einig sind. In der Praxis enthalten Gesellschaftsverträge allerdings meist auch besondere Regeln zur Gewinn- und Verlustverteilung und zu Entnahmerechten, wenn feste Kapitalanteile vorgesehen sind.

9.5 Außenverhältnis

Das Außenverhältnis der OHG ist in §§ 123 ff. HGB weitgehend zwingend geregelt. Nach § 124 HGB tritt die OHG Dritten gegenüber als rechtsfähige Handlungseinheit auf. Das wirkt sich auf die Vertretungs- wie auch die Haftungsfragen aus.

9.5.1 Vertretung

Die Vertretung der OHG richtet sich zunächst nach §§ 164 ff. BGB. Die OHG kann durch Bevollmächtigte vertreten werden, als Handelsgesellschaft auch durch Prokuristen und Handlungsbevollmächtigte.

Gesetzliche Vertretungsorgane sind nach §§ 125 ff. HGB die Gesellschafter. Grundsätzlich kann danach jeder Gesellschafter die OHG vertreten (**Einzelvertretung**). Der Gesellschaftsvertrag kann aber auch Gesellschafter von der Vertretung ausschließen oder eine Gesamtvertretung vorsehen.

Der Umfang ihrer Vertretungsmacht ist nach außen zwingend festgelegt (§ 126 II HGB). Die Vertretungsmacht erstreckt sich auf alle Geschäfte und Rechtshandlungen, also auch auf branchenfremde und sonst ungewöhnliche. Sie geht noch über die eines Prokuristen hinaus, da sie auch Grundstücksveräußerungen und Prokura-Erteilungen deckt (vgl. § 126 I HGB mit §§ 48 f. HGB). Auch die Vertretungsmacht des OHG-Gesellschafters deckt allerdings die Grundlagengeschäfte nicht (▶ Abschn. 9.3.4.); insoweit müssen die Gesellschafter gemeinsam entscheiden und zur Durchführung eine besondere Ermächtigung erteilen.

Beispiel
Ein OHG-Gesellschafter kann aufgrund seiner Einzelvertretungsmacht keinen anderen Gesellschafter aufnehmen oder ausschließen, das gesamte Handelsgeschäft veräußern oder die Gesellschaft auflösen.

Eine solche sehr weitgehende und vor allem nicht einschränkbare Vertretungsmacht schützt den Rechtsverkehr und erleichtert die schnelle Geschäftsabwicklung (vgl. § 126 II HGB mit § 50 I HGB aber auch § 37 II GmbHG und § 82 I AktG). Zudem wird anhand des Einzelvertretungsprinzips im OHG-Recht im Vergleich zur Gesamtvertretung nach §§ 709 I, 714 BGB noch einmal besonders deutlich, wie die handelsrechtliche Sonderform an die Bedürfnisse des Handelsverkehrs angepasst ist.

9.5.2 Haftung für OHG-Verbindlichkeiten

Die OHG haftet zunächst für ihre Verbindlichkeiten selbst. Das gilt für vertragliche wie gesetzliche Verbindlichkeiten, aber auch für Schadensersatzpflichten, die sich aus einem schädigenden Verhalten der OHG-Organe ergibt (§ 31 BGB analog).

Gemäß § 128 HGB haften für die OHG-Verbindlichkeiten auch alle OHG-Gesellschafter persönlich und unbeschränkt als Gesamtschuldner. OHG-Gläubiger können also neben der OHG auch jeden einzelnen Gesellschafter mitverklagen und letztlich in das OHG-Vermögen oder auch in die Privatvermögen der Gesellschafter vollstrecken.

Beispiele

Die A & B-OHG schuldet der S-Bank nach § 488 BGB die Rückzahlung eines Darlehens in Höhe von 150.000 €. Solange die Rückzahlung nicht fällig ist, kann sich die S-Bank weder an die OHG noch an A oder B halten (§ 129 I HGB). Soweit das Darlehen getilgt ist (§ 362 I BGB), haftet die OHG nicht mehr und A und B ebenso nicht. Im Übrigen haften A und B neben der OHG. Daher kann die S-Bank z. B. ausschließlich A in Anspruch nehmen; die Gesellschafterhaftung ist keine bloß subsidiäre.

Schuldet die A & B-OHG die Lieferung von 120 Bildbänden (§ 433 I BGB) oder die Nachlieferung eines beschädigten Bandes (§ 439 I BGB), so kann sich der Gläubiger nach der Rechtsprechungspraxis ebenfalls auch an A und B halten.

Die Haftung der OHG-Gesellschafter ist eine unmittelbare, unbeschränkte und **akzessorische** (also von der OHG-Verbindlichkeit bestimmte) Haftung; sie ähnelt damit einer selbstschuldnerischen Bürgschaft (vgl. § 129 HGB mit §§ 767 I, 768 I 1, 770 BGB).

Da die Gesellschafter als Gesamtschuldner haften, findet notfalls im Innenverhältnis ein Ausgleich nach § 426 BGB statt. Vorrangig kann ein in Anspruch genommener Gesellschafter aber nach § 110 HGB bei der OHG **Regress** nehmen.

Beispiel

Die A & B-OHG schuldet der S-Bank gemäß § 488 I 2 BGB 150.000 €. Nimmt die S-Bank deswegen A in Anspruch, so kann A, wenn er die Zahlung leistet, diese Aufwendung nach § 110 HGB von der OHG ersetzt verlangen.

Vielfach wird die Bank sich allerdings gerade wegen der Zahlungsunfähigkeit der OHG an die Gesellschafter halten. Falls deshalb auch der Regress des A scheitert, kann er sich auch an B wenden und nach § 426 I BGB die anteilige Übernahme der Belastung verlangen. Die Anteile richten sich regelmäßig nach der Verlustverteilungsquote; im Zweifel kann A von B Zahlung des hälftigen Betrages, also 75.000 €, verlangen (§ 426 I BGB deckt sich insoweit mit § 121 III HGB).

Die unbeschränkte Haftung aller Gesellschafter sichert die OHG-Gläubiger weitestgehend ab. Die Gesellschafter tragen vorrangig das Risiko der OHG-Insolvenz und der Insolvenz der Mitgesellschafter. Dadurch ist der Kredit der OHG auch ohne ein Mindestkapital usw. besonders hoch. Die Statistiken lassen auch erkennen, dass die Insolvenzanfälligkeit der OHG weitaus niedriger ist als z. B. die der GmbH.

Andererseits birgt die weitreichende Haftung insbesondere in Kombination mit der weitreichenden Vertretungsmacht der Gesellschafter auch besonders große Risiken. Daher ist die Rechtsform der OHG hauptsächlich unter den kleineren und mittleren Familienunternehmen zu finden, regelmäßig auf kleine Gesellschafterkreise beschränkt und im Lauf der Zeit auch erheblich, insbesondere von der GmbH und GmbH & Co. KG, verdrängt worden.

9.6 Gesellschafterwechsel

Vor diesem Hintergrund versteht es sich von selbst, dass sich ein Gesellschafterwechsel nicht so frei vollziehen kann wie z. B. in der AG.

9.6.1 Eintritt eines Gesellschafters

Die Aufnahme eines neuen Gesellschafters erfordert eine **Änderung des Gesellschaftsvertrags** und ist grundsätzlich nur einvernehmlich möglich. Der neu eintretende Gesellschafter haftet gemäß § 130 HGB auch für die Altverbindlichkeiten. Er wird auch Teilhaber am Gesellschaftsvermögen, indem ihm der gesellschaftsvertraglich bestimmte oder im Zweifel gleiche Anteil am Gesellschaftsvermögen zuwächst.

9.6.2 Ausscheiden eines Gesellschafters

Im Unterschied zum Recht der BGB-Gesellschaft ist der **Fortbestand** der OHG beim Ausscheiden eines Gesellschafters der gesetzliche Regelfall. § 131 HGB nennt daher nicht nur in Abs. 1 und 2 Auflösungsgründe, sondern in Abs. 3 Gründe für das Ausscheiden eines Gesellschafters, die im BGB ebenfalls Auflösungsgründe sind (vgl. § 131 III HGB mit §§ 727, 728, 723, 725 BGB). Unter Fortbestand der OHG scheidet ein Gesellschafter danach mit seinem Tod aus, wenn ein Insolvenzverfahren über sein Vermögen eröffnet wird, wenn er kündigt oder ein Privatgläubiger kündigt. In den vielen Fällen einer Zwei-Personen-OHG besteht die OHG freilich nicht fort, sondern der Mitgesellschafter betreibt das Handelsgewerbe fortan als Einzelkaufmann.

Der ausscheidende Gesellschafter haftet nach §§ 159, 160 HGB noch fünf Jahre lang für die Altverbindlichkeiten. Sein Vermögensanteil wächst den verbleibenden Gesellschaftern zu (§§ 738 BGB, 105 III HGB); er hat aber einen entsprechenden Abfindungsanspruch.

Beispiel
In der A-B-C-OHG sind die Gesellschafter paritätisch beteiligt. C kündigt aus Altersgründen. Die OHG bleibt bestehen; ihr bleibt weiter ihr gesamtes Vermögen zugeordnet. Den Mitgesellschaftern A und B wächst der Anteil des C anteilig zu; sie sind also jeweils hälftig an der OHG beteiligt. C hat aber einen Abfindungsanspruch in Höhe des Wertes seines Anteils gegen die OHG.

Derartige Abfindungsansprüche belasten das OHG-Unternehmen vielfach stark. Der Gesellschaftsvertrag kann zwar Abfindungsansprüche beschränken. Doch auch das hat Grenzen, da eine übermäßige Beschränkung die Gesellschafter unzulässig an die

OHG bindet. Vielfach sehen Gesellschaftsverträge daher die Möglichkeit vor, dass ein Nachfolger den Anteil des Ausscheidenden übernimmt.

9.6.3 Übertragung der Mitgliedschaft

Die Übertragung der Mitgliedschaft ist daher zwar gesetzlich nicht vorgesehen. Sie wird aber vielfach im Gesellschaftsvertrag geregelt. Zum einen kann eine Übertragung durch eine Änderung des Gesellschaftsvertrags durch den Ausscheidenden, den Eintretenden und alle Mitgesellschafter erfolgen. Zum anderen kann der Gesellschaftsvertrag auch die Übertragung durch einen Gesellschafter durch Abtretungsvertrag (§§ 398, 413 BGB) oder Verfügung von Todes wegen (z. B. Testament) zulassen. Es finden sich zwar selten Klauseln, wonach jeder Gesellschafter seine Mitgliedschaft frei übertragen und beliebig vererben kann. Häufig sind aber begrenzte Klauseln in dieser Richtung sinnvoll.

Beispiel
Soll in der A-B-C-OHG C ausscheiden und D eintreten, so können sich alle vier zusammensetzen und den Gesellschaftsvertrag entsprechend ändern. Der Gesellschaftsvertrag kann auch bestimmen, dass C seine Mitgliedschaft an eines seiner Kinder vererben kann. Er kann auch eine Übertragung an eines der Kinder zu Lebzeiten zulassen, dies auf das Erreichen einer Altersgrenze beschränken usw.

Mit der Übertragung tritt der Neu-Gesellschafter als Rechtsnachfolger in die Stellung des Alt-Gesellschafters und übernimmt im Innenverhältnis dessen Rechte und Pflichten. Die Außenhaftung des Neu-Gesellschafters richtet sich wie auch sonst nach § 130 HGB, die des Alt-Gesellschafters nach §§ 159, 160 HGB.

9.7 Auflösung und Beendigung der OHG

Für die Auflösung und Beendigung der OHG gilt – vom kleineren Kreis der Auflösungsgründe (§ 131 I, II HGB) abgesehen – das in ▶ Abschn. 8.7 Gesagte entsprechend: Die wichtigsten Auflösungsgründe sind ein entsprechender Gesellschafterbeschluss und die OHG-Insolvenz. Die Abwicklung geschieht entweder im Insolvenzverfahren oder nach §§ 145 ff. HGB. Eine andere Auseinandersetzungsform ist wiederum möglich (vgl. § 158 HGB).

Die Nachschusspflicht der OHG-Gesellschafter (§§ 139 BGB, 105 III HGB) ist auch hier nicht zwingend. Die Gläubiger sind durch die Haftung nach §§ 128 f. HGB ausreichend geschützt. Die OHG endet, wenn das Erlöschen der Firma in das Handelsregister eingetragen wird (§ 157 I HGB).

9.8 Lern-Kontrolle

Kurz und bündig

Die OHG ist die handelsrechtliche Sonderform der BGB-Gesellschaft, die für die gleichberechtigte Mitunternehmerschaft konzipiert ist. Sie wird im Innenverhältnis durch Abschluss des Gesellschaftsvertrags gegründet und im Außenverhältnis mit der Eintragung in das Handelsregister, aber auch dem Beginn der Geschäfte wirksam (§ 123 HGB). Im Innenverhältnis verdichtet sich die Förder- und Treuepflicht zum Wettbewerbsverbot (§§ 112 f. HGB) und für den Aufwendungsersatz gilt die Spezialvorschrift des § 110 HGB. Die §§ 114 ff. HGB sehen eine Einzelgeschäftsführungsbefugnis mit Widerspruchsmöglichkeit vor; für außergewöhnliche Geschäftsmaßnahmen und Grundlagenentscheidungen ist nach § 119 I HGB grundsätzlich die Zustimmung aller Gesellschafter erforderlich.

Im Außenverhältnis sehen §§ 125 f. HGB grundsätzlich eine Einzelvertretung mit sehr weitem und festgelegtem Umfang vor; Abweichungen sind im Handelsregister einzutragen (§ 106 II Nr. 4 HGB). Für Verbindlichkeiten der OHG haftet diese als rechtsfähige Personengesellschaft (§ 124 HGB) in erster Linie selbst. Daneben ordnet § 128 HGB eine akzessorische gesamtschuldnerische Haftung aller Gesellschafter an.

❓ Let's check

1. A und B tun sich zusammen, um (a) eine Hebammenpraxis oder (b) eine Kfz-Werkstatt zu gründen. Steht Ihnen die Rechtsform der OHG offen?
2. Kann in der „A & B"-OHG der A zum alleinigen Geschäftsführer und Vertreter der Gesellschaft gemacht werden?
3. Woraus besteht das OHG-Vermögen und wem wird es juristisch zugeordnet?
4. Wie sind die Entnahmerechte in der OHG geregelt?
5. Sind die Regeln zur Vertretung der OHG zwingendes Recht?
6. In der „A & B – Kfz-Werkstatt"-OHG bleibt die Rechnung des V über die gelieferte und aufgebaute Hebebühne (24.000 €) länger liegen. Bis schließlich B den Kaufpreis und die angefallenen Zinsen begleicht. Kann B die OHG und A in Regress nehmen?

❓ Vernetzende Aufgaben

Wurden 2016 mehr Gewerbebetriebe in der Form einer OHG, KG oder AG gegründet?

ℹ️ Lesen und Vertiefen

- Kindler, P. (2016). *Grundkurs Handels- und Gesellschaftsrecht.* München: C.H. Beck, §§ 10 ff.
- Windbichler, C. (2017). *Gesellschaftsrecht.* München: C.H. Beck., §§ 11 ff.
- Schmidt, K. (2018). *Gesellschaftsrecht – Unternehmensrecht II.* Köln: Carl Heymanns Verlag, §§ 46 ff.
- Hübner, L. (2017b). Examinatorium Gesellschaftsrecht – Teil 2. *JURA*, 257–270.
- Lange, K. W. (2015b). Grundzüge des Rechts der OHG. *JURA*, 665–672.

Die Kommanditgesellschaft (KG)

Justus Meyer

10.1 Begriff, Erscheinungsformen und Bedeutung – 134

10.2 Gründung – 135

10.3 Innenverhältnis – 136
10.3.1 Rechte und Pflichten der Gesellschafter – 136
10.3.2 Geschäftsführung – 137

10.4 Das KG-Vermögen – 138
10.4.1 KG-Vermögen und Kapitalanteile – 138
10.4.2 Gewinnverteilung – 139
10.4.3 Verlustverteilung – 139
10.4.4 Entnahmen – 140

10.5 Außenverhältnis – 140
10.5.1 Vertretung – 141
10.5.2 Haftung – 141

10.6 Gesellschafterwechsel – 143
10.6.1 Eintritt – 143
10.6.2 Ausscheiden – 143
10.6.3 Übertragung der Mitgliedschaft – 144

10.7 Auflösung und Beendigung der KG – 145

10.8 Lern-Kontrolle – 145

© Springer Fachmedien Wiesbaden GmbH, ein Teil von Springer Nature 2018
J. Meyer, *Wirtschaftsrecht: Handels- und Gesellschaftsrecht*, Studienwissen kompakt,
https://doi.org/10.1007/978-3-658-19983-8_10

Lern-Agenda
Während bei der OHG die gleichrangige Mitunternehmerschaft im Vordergrund steht, wird bei der KG nach der Rolle der Gesellschafter unterschieden zwischen dem persönlich Haftenden (Komplementär) und dem in der Haftung beschränkt Haftenden (Kommanditisten), der nur reduzierte Einflussmöglichkeiten hat und im Ausgleich nur beschränkt haftet. Die KG ist eine sehr variable Rechtsform und besonders als GmbH & Co. KG von erheblicher Bedeutung. Das vorliegende Kapitel folgt dem schon bekannten Schema und legt besonders Wert auf die Rolle des Kommanditisten sowie technisch auf das Zusammenspiel der OHG- und KG-Normen.

Grundlagen zur Kommanditgesellschaft

Allgemeine Ausführungen zur KG, insbesondere bezüglich der Gründung einer solchen	Begriff, Erscheinungsform, Bedeutung und Gründung	▶ Abschn. 10.1, ▶ Abschn. 10.2
Rechte und Pflichten der Gesellschafter	Innenverhältnis der KG	▶ Abschn. 10.3
Zusammensetzung des Vermögens, Kapitalanteile und Gewinn- bzw. Verlustverteilung, sowie Entnahmen	Vermögen der KG	▶ Abschn. 10.4
Vertretung und Haftung	Außenverhältnis der KG	▶ Abschn. 10.5
Eintritt bzw. Ausscheiden sowie die Übertragung der Mitgliedschaft und Ausführungen über die Beendigung der Gesellschaft	Gesellschafterwechsel sowie Auflösung und Beendigung der KG	▶ Abschn. 10.6, ▶ Abschn. 10.7

10.1 Begriff, Erscheinungsformen und Bedeutung

Die Kommanditgesellschaft ist, wie schon gesehen, eine Sonderform der OHG, die sich durch die beschränkte Haftung zumindest eines Gesellschafters kennzeichnet (§ 161 I HGB). In den meisten Fällen stehen einem persönlich haftenden Gesellschafter (Komplementär) mehrere beschränkt haftende Gesellschafter (**Kommanditisten**) gegenüber.

Die KG ist also eine weitere handelsrechtliche Sonderform der BGB-Gesellschaft und grenzt sich wie die OHG durch den Betrieb eines Handelsgewerbes ab. Daher ergibt sich ein **dreistufiges Regelungsgefüge**: Es gelten vorrangig die §§ 161 ff. HGB, die sich weitgehend mit besonderen Regeln für die Kommanditisten befassen. Soweit dort keine Sondervorschriften existieren (insb. zu den Komplementären und zur KG als Ganzes), gelten nach § 161 II HGB zunächst die OHG-Regeln und schließlich über § 105 III HGB die §§ 705 ff. BGB als Auffangvorschriften. Die §§ 161 ff. HGB folgen (ohne eigene Überschriften) dem Gliederungsschema der §§ 105 ff. HGB: „Errichtung" (§§ 161–162 HGB), Innenverhältnis (§§ 163–169 HGB) und Außenverhältnis (§§ 170–176 HGB).

Die KG ist wie die OHG keine juristische Person aber nach §§ 124, 161 II HGB eine rechtsfähige Personengesellschaft und Handelsgesellschaft. Sie ist durch die teilweise beschränkte Haftung auf ein Nebeneinander von Unternehmergesellschaftern und Anlagegesellschaftern angelegt. Daraus ergibt sich ein wesentlich größerer Anwendungsbereich der Rechtsform für die Praxis, zumal in vielen Fällen eine GmbH die Rolle des Komplementärs übernimmt (GmbH & Co. KG). Die Erscheinungsformen der KG sind damit breit gefächert, und ein entsprechendes Gewicht hat die KG in der Statistik nach Anzahl und Umsatzanteilen.

Beispiel

In einem mittelständischen Familienunternehmen ist der Vater Komplementär, während sich die Kinder zunächst als Kommanditisten beteiligen. Die A & B-OHG wird durch Aufnahme der Anlagegesellschafter C und D, die als Kommanditisten eintreten, KG. Die Gesellschafter der X-GmbH entscheiden sich gegen eine Kapitalerhöhung und gründen stattdessen mit vier Anlagegesellschaftern eine GmbH & Co. KG. Die Y-KG finanziert Immobilienentwicklungen durch eine Großzahl von Anlegern, die als Kommanditisten eintreten (Publikums-KG).

10.2 Gründung

Die KG entsteht im Innenverhältnis, sobald ein Gesellschaftsvertrag abgeschlossen wird (§ 705 BGB, §§ 105 III, 161 II HGB), der zum einen auf den gemeinschaftlichen Betrieb eines Handelsgewerbes gerichtet ist und zum anderen die beschränkte Haftung zumindest eines Gesellschafters vorsieht (§ 161 I HGB).

Bei der Entstehung im Außenverhältnis ist zwischen kleingewerblichen und anderen Gesellschaften zu unterscheiden. Die „Kann-KG" entsteht Dritten gegenüber nach §§ 123, 161 II HGB mit der Eintragung ins Handelsregister (vgl. § 162 HGB, der §§ 106–108, 161 II HGB ergänzt).

Die „Ist-KG" entsteht entweder mit dieser Eintragung oder bereits zuvor mit dem Geschäftsbeginn (§§ 123 II, 161 II HGB). In diesem Stadium droht Kommanditisten nach § 176 I HGB die unbeschränkte Haftung, da Gläubiger sich vor der Eintragung den Status der Gesellschaft und des Gesellschafters noch nicht entgegenhalten lassen müssen.

Beispiele

A, B und C gründen die A-KG; B und C treten als Kommanditisten ein. Die KG beginnt ihre Geschäfte mit großgewerblichem Zuschnitt, ohne dass die Eintragung bewirkt wird. Gutgläubigen Gesellschaftsgläubigern haften auch B und C unbeschränkt, sofern sie dem Geschäftsbeginn (zumindest stillschweigend) zugestimmt haben. Um der Haftung zu entgehen, sollte der Eintritt erst zum Zeitpunkt der Eintragung erfolgen. Das lässt sich durch eine aufschiebende Bedingung (§ 158 I BGB) erreichen.

Gründen A, B und C die „A-KG" mit kleingewerblichem Zuschnitt, ohne dass die Eintragung geplant ist, so handelt es sich um eine BGB-Gesellschaft mit der entsprechenden Haftung (§ 128 HGB analog), so dass für § 176 HGB kein Platz ist; vgl. § 176 I 2 HGB.

Tritt C als Kommanditist in die A & B-OHG ein, so haftet er gemäß § 176 II HGB bis zur Eintragung der neuen KG-Firma und seiner Kommanditisten-Stellung unbeschränkt.

> **Auf den Punkt gebracht:** Die KG entsteht im Innenverhältnis durch Abschluss des Gesellschaftsvertrags gem. § 705 BGB, §§ 105 III, 161 II HGB und im Außenverhältnis normalerweise durch Eintragung im Handelsregister gem. §§ 123, 161 II HGB.

10.3 Innenverhältnis

Die Rechte und Pflichten der Gesellschafter ergeben sich nach § 163 HGB in erster Linie aus dem Gesellschaftsvertrag (vgl. § 109 HGB). Soweit der Gesellschaftsvertrag keine Regelung enthält, gelten die §§ 164–169 HGB; ansonsten greifen gemäß § 161 II HGB die §§ 110–122 HGB und nach § 105 III HGB hilfsweise die §§ 705 ff. BGB.

10.3.1 Rechte und Pflichten der Gesellschafter

Für die Rechte und Pflichten der KG-Gesellschafter gilt in erster Linie das zur BGB-Gesellschaft und OHG Gesagte. Das gilt ohne weiteres für die Komplementäre, in weiten Teilen aber auch für die **Kommanditisten**. Für sie ergeben sich einige Abweichungen, die aus ihrer typischen Stellung als **Anlagegesellschafter** resultieren. Daher sind die Mitverwaltungsrechte eingeschränkt und auch die Treuebindung ist im typischen Fall weniger ausgeprägt.

Das kommt zunächst auf der Pflichtenseite bei der Geschäftsführung zum Ausdruck (§ 164 HGB). Dem entspricht es auch, dass das Wettbewerbsverbot der §§ 112 f. HGB zwar nach § 161 II HGB für die Komplementäre gilt, gemäß § 165 HGB aber nicht für die Kommanditisten.

Auf der anderen Seite sind Kommanditisten ebenso wie die Komplementäre Parteien des Gesellschaftsvertrags und müssen grundsätzlich allen Änderungen genauso zustimmen (§§ 119 I, 161 II HGB). Sie haben bei Grundlagenentscheidungen also nach dem Gesetz das gleiche Stimmgewicht wie die Komplementäre auch. Abweichungen hiervon sind wie auch sonst zulässig, sie können ebenso gut zu einer verstärkten Stellung der Kommanditisten führen wie zu einer geschwächten.

Beispiel

An der A-KG ist A als Komplementär und sind B, C und D als Kommanditisten beteiligt. Im Gesellschaftsvertrag sind Mehrheitsentscheidungen vorgesehen. Da nach § 119 II HGB im Zweifel nach Köpfen abgestimmt wird, sind Entscheidungen gegen die Kommanditisten nicht möglich.
Bestimmt der Gesellschaftsvertrag, dass nach Kapitalanteilen abgestimmt wird, kann sich bei entsprechenden Beteiligungsverhältnissen ebenso ein Übergewicht eines Kommanditisten wie eines Komplementärs ergeben. Der Gesellschaftsvertrag kann aber z. B. auch bestimmen, dass dem A in einer Pattsituation ein Recht zum Stichentscheid zukommt.

Der Grundsatz der Gleichbehandlung gilt in der KG auch und gerade für die Kommanditisten. Sie können zudem wie Komplementäre nach §§ 110, 161 II HGB Ersatz der (angemessenen) Aufwendungen verlangen, die sie in KG-Angelegenheiten gemacht haben.

Eine Differenzierung ergibt sich demgegenüber wieder bei den Kontrollrechten: Die Komplementäre haben, auch wenn sie von der Geschäftsführung ausgeschlossen sind, das Recht, sich jederzeit persönlich von den Angelegenheiten der KG zu unterrichten (§§ 118, 161 II HGB). Demgegenüber beziehen sich die Kontrollrechte der Kommanditisten nach § 166 I HGB regelmäßig nur auf den Jahresabschluss.

Hintergrund

Die Einschränkung des § 166 HGB bringen das Leitbild vom Kommanditisten als bloßem Anlagegesellschafter noch einmal besonders zum Ausdruck. Andererseits hatte sich gezeigt, dass selbst ein Kleinaktionär weitergehende Informationsrechte hat, um eine kompetente Abstimmung zu ermöglichen. Vor diesem Hintergrund ist auch über § 166 HGB hinaus ein allgemeines Informationsrecht des Kommanditisten anzuerkennen, das sich zwar nicht auf einzelne Geschäftsführungsfragen erstreckt, aber auf die Informationen, die für die Beurteilung solcher Fragen erforderlich sind, über die per Gesellschafterbeschluss zu entscheiden ist, also für außergewöhnliche Geschäftsführungsmaßnahmen und insbesondere für Grundlagenentscheidungen.

10.3.2 Geschäftsführung

Gesetzlich vorgesehene Geschäftsführer der KG sind die Komplementäre (§§ 114 ff., 161 II HGB). Wenn es mehrere sein sollen, gilt das für die OHG beschriebene Prinzip der Einzelgeschäftsführung mit Widerspruchsrecht der übrigen Geschäftsführer. In den meisten Fällen ist der einzige Komplementär Allein-Geschäftsführer.

Die Kommanditisten sind nach § 164 HGB von der Geschäftsführung grundsätzlich ausgeschlossen, haben aber – wie die von der Geschäftsführung ausgeschlossenen Komplementäre – bei Geschäftsführungsmaßnahmen mitzubestimmen, die über den gewöhnlichen Betrieb des Handelsgewerbes der KG hinausgehen (§ 164 HGB und §§ 116 II, III, 161 II HGB).

Beispiel
An der A-Buchhandels-KG sind A als Komplementär sowie B, C und D als Kommanditisten beteiligt. Über den Büchereinkauf, die Nachbestellung von Regalen, die Einstellung eines Auszubildenden und die Erweiterung des Sortiments auf Hörbücher entscheidet nach §§ 114 ff., 161 II HGB der A allein.
Über die Frage der Eröffnung oder Schließung einer Filiale entscheiden nach §§ 116 II, 161 II HGB alle Gesellschafter, da es sich um eine außergewöhnliche Geschäftsführungsmaßnahme handelt. Über die Aufnahme des E als Gesellschafter entscheiden auch alle Gesellschafter, da hierzu der Gesellschaftsvertrag geändert werden muss.
Darüber, ob einem Angestellten Prokura erteilt wird, entscheidet nach §§ 116 III, 161 II, 164 HGB wiederum A allein.

Der Gesellschaftsvertrag kann für die Geschäftsführungsbefugnis, wie auch sonst für das Innenverhältnis eine abweichende Regelung treffen. Den Kommanditisten kann daher eine §§ 114 ff. HGB entsprechende Geschäftsführungsbefugnis erteilt werden, und die Gerichtspraxis lässt sogar Gestaltungen zu, in denen der Kommanditist einziger Geschäftsführer der KG ist. Umgekehrt kann der Gesellschaftsvertrag das Stimmrecht der Kommanditisten bei außergewöhnlichen Geschäftsführungsmaßnahmen aber auch limitieren oder ganz ausschließen (anders bei Grundlagenentscheidungen).

10.4 Das KG-Vermögen

10.4.1 KG-Vermögen und Kapitalanteile

Die KG ist als rechtsfähige Personengesellschaft (§§ 124, 161 II HGB) wie die OHG selbst Inhaberin des Gesellschaftsvermögens, das sich aus den Beiträgen der Gesellschafter und dem Erwirtschafteten ergibt und gesamthänderisch gebunden ist (§§ 718 f. BGB, §§ 105 III, 161 II HGB). Auch für die KG ist kein festes Stamm- oder Grundkapital vorgesehen.

Allerdings geht das Gesetz für die Kommanditisten von „einer bestimmten **Vermögenseinlage**" aus, die für ihre Haftungsbeschränkung maßgeblich ist (§ 161 I HGB) und mit in das Handelsregister einzutragen ist (§ 162 I HGB). Im Innenverhältnis können zwar andere Beitragspflichten und weitere oder auch geringere Einlagen verabredet werden. Dritten gegenüber gilt aber das Eingetragene (§ 172 I–III HGB).

Mit diesen bestimmten Vermögenseinlagen nähert sich das KG-Recht an das in der Praxis vorherrschende System fester Kapitalanteile an.

10.4.2 Gewinnverteilung

Die im Gesellschaftsvertrag bestimmten Einlagen der Kommanditisten sind auch für die Gewinn- und Verlustverteilung relevant. Die Gewinn- oder Verlustberechnung bei der KG entspricht dem OHG-Recht (§§ 120 I, 167 I HGB). Von einem bilanziellen Jahresgewinn gebührt nach §§ 121 I, II, 168 I HGB allen Komplementären und Kommanditisten gleichmäßig ein Anteil in Höhe von 4 % ihres Kapitalanteils. Weiterer Gewinn wird dagegen nach § 168 II HGB in einem den Umständen nach angemessenen Verhältnis verteilt. Danach sind die Komplementäre im Zweifel verstärkt zu berücksichtigen, da sie die Geschäfte führen, das weitergehende Haftungsrisiko tragen usw.

Beispiel

An der A-Buchhandels-KG ist A als Komplementär und sind B, C und D als Kommanditisten jeweils mit einer Einlage von 20.000 € beteiligt. Geschäftsführungsbefugt sind nach dem Gesellschaftsvertrag A und B. Bei einem Jahresgewinn von 16.000 € erhalten alle zunächst einen vierprozentigen Anteil von 800 €. Bei der Verteilung der restlichen 12.800 € werden A und B stärker zu berücksichtigen sein als C und D, bei einem erheblichen Arbeitseinsatz vielleicht sogar ausschließlich.

Erhalten A und B dagegen eine Vergütung aus Dienstverträgen mit der KG, ist vielleicht ein Gewinnvoraus von 800 € an A als „Haftungsprämie" und im Übrigen eine Gleichverteilung von 3000 € an jeden Gesellschafter angemessen. Da die Angemessenheitsregelung solche Unsicherheiten mit sich bringt, werden in aller Regel im Gesellschaftsvertrag exaktere Regeln getroffen.

Eine weitere Abweichung vom OHG-Recht ergibt sich im Hinblick auf die Gewinnbuchung. Nach §§ 120 II, 167 II HGB wird der Gewinn dem Kapitalanteil des Kommanditisten nur bis zur Höhe seiner verabredeten Einlage zugeschrieben und im Übrigen auf einem Privatkonto oder weiteren Kapitalkonto gebucht.

Beispiel

Haben im letzten Beispiel B und C ihre Einlage vollständig erbracht und D erst i. H. v. 10.000 €, so würden die Gewinne bei B und C auf das Kapitalkonto II gebucht, während bei D zunächst die Einlage aufgefüllt wird.

10.4.3 Verlustverteilung

Verluste werden gemäß § 168 II HGB wie die weiteren Gewinne in angemessenem Verhältnis verteilt. Nach § 167 III HGB nimmt der Kommanditist an den Verlusten allerdings nur bis zum Betrag seines Kapitalanteils sowie ausstehender Einlagen teil.

Die Vorschrift führt das **Prinzip der beschränkten Haftung im Innenverhältnis** fort: Der Kommanditist ist auch in der Liquidation der KG nicht nachschusspflichtig (vgl. §§ 707, 735 BGB) und soll nicht mehr als das Eingesetzte verlieren können. Buchungstechnisch können freilich negative Kapitalanteile entstehen, die aus späteren Gewinnen zunächst ausgeglichen werden müssen.

Beispiel
D ist als Kommanditist mit einer vereinbarten und eingetragenen Einlage von 20.000 € an der A-KG beteiligt. Er hat 10.000 € eingezahlt. Ein Verlustanteil von jeweils 6000 € in den Jahren 01 bis 04 wird vollständig auf seinem Kapitalkonto verbucht (−14.000 €). Wird die KG im Jahr 05 liquidiert, hat D wegen § 167 III HGB nur seine ausstehende Einlage (weitere 10.000 €) an die KG zu leisten. Entfällt dagegen im Jahr 05 auf D ein Gewinnanteil von 18.000 €, so wird dieser dem zuvor negativen Kapitalanteil zugebucht, so dass sich der Kapitalanteil nunmehr auf 4000 € beläuft.

10.4.4 Entnahmen

Komplementäre haben nach §§ 122, 161 I HGB ein gewinnunabhängiges Entnahmerecht i. H. v. 4 % ihres Kapitalanteils und können weitere Gewinne entnehmen, soweit es die KG nicht offenbar schädigt.

Kommanditisten steht nach § 169 HGB kein gewinnunabhängiges Entnahmerecht zu, und auch Gewinne können solange nicht ausgekehrt werden, wie der Kapitalanteil unter dem auf die vereinbarte Einlage geleisteten Betrag liegt.

Beispiel
Im letzten Beispiel hat D wegen des Gewinnanteils im Jahr 05 keinen Auskehrungsanspruch, da sich sein Kapitalanteil erst auf 4000 € beläuft und damit hinter dem geleisteten Betrag von 10.000 € liegt.

Da auch § 169 HGB nur eine dispositive Vorschrift darstellt, können die Gesellschafter auch andere Entnahmeregelungen vereinbaren und sich sogar auf die Auskehrung sämtlicher Einlagen verständigen (vgl. § 122 II HGB), was freilich auch für die Kommanditisten haftungsrechtliche Folgen hat.

10.5 Außenverhältnis

Das Außenverhältnis der KG ist in §§ 170 ff. HGB weitgehend zwingend geregelt; im Übrigen greifen nach § 161 II HGB insbesondere die §§ 124 ff. HGB. Nach §§ 124, 161 HGB tritt die KG Dritten gegenüber als rechtsfähige Handlungseinheit auf.

10.5.1 Vertretung

Gesetzliche Vertretungsorgane der KG sind nach §§ 125 ff., 161 II HGB die **Komplementäre**, unter denen im Zweifel das Prinzip der **Einzelvertretung** gilt. Die Kommanditisten sind von der organschaftlichen Vertretung nach § 170 HGB ausgeschlossen. Sie können aber nach allgemeinen Regeln bevollmächtigt und auch zu Prokuristen gemacht werden.

Beispiel
In der A & B-KG ist A Komplementär und B Kommanditist. Der Gesellschaftsvertrag bestimmt B als alleinigen Geschäftsführer und zum Prokuristen der KG. Auch eine solche recht extreme Form einer atypischen KG ist nach der Rechtsprechung zulässig.

Auch im gesetzlichen Regelfall der Vertretung durch den Komplementär deckt seine Vertretungsmacht die Grundlagengeschäfte nicht; insoweit müssen Komplementäre und Kommanditisten gemeinsam entscheiden und zur Durchführung eine besondere Ermächtigung erteilen.

Beispiel
An der A-Buchhandels-KG ist A als Komplementär und sind B, C und D als Kommanditisten beteiligt. Die Entscheidung über die Veräußerung des Geschäftsbetriebs und die Verlagerung der Aktivitäten auf Internet-Publikationen berührt die Grundlagen der KG. Daher ist sie nicht von der Geschäftsführungsbefugnis des A nach §§ 114 ff., 161 II HGB gedeckt, sondern durch einstimmigen Gesellschafterbeschluss zu treffen. Setzt sich A darüber hinweg und veräußert das Geschäft an die X-GmbH, so ist das von §§ 125, 126, 161 II HGB nicht gedeckt, und A handelt als Vertreter ohne Vertretungsmacht.

10.5.2 Haftung

Die KG haftet zunächst für ihre Verbindlichkeiten selbst. Daneben haften die Komplementäre nach §§ 128 f., 161 HGB unmittelbar und unbeschränkt als Gesamtschuldner.

Für die Haftung der Kommanditisten treffen die §§ 171–176 HGB eine eingehende Regelung. Drei Stufen sind zu unterscheiden:

- Von der vor Eintragung unbeschränkten Haftung gemäß § 176 HGB war schon die Rede.
- Mit der Eintragung wird die Haftung der Kommanditisten auf den Betrag der Einlage summenmäßig beschränkt. Sie haften nur noch in Höhe dieser Einlage (§§ 161 I, 171 I HGB), und zwar unmittelbar. Gläubiger können gegebenenfalls also in dieser Höhe in ihr Privat- wie Geschäftsvermögen vollstrecken; die oft gebrauchte Formulierung, sie hafteten „mit ihrer Einlage" ist daher missverständlich.

- Auch diese summenmäßig beschränkte Haftung ist nach § 171 I HGB ausgeschlossen, soweit die Einlage geleistet ist. Im Normalfall (Kommanditist ist eingetragen, die vereinbarte Einlage ist eingetragen, die Einlage ist geleistet) haftet der Kommanditist also gar nicht.

Beispiel

An der A-Buchhandels-KG ist A als Komplementär und sind B, C und D als Kommanditisten jeweils mit einer vereinbarten und eingetragenen Einlage von 20.000 € beteiligt. B hat seine Einlage vollständig geleistet. C hat seine Einlage nur hälftig geleistet. D hat seine Einlage zunächst voll geleistet. Sie wurde aber später per Gesellschafterbeschluss auf 16.000 € herabgesetzt, und D hat sich die freiwerdenden 4000 € auszahlen lassen.
Nimmt A im Namen der KG ein Darlehen bei der S-Bank über 80.000 € auf, so wird die KG Darlehensnehmerin und schuldet bei Fälligkeit gemäß § 488 I 2 BGB die Darlehensrückzahlung. Dafür haftet auch A nach §§ 128, 161 II HGB unbeschränkt. B haftet gar nicht, denn seine Haftung i. H. v. 20.000 € ist aufgrund der vollständigen Einlageleistung vollständig ausgeschlossen.
C haftet in Höhe von 10.000 €. Seine Haftung i. H. v. 20.000 € ist durch die hälftige Einlageleistung auch nur hälftig ausgeschlossen.
D haftet in Höhe von 4000 €. Im Außenverhältnis sind die eingetragenen 20.000 € und nicht die später vereinbarten 16.000 € maßgeblich (§ 172 I, III HGB). Diese Haftung i. H. v. 20.000 € ist nur i. H. v. 16.000 € ausgeschlossen, denn nur insoweit ist die Einlage des D geleistet: Die ausgezahlten 4000 € gelten nach § 172 IV HGB als nicht geleistet.
Die S-Bank wird daher notfalls die KG und A in voller Höhe verklagen, C i. H. v. 10.000 € und D i. H. v. 4000 €. Mit einem obsiegenden Urteil kann sie in das KG-Vermögen und – in unterschiedlicher Höhe – in das Vermögen von A, C und D vollstrecken. Selbst nach dem Urteil haben C und D noch die Möglichkeit, die Vollstreckung durch Zahlung an die S-Bank oder an die KG abzuwenden.

Für die Komplementäre und Kommanditisten gilt, wie gesehen, die Vorschrift des § 110 HGB. Wer eine KG-Verbindlichkeit tilgt, kann daher von der KG Aufwendungsersatz verlangen.

Beispiel

Zahlt im letzten Beispiel D 4000 € an die S-Bank, so kann er diese nach § 110 HGB ersetzt verlangen, denn intern gilt die vereinbarte Einlagepflicht i. H. v. 16.000 €, die er bereits geleistet hatte. Mit der weiteren Zahlung hat er also zwar seiner Haftpflicht entsprochen aber in erster Linie Aufwendungen in KG-Angelegenheiten gemacht.

10.6 Gesellschafterwechsel

Für den Eintritt oder Austritt eines Komplementärs sowie die Übertragung der Mitgliedschaft eines Komplementärs gilt das oben zur OHG Gesagte. Für die Kommanditisten ist zu unterscheiden:

10.6.1 Eintritt

Der Eintritt eines Kommanditisten vollzieht sich regelmäßig ebenfalls durch eine entsprechende Änderung des Gesellschaftsvertrags. Der eintretende Kommanditist haftet nach §§ 130, 161 II HGB auch für die Altverbindlichkeiten der KG, und zwar bis zur Eintragung nach § 176 II HGB und dann nach §§ 171, 172 HGB.

Beispiel

E tritt als Kommanditist in die A-KG ein, die der S-Bank zur Rückzahlung eines Darlehens verpflichtet ist. Laut Gesellschaftsvertrag wird sein Eintritt erst mit seiner Eintragung wirksam. Wenn er bis dahin die vereinbarte (und so eingetragene) Einlage geleistet hat, ist damit seine Haftung von vornherein ausgeschlossen.

10.6.2 Ausscheiden

Kommanditisten scheiden wie Komplementäre gemäß §§ 131 III, 161 II HGB insbesondere mit ihrem Tod aus, wenn ein Insolvenzverfahren über ihr Vermögen eröffnet wird, wenn sie kündigen oder ein Privatgläubiger kündigt. Ein besonderes Problem ergibt sich vielfach dadurch, dass sich Kommanditisten mit ihrem Ausscheiden auch ihre Einlagen zurückgewähren lassen. Ihre summenmäßig begrenzte Haftung besteht aber nach §§ 159, 160 HGB noch bis zu fünf Jahre fort und die Einlage ist infolge der Auszahlung nach § 172 IV HGB nicht mehr geleistet.

Beispiel

B ist als Kommanditist mit vereinbarten, eingetragenen und geleisteten 20.000 € an der A-KG beteiligt. Er kündigt seine Mitgliedschaft zu seinem 62. Geburtstag, lässt sich die 20.000 € sowie die im Lauf der Zeit stehengelassenen Gewinne auszahlen und freut sich auf ein langes sorgenfreies Rentnerdasein. KG-Gläubiger können ihn aber i. H. v. 20.000 € weiter belangen. B hat zwar nach § 110 HGB einen Regressanspruch gegen die KG, und insoweit haften auch die übrigen Gesellschafter (§ 426 BGB). B ist aber zumindest mit dem verbleibenden Insolvenzrisiko belastet. Dieses Restrisiko lässt sich durch die Übertragung der Mitgliedschaft ausschalten.

10.6.3 Übertragung der Mitgliedschaft

Eine Kommandite, also die Mitgliedschaft eines Kommanditisten, kann durch eine dahingehende Änderung des Gesellschaftsvertrags, durch einen Abtretungsvertrag (§§ 398, 413 BGB) zwischen Alt- und Neukommanditist oder durch Verfügung von Todes wegen (z. B. Testament) übertragen werden. Die Übertragung durch Abtretung setzt allerdings voraus, dass der Gesellschaftsvertrag sie gestattet oder alle Mitgesellschafter zustimmen. Demgegenüber wird die KG beim Tod eines Kommanditisten nach § 177 HGB grundsätzlich mit den Erben fortgesetzt.

Hintergrund
Während OHG-Gesellschafter und Komplementäre als typische Mitunternehmer regelmäßig nur mit Zustimmung der Mitgesellschafter wechseln können, geht § 177 HGB davon aus, dass die KG und die an ihr Beteiligten weniger an der Person des Kommanditisten als an seiner Einlage interessiert sind.

Ganz ähnlich ist auch die Interessenlage der KG-Gläubiger zu bewerten: Ist die Einlage erbracht, so berührt eine Auswechselung des (nicht mehr persönlich haftenden) Kommanditisten ihre Interessen nicht. Während die Übertragung einer Komplementärsstellung die Haftung des Neu-Komplementärs nach § 130 HGB und die des Alt-Komplementärs nach §§ 159, 160 HGB zur Folge hat, bleibt die – richtig eingetragene – Übertragung der Kommanditistenstellung daher haftungsneutral.

Beispiele
B ist als Kommanditist mit vereinbarten, eingetragenen und geleisteten 20.000 € an der A-KG beteiligt. Als er mit 88 Jahren stirbt, tritt sein Enkel und Alleinerbe C in seine Kommanditistenstellung ein (§ 177 HGB, § 1922 BGB). C haftet für die KG-Verbindlichkeiten nicht etwa als Eintretender und muss diese Haftung durch (nochmalige) Einlageleistung ausschließen. Vielmehr haftet er für die Verbindlichkeiten wie B gar nicht.
Will B seine Mitgliedschaft mit 62 Jahren an D veräußern, braucht er die Zustimmung des A, falls der Gesellschaftsvertrag eine solche Übertragung nicht ohnehin zulässt. Die Übertragung kann durch dreiseitigen Vertrag oder Abtretungsvertrag zwischen B und D geschehen. D wird als Nachfolger des C im Handelsregister eingetragen, die geleistete Einlage bleibt im KG-Vermögen und B erhält statt seiner Abfindung (inkl. Einlage) den Veräußerungserlös von D, der dafür seinen Anteil übernimmt. D haftet ebenso wenig persönlich wie C im Erbfall. B trägt allerdings noch fünf Jahre lang das Risiko, dass dem D Einlagen zurückgewährt werden und damit auch die Haftung beider wieder auflebt.

10.7 Auflösung und Beendigung der KG

Die Auflösung und Beendigung der KG erfolgt nach §§ 131 ff. HGB i. V. m. § 161 II HGB. Es gilt das zur OHG Gesagte entsprechend. Die wichtigsten Auflösungsgründe sind ein entsprechender Gesellschafterbeschluss und die KG-Insolvenz. Die Abwicklung geschieht im Insolvenzverfahren nach §§ 145 ff. HGB oder in einem anderen vereinbarten Verfahren (§ 158 HGB); schließlich wird das Erlöschen der Firma in das Handelsregister eingetragen (§ 157 I HGB).

Ein besonderer Auflösungsgrund ist das ersatzlose Ausscheiden des einzigen Komplementärs, da eine KG ohne Komplementär weder zur OHG wird noch als werbende KG fortbestehen kann. In der Liquidationsphase kann allerdings ein neuer Komplementär gesucht werden, ein Kommanditist die Komplementärsrolle übernehmen oder eine Komplementär-GmbH gegründet werden. Ansonsten wird die KG beendet.

10.8 Lern-Kontrolle

Kurz und bündig

Die Kommanditgesellschaft (KG, §§ 161 ff. HGB) ist eine Personenhandelsgesellschaft, bei der in der Regel einem geschäftsleitenden und persönlich unbeschränkt haftenden Gesellschafter (Komplementär) mindestens ein Anlagegesellschafter (Kommanditist) gegenübersteht, dessen Haftung auf die Höhe seiner Einlage beschränkt und durch die Leistung der Einlage ausgeschlossen ist. Subsidiär zu den §§ 161 ff. HGB sind auf die KG und den Komplementär die Vorschriften des OHG Rechts (§§ 105 ff. HGB) und die Regeln zur BGB-Gesellschaft (§§ 705 ff. BGB) anwendbar.

Der Komplementär ist typischerweise Geschäftsleiter mit der Geschäftsführungsbefugnis nach §§ 114 ff., 161 II HGB und der Einzelvertretungsmacht (§§ 125 f., 161 II HGB), während der Kommanditist von der Geschäftsführung und der organschaftlichen Vertretung ausgeschlossen ist (§§ 164, 170 HGB).

Kommanditisten haben aber bei außergewöhnlichen Entscheidungen ein ebenbürtiges Mitspracherecht, ihnen können Geschäftsführungsbefugnisse zuerkannt werden und sie können eine Prokura erhalten. Sofern Kommanditisten ordnungsgemäß eingetragen sind und ihre Einlage geleistet haben, haften sie persönlich für KG-Verbindlichkeiten nicht (§ 171 I HGB). Zudem nehmen Kommanditisten an Verlusten der KG nur bis zum Betrag ihrer Kapitalanteile teil (§ 167 III HGB), so dass ihr Investitionsrisiko insgesamt auf das investierte Kapital beschränkt bleibt.

Häufigste Erscheinungsform der KG ist seit langem die GmbH & Co. KG, bei der eine GmbH die Rolle der Komplementärin übernimmt.

Let's check

1. Wo ist bestimmt, dass auf die KG auch OHG-Recht und GbR-Recht Anwendung findet?
2. Welche Angaben muss die Handelsregistereintragung der KG enthalten?
3. Unterliegen die Gesellschafter in der KG einem Wettbewerbsverbot?
4. Inwiefern unterscheidet sich die Regelung zur Gewinnverteilung bei der KG von der des OHG-Rechts?
5. Kann ein Kommanditanteil übertragen werden?

Vernetzende Aufgaben

Beachten Sie das „dreistufige Regelungsgefüge", wonach für die Kommanditgesellschaft vorrangig der jeweilige Gesellschaftsvertrag und die §§ 161 ff. HGB gelten, ergänzend nach § 161 II die Regelungen zur OHG Anwendung finden und demnach über § 105 III HGB auch die Regelungen zur BGB-Gesellschaft Anwendung. Welche Probleme können durch dieses Regelungsgefüge entstehen und wie sind diese zu lösen?

Lesen und Vertiefen

- Kindler, P. (2016). *Grundkurs Handels- und Gesellschaftsrecht*. München: C. H. Beck, § 13.
- Windbichler, C. (2017). *Gesellschaftsrecht*. München: C. H. Beck, § 17.
- Schmidt, K. (2018). *Gesellschaftsrecht – Unternehmensrecht II*. Köln: Carl Heymanns Verlag, §§ 53 ff.
- Hübner, L. (2017). Examinatorium Gesellschaftsrecht – Teil 2. *JURA*, 257–270.
- Lange, K. W. (2015c). Grundzüge des Rechts der KG. *JURA*, 1017–1023.
- Kindler, P. (2006). Grundfragen der Kommanditistenhaftung. *JuS*, 865–869.

Die Gesellschaft mit beschränkter Haftung (GmbH)

Justus Meyer

11.1 Erscheinungsformen und Bedeutung – 148

11.2 Gründung – 149
11.2.1 Feststellung der Satzung – 149
11.2.2 Kapitalaufbringung – 150
11.2.3 Eintragung in das Handelsregister – 151
11.2.4 Die Unternehmergesellschaft (UG) – 153

11.3 Innenverhältnis – 154
11.3.1 Geschäftsführung – 154
11.3.2 Die Gesellschafter – 156
11.3.3 Weitere Gesellschaftsorgane – 156
11.3.4 Die Mitgliedschaft – 157

11.4 Das GmbH-Vermögen – 159
11.4.1 GmbH-Vermögen und Stammkapital – 159
11.4.2 Kapitalerhaltung – 159
11.4.3 Gesellschafterdarlehen – 162
11.4.4 Kapitalerhöhung und -herabsetzung – 164

11.5 Außenverhältnis – 166
11.5.1 Vertretung – 166
11.5.2 Haftung – 167

11.6 Gesellschafterwechsel – 167

11.7 Beendigung der GmbH – 168

11.8 Lern-Kontrolle – 169

© Springer Fachmedien Wiesbaden GmbH, ein Teil von Springer Nature 2018
J. Meyer, *Wirtschaftsrecht: Handels- und Gesellschaftsrecht*, Studienwissen kompakt,
https://doi.org/10.1007/978-3-658-19983-8_11

Lern-Agenda
Das folgende Kapitel führt in das Recht der GmbH ein, die sich bereits als praxiswichtigste Gesellschaftsform herausgestellt hat. Sie wird zudem beispielhaft für alle Kapitalgesellschaften überhaupt behandelt. Die Darstellung folgt dem auf die Personengesellschaften angewandten Schema, legt aber besonderen Wert auf die Kapitalisierungsfragen (bei Gründung und „Vermögen").

Gesellschaft mit beschränkter Haftung

Grundlegende Information zur Gesellschaftsform sowie der Gründungsprozess und dessen Besonderheiten	Erscheinungsform, Bedeutung und Gründung	▶ Abschn. 11.1, ▶ Abschn. 11.2
Geschäftsführung und Ausführungen zu den Gesellschaftern und weiteren Gesellschaftsorganen	Innenverhältnis	▶ Abschn. 11.3
Unterscheidung von GmbH-Vermögen und Stammkapital, Gesellschafterdarlehen und die Kapitalerhaltung, -erhöhung bzw. -herabsetzung	Vermögen	▶ Abschn. 11.4
Vertretung und Haftung bei der Gesellschaft mit beschränkter Haftung	Außenverhältnis	▶ Abschn. 11.5
Veräußerung und Erbschaft der Geschäftsanteile sowie Thematisierung des Abtretungsvertrag und Ausführungen zur Insolvenz	Gesellschafterwechsel und Beendigung	▶ Abschn. 11.6, ▶ Abschn. 11.7

11.1 Erscheinungsformen und Bedeutung

Die GmbH ist die bei weitem häufigste und umsatzstärkste Gesellschaftsform. Sie ist im GmbH-Gesetz geregelt. Die GmbH ist juristische Person und – immer – Handelsgesellschaft (§ 13 I, III GmbHG). Sie gehört zu den Körperschaften und hier zu den Kapitalgesellschaften.

Die Erscheinungsformen der GmbH sind mannigfach: Sie ist eine häufige Rechtsform für Kleinbetriebe und den Mittelstand, findet sich aber auch unter den hundert größten Unternehmen in Deutschland. Sie kommt oft als Einpersonengesellschaft vor, häufig als Zusammenschluss weniger Mitunternehmer und teils auch als Publikumsgesellschaft. Zudem spielt sie in Kombinationsformen wie der GmbH & Co. KG eine erhebliche Rolle und auch in Konzernstrukturen (z. B. als 100 %ige Tochtergesellschaft).

11.2 Gründung

Die Gründung der GmbH ist im ersten Abschnitt des GmbHG in §§ 1 ff. geregelt. Die wichtigsten Stationen sind die Feststellung der Satzung, die Kapitalaufbringung und die Eintragung in das Handelsregister. Daneben ist seit 2008 die Gründung einer „UG haftungsbeschränkt" vorgesehen, und die Praxis weicht teils auf sogenannte Mantelgründungen aus.

11.2.1 Feststellung der Satzung

Nach § 1 GmbHG kann die GmbH durch einen oder mehrere Gesellschafter zu jedem gesetzlich zulässigen Zweck errichtet werden. Gesellschafter können neben Menschen auch wiederum Gesellschaften sein.

Beispiel
Die V-Verlags-GmbH gründet eine hundertprozentige Tochter für den Vertrieb. Drei Banken (AGs) gründen eine GmbH zur Koordinierung eines Immobilienprojektes in Fernost.

Im Normalfall der Mehrpersonengründung verständigen sich die Gründer haufig schon im Vorfeld rechtsverbindlich über die Gründung einer GmbH, und es entsteht eine sogenannte Vorgründungsgesellschaft. Jedenfalls müssen sie sich auf eine **Satzung** einigen, die in notarieller Form niedergelegt und von den Gründungsgesellschaftern unterzeichnet werden muss (§ 2 GmbHG).

Hintergrund
Das Gesetz spricht hier von „Gesellschaftsvertrag", obwohl GmbH vielfach nur von einer Person gegründet werden. Besser ist daher der aus dem Vereinsrecht vertraute Begriff der Satzung.

Seit 2008 sieht das GmbHG auch eine Gründung im vereinfachten Verfahren vor (§ 2 Ia GmbHG). Die Gesellschaft darf in diesem Fall höchstens drei Gesellschafter und einen Geschäftsführer haben, und es ist eine Standardsatzung nach den Musterprotokollen zu verwenden, die im Anhang des GmbHG vorgegeben sind. Das hat Kostenvorteile.

Der notwendige Inhalt der Satzung ergibt sich aus § 3 GmbHG. Die Firma muss den allgemeinen Anforderungen der Firmenbildung entsprechen (§ 18 HGB) und einen Rechtsformzusatz beinhalten (§ 4 GmbHG). Als Sitz der Gesellschaft (§ 4a GmbHG) wird regelmäßig der Ort der Hauptverwaltung festgelegt. Der Unternehmensgegenstand bezeichnet das Tätigkeitsfeld der GmbH.

Beispiele
„Betrieb von Gaststätten", „Durchführung von Hochbaumaßnahmen und verwandte Geschäfte", „Beteiligung als persönlich haftende Gesellschafterin der X-KG". Auch nicht-wirtschaftliche Tätigkeitsfelder sind Unternehmensgegenstand.

Da die GmbH eine Kapitalgesellschaft ist, müssen insbesondere auch die Beträge des Stammkapitals und der auf die Gesellschafter entfallenden Stammeinlagen bestimmt werden. Durch die Satzung erhält die GmbH ihre Verfassung (vgl. § 25 BGB). Mit der Feststellung der Satzung entsteht die Gesellschaft als **Vor-GmbH**, die mit der Eintragung als GmbH zur juristischen Person wird. Schon in der Satzung ist häufig die erste Geschäftsführung bestimmt; ansonsten muss sie noch vor der Anmeldung in einer Gesellschafterversammlung bestellt werden (§ 6 GmbHG).

Beispiel
A und B beschließen die Gründung einer GmbH, um ihre Buchhandlung mit begrenztem Risiko betreiben zu können. Sie wollen das Gesellschaftskapital paritätisch aufbringen und jeder als Einzelgeschäftsführer und Vertreter der Gesellschaft agieren. Notar N passt eine Mustersatzung nach diesen Vorstellungen an, verliest und erläutert den Satzungstext, und beide unterschreiben. Damit ist die Vor-GmbH entstanden.

11.2.2 Kapitalaufbringung

Vor der Anmeldung zur Eintragung haben die Gründungsgesellschafter vor allem noch das in der Satzung bestimmte **Stammkapital** aufzubringen, indem jeder die auf ihn entfallende Stammeinlage leistet.

Das Stammkapital ist als Basis-Betriebsvermögen und Haftungsmasse gedacht. Der von den Gesellschaftern bestimmte Betrag stellt aber zunächst nur eine Nenngröße dar, an der sich die Kapitalaufbringung und -erhaltung zu orientieren hat. Das tatsächliche Gesellschaftsvermögen kann im Laufe der Zeit wesentlich größer aber auch kleiner werden. Die meisten GmbH haben ein Stammkapital von 25.000 €; das ist der in § 5 I GmbHG festgesetzte Mindestbetrag. Höhere Beträge, auch im Millionenbereich, sind aber nicht unüblich.

Jeder Gesellschafter hat bei Errichtung der Gesellschaft (mindestens) eine **Stammeinlage** zu übernehmen, die auf volle Euro lauten muss und sonst frei bestimmbar ist, solange die Summe der Stammeinlagen das Stammkapital ergibt.

Beispiel

Im obigen Beispiel könnten A und B ein Stammkapital von 60.000 € festlegen und müssten jeder eine Stammeinlage von 30.000 € übernehmen.

Die Stammeinlagen können in Form von Bareinlagen oder Sacheinlagen erbracht werden. **Sacheinlagen** können z. B. Immobilien, Betriebsmittel, Waren oder Patente, nicht aber bloße Dienstleistungen sein. Sie müssen in der Satzung festgelegt (§ 5 IV GmbHG) und vor der Anmeldung vollständig an die GmbH geleistet sein (§ 7 III GmbHG).

Beispiel

Im obigen Beispiel kann A seine Einlage leisten, indem er der GmbH einen Bücherbestand im Wert von 30.000 € übereignet. Nach § 5 IV GmbHG sind dafür eine entsprechende Satzungsbestimmung und ein Sachgründungsbericht erforderlich, aus dem sich die Grundlage der Wertermittlung ergibt. Sind die Bücher tatsächlich nur 25.000 € wert, so haftet A nach § 9 GmbHG auf die Differenz.

Bareinlagen werden durch Geldzahlung (auch unbar) geleistet. § 7 II GmbHG verlangt aber nicht die Volleinzahlung vor Eintragung, sondern lässt es genügen, wenn mindestens 25 % aller Bareinlagen geleistet sind und zusammen mindestens ein Kapital von 12.500 € geleistet ist. Das restliche Kapital der GmbH besteht dann aus ausstehenden Einlagen (Einlageforderungen der GmbH gegen die Gesellschafter). Eine GmbH kann also zu drei Vierteln mit bloßen Einlageforderungen kapitalisiert sein. Um das Ausfallrisiko insoweit zu minimieren, sehen die §§ 20 ff. GmbH allerdings verschiedene Maßnahmen für den Fall der Nichteinzahlung vor, die bis zur Versteigerung des Geschäftsanteils und einer anteiligen Ausfallhaftung der Mitgesellschafter reichen.

Beispiel

Im obigen Beispiel braucht B nur ein Viertel seiner 30.000 €-Einlage einzuzahlen, also 7500 €. Das Stammkapital setzt sich dann aus einem Bücherbestand von 30.000 €, einem Barvermögen oder Guthaben von 7500 € und ausstehenden Einlagen in Höhe von 22.500 € zusammen. Damit ist auch die zweite Untergrenze des § 7 II 2 GmbHG überschritten. Sie ist insbesondere für Bargründungen mit dem Mindeststammkapital wichtig: Würden A und B ein Stammkapital von 25.000 € und Bareinlagen festlegen, so würden nach der Viertel-Regelung des § 7 II 1 GmbHG Einzahlungen von zusammen 6250 € ausreichen. Nach S. 2 ist aber das Doppelte erforderlich.

11.2.3 Eintragung in das Handelsregister

Die Gesellschaft ist bei dem Gericht, in dessen Bezirk sie ihren Sitz hat, zur Eintragung anzumelden. Mit der Anmeldung sind u. a. die Satzung, etwaige Vollmachten und eine

Gesellschafterliste einzureichen (§ 8 I Nr. 1–3 GmbHG), die jeweils zu aktualisieren ist (§ 40 GmbHG). Hinzu kommen besondere Angaben bei Sacheinlagen (§ 8 I Nr. 4, 5 GmbHG) und die Versicherung, dass die Einlagen ordnungsgemäß geleistet sind (§ 8 II GmbHG).

Das Registergericht überprüft anhand der Unterlagen insbesondere, ob die GmbH eine ordnungsgemäße Verfassung und Kapitalausstattung hat. Die Angemessenheit der Kapitalisierung für den Gesellschaftszweck ist nicht Gegenstand der Prüfung. Ergibt die Prüfung eine nicht ordnungsgemäße Errichtung oder Anmeldung, so hat das Registergericht die Eintragung gemäß § 9c GmbHG abzulehnen.

Beispiel
Wenn das Registergericht im obigen Beispiel die Überbewertung der Sacheinlage feststellt (Bücher im Wert von 25.000 statt 30.000 €), hat das Gericht die Eintragung nach § 9c I 2 GmbHG abzulehnen. Im Übrigen haftet der Gesellschafter nach § 9 GmbHG auf Nachzahlung.

Im Normalfall erfolgt nach der Prüfung die Eintragung der GmbH in das Handelsregister. Damit entsteht die GmbH „als solche". Aus der Vor-GmbH wird eine juristische Person, die die Haftungsbeschränkung gemäß § 13 II GmbHG vermittelt. Schon die **Vor-GmbH** hat allerdings die satzungsgemäße Verfassung, wird durch die Geschäftsführer vertreten und ist ein selbständiger Rechtsträger.

Beispiel
Im obigen Beispiel eröffnet A im Namen der A & B Buchhandels-GmbH ein Konto bei der S-Bank, damit B seine Einlage überweisen kann. Bei der Übereignung der Bücher durch A vertritt B die Vor-GmbH, die nach § 929 S. 1 BGB Eigentümerin der Bücher wird.

Da die Kapitalisierung der Gesellschaft noch nicht geprüft ist, greift andererseits die Haftungsbeschränkung des § 13 II GmbHG noch nicht ein. Stattdessen sieht § 11 II GmbHG zunächst eine **Handelndenhaftung** der designierten Geschäftsführer vor. Daneben hat die Rechtsprechung aus dem Gesamtsystem der Kapitalaufbringung eine anteilige **Nachschusspflicht aller Gesellschafter** entwickelt: Wenn Verbindlichkeiten der Vor-GmbH entstehen, müssen die Gesellschafter über die versprochenen Einlagen hinaus der GmbH so viel Kapital zuführen, dass die Gesellschaft ihre Verbindlichkeiten erfüllen kann und das in der Anmeldung angegebene Kapital auch tatsächlich zur Verfügung steht.

Beispiel
A & B haben die Satzung unterschrieben und nehmen den Betrieb der „A & B Buchhandels-GmbH" schon auf, kümmern sich aber nicht um die Eintragung. Die Geschäfte gehen schlecht, die Schulden mehren sich, und die Gründung scheitert schließlich. Soweit A und B

im Namen der Gesellschaft gehandelt haben, haften sie schon nach § 11 II GmbHG. Davon unabhängig sind sie aber soweit nachschusspflichtig, dass die Gesellschaft ihre Verbindlichkeiten erfüllen kann. Ist die Gesellschaft vermögenslos, können die Gläubiger sogar auf die Gesellschafter direkt zugreifen.
Wollen A und B die Eintragung doch noch herbeiführen, müssen sie die entsprechenden Nachschüsse ebenfalls leisten und zudem für die nötige Anfangskapitalisierung sorgen.

Mit der Eintragung in das Handelsregister wird die Vor-GmbH zur GmbH. Die Rechte und Pflichten werden wegen der Identität der Gesellschaften zu Rechten und Pflichten der GmbH. Die GmbH wird automatisch und ohne Umwandlung Kontoinhaberin, Eigentümerin der Bücher und so fort.

> **Auf den Punkt gebracht: Auf dem Weg zur GmbH kann zunächst eine sog. Vorgründungsgesellschaft entstehen. Im Zeitraum zwischen notarieller Beurkundung der Satzung und Eintragung im Handelsregister wird die Gesellschaft als Vor-GmbH oder auch GmbH in Gründung bezeichnet. Erst die Eintragung im Handelsregister führt zum Entstehen der eigentlichen GmbH.**

11.2.4 Die Unternehmergesellschaft (UG)

Das dargestellte Erfordernis einer Mindestkapitalisierung der GmbH ist rechtspolitisch umstritten. Einerseits haben die erforderlichen 25.000 € für die Gläubigersicherung nur begrenzte Wirkung und stellen eher eine Seriositätsschwelle dar; andererseits erscheint selbst diese Schwelle (auch im Fall der Bargründung, bei der ja nur 12.500 € eingezahlt werden müssen) für manche Kleinstgründung als erhebliche Hürde. Zudem können in England und den USA *companies* mit einem Startkapital von 1 £ oder 1 $ gegründet werden, ohne dass dadurch die Insolvenzquoten oder -schäden ersichtlich steigen. Daher kann seit 2008 auch in Deutschland nach § 5a GmbHG eine Gründung mit einem niedrigeren Stammkapital (von meist 500 oder 1000 €) erfolgen. Die Gesellschaft wird dann Unternehmergesellschaft genannt und muss nach § 5a I GmbHG auch mit dem Zusatz „UG (haftungsbeschränkt)" firmieren, um auf die geringere Kapitalisierung hinzuweisen. § 5a II GmbHG lässt zudem nur Bargründungen und Volleinzahlungen zu.

Wichtigstes Merkmal der UG ist die **Thesaurierungspflicht** des § 5a III GmbHG: Die Gesellschaft muss ein Viertel der Gewinne in eine Rücklage einstellen, die lediglich zum Ausgleich früherer Verluste oder für eine Kapitalerhöhung aus Eigenmitteln (§ 57c GmbHG) verwendet werden darf. Die Idee ist also, dass eine UG zunächst mit einem geringen Kapital startet, dann aber aus ihren Gewinnen weiteres Kapital ansammelt, das zur Kapitalerhöhung auf mindestens 25.000 € verwendet wird. Mit einer solchen Kapitalerhöhung fallen nach § 5a V GmbHG die vorgenannten Beschränkungen weg und es entsteht also – automatisch und ohne Umwandlung – eine „vollwertige" GmbH.

Hintergrund
Dieser gesetzgeberische Spagat zwischen Ermöglichung der "Ein-Euro-GmbH" und Festhalten am Mindestkapitalerfordernis ist aufgrund des Wettbewerbs der Rechtsordnungen entstanden, nachdem die englische "Limited" im Zuge der Niederlassungsfreiheit immer häufiger auch in Deutschland auftauchte und auch z. B. Frankreich eine "Ein-€-GmbH" eigeführt hatte.

> Auf den Punkt gebracht: Die UG ist als Rechtsform für den Übergang konzipiert. Ob eine solche Zwischenlösung sinnvoller ist als eine reguläre Gründung, ist aber auch im Hinblick auf die Kosten der Kapitalerhöhung, Umfirmierung usw. zu evaluieren. Umgekehrt bietet sich die UG auch als Dauerlösung an, sofern die Gesellschaft ohnehin keine Gewinne machen soll (z. B. in Konzernstrukturen, und im Non-Profit-Bereich).

11.3 Innenverhältnis

Zum Innenverhältnis der GmbH gehören insbesondere seine Organverfassung und die Rechte und Pflichten aus der Mitgliedschaft. Die GmbH muss, wie schon gesehen, eine Geschäftsführung haben (§ 6 GmbHG). Daneben ist die Gesellschafterversammlung als oberstes Organ zwingend vorgeschrieben. Weitere Organe können gebildet werden, sind aber regelmäßig nicht erforderlich.

11.3.1 Geschäftsführung

Die Geschäftsführung ist das für die Vertretung der GmbH und die laufende Geschäftsführung zuständige Organ (§ 35 GmbHG).

- **Zusammensetzung, Bestellung und Abberufung**

Die Geschäftsführung kann aus einer oder mehreren Personen bestehen, die Gesellschafter sein können aber nicht müssen. In der Praxis überwiegen die Fälle, in denen die maßgeblich beteiligten Gesellschafter auch die Geschäftsführung übernehmen (**Selbstorganschaft** statt Drittorganschaft); auch der Alleingesellschafter-Geschäftsführer ist eine vertraute Erscheinung.

Die Geschäftsführer werden in der Satzung bestimmt oder durch die Gesellschafterversammlung bestellt und auch abberufen (§ 46 Nr. 5 GmbHG). Anders als beim AG-Vorstand sind feste Amtszeiten nicht vorgesehen. Die Bestellung der Geschäftsführer ist von einem etwaig zugrundeliegenden Anstellungsvertrag zu unterscheiden, und die Abberufung ist auch unabhängig von Kündigungsfristen in solch einem Vertrag möglich (§ 38 GmbHG). Bestellung und Abberufung sind im Handelsregister einzutragen (§§ 8, 39 GmbHG).

Aufgaben der Geschäftsführung

Die Geschäftsführer sind nach § 35 GmbHG einerseits für die Vertretung der GmbH zuständig (▶ Abschn. 11.5.1). Andererseits obliegt ihnen – wie der Name schon sagt – die Führung der Geschäfte, soweit die Gesellschafter diese nicht per Satzung oder Beschluss der Gesellschafterversammlung an sich ziehen (vgl. § 45 GmbHG). Neben der Vertretung der GmbH sind der Geschäftsführung aber verschiedene Aufgaben zwingend zugeschrieben.

> **Auf den Punkt gebracht: Die Geschäftsführung ist verantwortlich für**
> - die Einreichung der Gesellschafterliste (§ 40 GmbHG),
> - die Buchführung (§ 41 GmbHG),
> - die Einberufung der Gesellschafterversammlung (§ 49 GmbHG),
> - Anmeldungen zum Handelsregister (§ 78 GmbHG)
> - und gegebenenfalls zur Stellung des Insolvenzantrags verpflichtet (§ 15a InsO).

Regelmäßig obliegt den Geschäftsführern zumindest die laufende, vielfach auch die gesamte Geschäftsführung. Auch insoweit sind die Geschäftsführer allerdings – anders als Vorstände in der AG – an die Weisungen der Gesellschafter gebunden. § 37 I GmbHG formuliert das nur im Hinblick auf die Stellvertretung, die im Innenverhältnis per Gesellschaftsvertrag oder Gesellschafterbeschluss beschränkt werden kann. Für die bloß internen Entscheidungsbefugnisse gilt das aber natürlich erst recht. Insbesondere wegen dieser Weisungsgebundenheit der Geschäftsführung ist es gerechtfertigt, die Gesellschafterversammlung als oberstes Organ der GmbH zu bezeichnen.

Beispiel

A, B und C sind paritätisch an der A-B-C-GmbH beteiligt. A ist alleiniger Geschäftsführer und entscheidet sich für die Einstellung der V als Buchhändlerin. In der Gesellschafterversammlung können B und C den A überstimmen, wenn sie eher die W einstellen wollen oder eine Neueinstellung ohnehin ablehnen. A ist als Geschäftsführer an diesen Beschluss gebunden.

Geschäftsführerhaftung

Die Geschäftsführer haben in den Angelegenheiten der GmbH die Sorgfalt eines ordentlichen Geschäftsmanns walten zu lassen und haften der Gesellschaft widrigenfalls auf Schadensersatz (§ 43 I, II GmbHG). Diese Haftung greift nicht schon bei jeder unternehmerischen Fehlentscheidung, da insoweit ein wesentlicher Ermessensspielraum bleiben muss. Die Haftung kann aber schnell bei weisungswidrigem Verhalten eingreifen und sanktioniert vor allem Verstöße gegen die Kapitalerhaltungsregeln (§ 43 III 1 GmbHG).

Von dieser Haftung im Innenverhältnis sind die Fälle zu unterscheiden, in denen ein Geschäftsführer aus einem besonderen Rechtsgrund Dritten gegenüber haftet.

Beispiel
Geschäftsführer A verschleiert der S-Bank gegenüber die schlechte Vermögenslage der A-B-C-GmbH und erreicht damit eine Kreditaufstockung. Für einen etwaigen Schaden der Bank ist A wegen der Verletzung vertraglicher Schutzpflichten nach §§ 280 I, 241 II BGB und deliktisch wegen seines Betrugs (§ 823 II BGB i. V. m. § 263 StGB) sowie nach § 826 BGB haftbar. Schädigt A Gläubiger durch einen verspäteten Insolvenzantrag, so verstößt er gegen § 15a InsO und damit gegen ein Schutzgesetz, so dass er gemäß § 823 II BGB den Gläubigern haftet.

11.3.2 Die Gesellschafter

Ihre Kompetenzen bestimmen die Gesellschafter in erster Linie durch die Satzung selbst (§ 45 GmbHG). Sie sind zwingend zuständig für die **Grundlagenentscheidungen** von der Gründung bis zur Auflösung der Gesellschaft, für Satzungsänderungen (§ 53 GmbHG) und die Einforderung von Nachschüssen, falls solche vorgesehen sind (§ 26 GmbHG).

Nach der dispositiven Regelung des § 46 GmbHG sind die Gesellschafter (anders als in der AG) für die Feststellung des Jahresabschlusses und die Entscheidung über die Ergebnisverwendung und für die Bestellung und Abberufung der Geschäftsführung zuständig (Nr. 1 und 5), so dass sie unmittelbar die Leitlinien der Finanz- und Personalpolitik bestimmen. Auch über die Erteilung einer Prokura oder Generalhandlungsvollmacht haben sie zu entscheiden.

Die Gesellschafter treffen ihre Bestimmungen grundsätzlich durch in der **Gesellschaftsversammlung** gefasste Beschlüsse (§§ 47 I, 48 GmbHG). Dabei wird nicht nach Köpfen abgestimmt, sondern nach der Höhe ihrer Kapitalbeteiligung: Jeder Euro eines Geschäftsanteils gewährt eine Stimme (§ 47 II GmbHG). Regelmäßig entscheidet die Mehrheit der abgegebenen Stimmen (§ 47 I GmbHG); insbesondere für Satzungsänderungen ist aber – wie beim Verein – eine Drei-Viertel-Mehrheit erforderlich (vgl. § 53 II GmbHG mit §§ 32 f. BGB).

Für den – häufigen – Fall der Einpersonen-GmbH erübrigt sich dieses Procedere weitgehend. Nach § 48 III GmbHG ist die Entscheidung des Alleingesellschafters als Beschluss schriftlich zu fixieren und von ihm zu unterzeichnen. Ist der Alleingesellschafter gleichzeitig Geschäftsführer, vollzieht er die Beschlüsse ohne weiteres. Die in der Organverfassung der GmbH angelegten Grenzen verwischen hier weitgehend.

11.3.3 Weitere Gesellschaftsorgane

Sofern die GmbH dem Mitbestimmungsrecht unterliegt, ist ein **Aufsichtsrat** zu bilden. Die Stellung des Aufsichtsrats richtet sich weitgehend nach den aktienrechtlichen Vorschriften. Das gilt nach § 52 GmbHG auch dann, wenn die Satzung einer nicht mitbestimmten GmbH einen Aufsichtsrat vorsieht, ohne seine Stellung näher zu regeln.

Wesentlich häufiger enthalten GmbH-Satzungen dagegen Vorschriften über einen **Beirat**, dessen Befugnisse im Einzelnen geregelt sind. Vielfach handelt es sich um ein Gremium mit Beratungs- und vielleicht Kontrollfunktionen, in das oft auch ein Vertreter der Hausbank sowie ein Steuer- oder Rechtsberater eingebunden ist.

11.3.4 Die Mitgliedschaft

Der einzelne Gesellschafter ist durch seine Mitgliedschaft mit der GmbH verbunden. Die Mitgliedschaft vermittelt sämtliche Rechte und Pflichten des Gesellschafters gegenüber der Gesellschaft und seinen Mitgesellschaftern.

11.3.4.1 Gesellschafterrechte

Unter den Rechten des Gesellschafters sind Vermögens- und Mitverwaltungsrechte zu unterscheiden. Wichtigstes **Vermögensrecht** ist der Anspruch auf den Gewinnanteil nach § 29 GmbHG. Soweit Gewinne nicht dazu benötigt werden, das GmbH-Vermögen bis zur Höhe des Stammkapitals aufzufüllen, können die Gesellschafter über die Ergebnisverwendung entscheiden. Soweit z. B. die Bildung von Gewinnrücklagen oder ein Gewinnvortrag beschlossen wird, ist eine Gewinnverteilung ausgeschlossen. Im Übrigen haben die Gesellschafter einen Anspruch auf Gewinnverteilung, die sich im Zweifel nach den Geschäftsanteilen richtet (§ 29 III GmbHG). Als weiteres Vermögensrecht kommt insbesondere der Anteil an der Abwicklungsquote hinzu (§ 72 GmbHG).

Das wichtigste **Mitverwaltungsrecht** ist das Recht zur Teilnahme an den Gesellschafterversammlungen samt Stimmrecht. Das Stimmrecht ist, wie bereits besprochen, regelmäßig ebenfalls am Geschäftsanteil orientiert. Die allgemeine Satzungsfreiheit lässt auch eine andere Regelung bis hin zum Ausschluss von Stimmrechten zu, solange die Grenzen der Treuebindung und insbesondere des Gleichheitsgrundsatzes eingehalten werden.

Zudem führt § 47 IV GmbHG Stimmverbote in Fällen auf, in denen ein mitstimmender Gesellschafter zu sehr zum Richter in eigener Sache würde.

Beispiel

A ist alleiniger Geschäftsführer der paritätisch gehaltenen A-B-C-GmbH. In der Gesellschafterversammlung ist über die Entlastung der Geschäftsführung sowie den Verkauf eines GmbH-Grundstücks an A zu entscheiden. In beiden Fällen ist A nach § 47 GmbHG von der Abstimmung ausgeschlossen.

Von erheblicher Bedeutung ist ferner das zwingende Informationsrecht der §§ 51a, 51b GmbHG, das einerseits wie z. B. § 716 BGB der Kontrolle dient und andererseits in Konfliktfällen die Basis für eine fundierte Abstimmung liefert.

> **Merke!**
>
> Wesentliche Mitverwaltungsrechte sind als **Minderheitsrechte** ausgestaltet. So können Gesellschafter mit zehnprozentiger Beteiligung die Einberufung der Gesellschafterversammlung oder einen bestimmten Punkt auf der Tagesordnung verlangen (§ 50 GmbHG).

Weitere Beispiele sind das Recht zur Anfechtung von fehlerhaften Gesellschafterbeschlüssen analog §§ 243 ff. AktG und die *actio pro socio* (▶ Abschn. 8.3.2)

11.3.4.2 Gesellschafterpflichten

Zu den Gesellschafterpflichten gehört zunächst die Pflicht zur Einlageleistung. Jeder Gesellschafter muss seine in der Satzung festgelegte Stammeinlage erbringen. Im Fall der Teileinzahlung entscheidet die Gesellschafterversammlung über die Einforderung ausstehender Einlagen (§ 46 Nr. 2 GmbHG). Daneben kann die Satzung Nachschusspflichten vorsehen, die gegebenenfalls ebenfalls per Beschluss von der Gesellschafterversammlung eingefordert werden können (§§ 26–28 GmbHG). Häufiger sehen Satzungen in der Praxis andere Nebenleistungen vor (vgl. § 3 II GmbHG).

Beispiel

In der A-B-C-GmbH ist A zur Geschäftsführung verpflichtet, B zur Überlassung seiner Räume als Ladenlokal, C zur Gewährung eines Gesellschafterdarlehens. In der Bücherfreunde-Plagwitz-GmbH sind alle Gesellschafter zu einer Mindestabnahme der von der GmbH herausgegebenen „Elster-Nachrichten" verpflichtet. Verschiedentlich werden auch andere Nebenpflichten wie Unterlassungspflichten und insbesondere Wettbewerbsverbote vereinbart.

Auch der GmbH-Gesellschafter hat schließlich **Treuepflichten** gegenüber der GmbH und auch gegenüber seinen Mitgesellschaftern. Inhalt und Umfang der Treuepflichten sind weniger von der Rechtsform (BGB-Gesellschaft, GmbH oder AG) abhängig als von der realen Struktur der Gesellschaft, also etwa der Zahl der Gesellschafter, ihrer Nähe zueinander und der Bedeutung des Gesellschaftszwecks für jeden einzelnen, sowie umgekehrt der Stellung des einzelnen Gesellschafters. Daher kann sich die Treuepflicht auch ähnlich wie bei der OHG zu einem § 112 HGB vergleichbaren Wettbewerbsverbot konkretisieren, und zumindest sind vergleichbare Satzungsklauseln möglich – und häufig.

11.4 Das GmbH-Vermögen

Da die GmbH eine Kapitalgesellschaft ist, stehen Regelungen über das GmbH-Vermögen viel mehr im Vordergrund als bei den Personengesellschaften, die unter Umständen sogar ohne ein Vermögen auskommen. Die zentrale Bedeutung des GmbH-Kapitals hatte sich schon beim Gründungvorgang mit der Kapitalaufbringung ergeben.

11.4.1 GmbH-Vermögen und Stammkapital

Das Gesellschaftsvermögen ist der GmbH als juristischer Person zugeordnet; sie ist Kontoinhaberin, als Eigentümerin eines Betriebsgrundstücks im Grundbuch eingetragen und so fort. Das Gesellschaftsvermögen besteht aus den bei der Gründung eingezahlten und noch ausstehenden Einlagen und gegebenenfalls den Sacheinlagen. Wegen der Gründungskosten (Notargebühren, Kontoeröffnung usw.) entspricht das Gesellschaftsvermögen schon im Zeitpunkt der Eintragung selten exakt dem Stammkapital der GmbH (§ 5 GmbHG). Im Übrigen vergrößert es sich mit jedem Gewinn der GmbH und verringert sich mit jedem Verlust. Häufig ist das GmbH-Vermögen daher um ein vielfaches größer als das Stammkapital; häufig ist es freilich auch aufgrund von Verlusten wesentlich kleiner.

Das Stammkapital ist daher vom GmbH-Vermögen streng zu unterscheiden. Es fungiert als Nennbetrag in erster Linie als Richtgröße für die Kapitalaufbringung und auch Kapitalerhaltung, und wir hatten schon gesehen, dass seine Aufgliederung in Stammeinlagen regelmäßig für die Gesellschafterrechte und -pflichten bedeutsam ist.

11.4.2 Kapitalerhaltung

Die oben behandelten Regeln zur Kapitalaufbringung würden wenig Sinn ergeben, wenn die Gesellschafter nach der Eintragung der GmbH in das Handelsregister die Auskehrung des Kapitals beschließen könnten. Das Gesetz gestattet daher zwar – natürlich – grundsätzlich die Auskehrung von Gewinnen und kann andererseits – natürlich – nicht verbieten, dass die GmbH Verluste macht. Es verbietet aber Auskehrungen, die das GmbH-Vermögen so weit schmälern, dass der Betrag des Stammkapitals unterschritten wird.

11.4.2.1 Kapitalbindung nach § 30 I GmbHG

Die zentrale Vorschrift des § 30 I GmbHG formuliert, das zur Erhaltung des Stammkapitals erforderliche Vermögen der Gesellschaft dürfe nicht an die Gesellschafter ausgezahlt werden. Sie schützt das Vermögen der GmbH nicht in seiner gegenständlichen Zusammensetzung, sondern von seinem Wert her, und sie schützt es nicht insgesamt, sondern nur insoweit als das Stammkapital nicht angegriffen werden darf.

Beispiel
A hatte die A-GmbH mit einem Stammkapital von 300.000 € gegründet, indem er sein Grundstück von entsprechendem Wert als Sacheinlage eingebracht hat. § 30 I GmbHG hindert nicht, dass A das Grundstück von der GmbH zurückerwirbt, sofern ein entsprechender anderer Wert stattdessen in das GmbH-Vermögen fließt.
Die A-B-C-GmbH hat ein Stammkapital von 25.000 € und nach einigen guten Geschäftsjahren ein Gesellschaftsvermögen von 60.000 €. Auch wenn in einem Geschäftsjahr „nur" ein Gewinn von 5000 € erzielt wird, können die Gesellschafter – anders als im Aktienrecht – eine Ausschüttung von 10.000 oder 30.000 € beschließen.

Hintergrund
Vor diesem Hintergrund der auf das Stammkapital beschränkten Kapitalbindung erklärt sich der rechtstatsächliche Befund, dass die allermeisten GmbH nur mit dem Mindeststammkapital von 25.000 € ausgestattet werden: Die Gesellschafter versuchen damit, eine weitergehende Beschränkung ihrer Kapitalisierungsfreiheit zu vermeiden.

In dem beschriebenen Umfang gilt das Verbot von Leistungen an Gesellschafter, die das Stammkapital angreifen, aber geradezu als eiserne Grundregel. Verboten sind zunächst Auszahlungen an Gesellschafter, die eine Unterbilanz herbeiführen oder verschärfen.

Beispiel
Die A-B-C-GmbH hat ein Stammkapital von 25.000 € und nach dem ersten Geschäftsjahr ein Vermögen von 28.000 €. Beschließen A, B und C eine Auszahlung von je 2000 €, so verstößt das gegen § 30 I GmbHG. Hat die GmbH nach dem ersten Jahr ein Vermögen von 20.000 €, so verstößt jede Auszahlung gegen den Grundsatz der Kapitalbindung. Weist die Bilanz nach dem ersten Jahr ein Vermögen von 20.000 € und nach dem zweiten von 24.000 € aus, so bleibt es trotz des Gewinns im zweiten Jahr beim Auskehrungsverbot.
Hat die Gesellschaft nach dem ersten Jahr noch ein Vermögen von 4000 €, so verstößt ein Beschluss zur Auszahlung von je 2000 € an A, B und C erst recht gegen § 30 I GmbHG; man kann natürlich nicht argumentieren, bei den letzten 2000 € existiere ja gar kein gebundenes Vermögen mehr.

Über seinen Wortlaut hinaus verbietet § 30 I GmbHG nicht nur Auszahlungen, sondern sämtliche Leistungen an Gesellschafter. Hierher gehören an die Gesellschafter zurückfließende Sachmittel, unentgeltliche Überlassungen und nicht wertgerechte Verkehrsgeschäfte. Verdeckte Gewinnausschüttungen sind ebenso verboten wie offene, sobald sie das Stammkapital angreifen.

Beispiele

A benutzt den Pkw der A-B-C-GmbH auch für private Zwecke. Die GmbH überlässt B die Büroeinrichtung für sein privates Nebengewerbe ohne Entgelt oder für unangemessen niedriges Entgelt. A, B und C lassen sich unangemessen hohe Geschäftsführergehälter zahlen.

Kauft A von der A-GmbH (Stammkapital 300.000 €) das eingebrachte Grundstück zurück, so stellt ein Kaufpreis unter Wert eine verdeckte Leistung an A dar, die nach § 30 I GmbHG verboten ist, sofern sie das Stammkapital angreift. Hat das Grundstück zwischenzeitlich einen Wert von 370.000 €, so ist ein Verkauf für 350.000 oder für 300.000 € nach § 30 I GmbHG nicht zu beanstanden, da der GmbH ein Vermögen in Höhe des Stammkapitals verbleibt. Sofern anderes GmbH-Vermögen nicht vorhanden ist, wäre ein Verkauf für 280.000 € hingegen verboten.

Schließlich erfasst das Verbot auch Leistungen an Dritte, wenn sie wirtschaftlich als Leistungen an einen Gesellschafter aufzufassen sind. Hierher gehören insbesondere Leistungen an nahestehende Personen wie Angehörige oder Konzerngesellschaften aber auch zum Beispiel Leistungen an die Gläubigerbank eines Gesellschafters.

11.4.2.2 Sanktionen

Nach § 30 I GmbHG verbotene Leistungen müssen die Empfänger gemäß § 31 I GmbHG der GmbH grundsätzlich erstatten. Das verbotene Geschäft ist nicht (z. B. wegen § 134 BGB) nichtig und nicht nach § 812 BGB rückabzuwickeln, sondern der GmbH ist ein entsprechender Wert zuzuführen, damit das Stammkapital wieder aufgefüllt wird.

Beispiel

Im letzten Beispiel ist daher auch der unterpreisige Grundstückskauf für 280.000 € wirksam. Die GmbH hat aber aus § 31 I GmbHG einen Anspruch gegen A auf Erstattung von 20.000 €.

Ähnlich wie bei ausstehenden Einlagen (§ 24 GmbHG) ist wiederum eine Ausfallhaftung der Mitgesellschafter vorgesehen (§ 31 III GmbHG). Das Gesetz begrenzt diese Haftung zwar – ebenso wie die Erstattungspflicht Gutgläubiger (§ 31 II GmbHG) – auf das zur Gläubigerbefriedigung Notwendige. In der Praxis werden Ansprüche aus § 31 GmbHG aber ohnehin meist erst in der Insolvenz der Gesellschaft geltend gemacht.

Eine weitere Sanktion ergibt sich daraus, dass an verbotenen Leistungen der GmbH meist die Geschäftsführung beteiligt ist. Die Geschäftsführung verletzt durch solche Leistungen ihre Pflichten aus § 43 GmbHG; Verstöße gegen § 30 GmbHG sind in Absatz 3 der Vorschrift besonders hervorgehoben. Daher haften die beteiligten Geschäftsführer der GmbH auf Schadensersatz.

Beispiel
Im letzten Beispiel muss A in seiner Eigenschaft als Gesellschafter die 20.000 € erstatten. In seiner Eigenschaft als Geschäftsführer ist er zudem nach § 43 II GmbHG schadensersatzpflichtig und muss auch weitere Einbußen kompensieren, wenn beispielsweise durch die zwischenzeitliche Unterkapitalisierung ein Geschäft geplatzt ist.

11.4.2.3 Grenzen der Kapitalerhaltung

Wie schon betont, geht es bei der Kapitalerhaltung nur um Auskehrungen zugunsten der Gesellschafter. Es wurde schon angedeutet, dass das Gesetz natürlich nicht verbieten kann, Verluste zu machen. Das GmbH-Vermögen dient in erster Linie als Betriebskapital und ist daher in vollem Umfang den allgemeinen unternehmerischen Risiken ausgesetzt. Das Stammkapital muss nicht etwa als Haftkapital stetig vorgehalten werden, sondern eine GmbH kann auch weiter wirtschaften, wenn ihr Vermögen weitgehend aufgezehrt ist. § 49 III GmbHG verlangt lediglich die Einberufung einer Gesellschafterversammlung, wenn die Hälfte des Stammkapitals verloren ist. Erst wenn die GmbH überschuldet oder zahlungsunfähig ist, ist nach § 15a InsO der unverzügliche Antrag auf Eröffnung des Insolvenzverfahrens vorgeschrieben.

Beispiel
Die A-B-C-GmbH (Stammkapital 25.000 €) hat nach dem ersten Geschäftsjahr noch 4000 €. Auskehrungen an Gesellschafter sind natürlich verboten, aber die Gesellschafter können den Betrieb ohne weiteres fortsetzen.

11.4.3 Gesellschafterdarlehen

Es hatte sich schon gezeigt, dass viele GmbH nur mit geringem Stammkapital wirtschaften. Die Gesellschafter kapitalisieren die GmbH dann häufig anderweitig, insbesondere durch Darlehen. Solche Darlehensverträge sind ebenso zulässig wie Kauf-, Miet- oder Dienstverträge zwischen Gesellschaftern und „ihrer" GmbH sonst auch. Es widerspricht aber der Finanzierungsverantwortung der Gesellschafter und erscheint als Spekulation auf Kosten der Gläubiger, wenn sie die GmbH mit Darlehen aufbauen und am Leben erhalten und Gewinne in vollem Umfang einstreichen aber sich im Fall des Scheiterns die Darlehen zurückgewähren und den „sonstigen" Gläubigern nur die Reste übriglassen. Daher enthalten §§ 39 I Nr. 5, IV, V, 135 InsO Sonderregeln, die solche Darlehen im Ergebnis fast wie Eigenkapital behandeln und nicht wie sonstiges, „normales" Fremdkapital.

11.4 • Das GmbH-Vermögen

Hintergrund
Die Regeln über die Haftung von Gesellschafterdarlehen hatten sich unter dem Stichwort „Eigenkapitalersatz" hauptsächlich in der GmbH-rechtlichen Rechtsprechung entwickelt, waren mit der GmbH-Reform 1980 normiert (§§ 32a, b GmbHG a. F.) und mit der GmbH-Reform 2008 grundlegend umgestaltet worden. Daher werden sie weiter im Zusammenhang des GmbH-Rechts dargestellt, obwohl sie auch für andere haftungsbeschränkende Gesellschaftsformen gelten.

11.4.3.1 Der Nachrang von Gesellschaftsdarlehen

Im Insolvenzverfahren gilt der Grundsatz der Gläubigergleichbehandlung. Nach Aussonderung der Gegenstände, die nicht der GmbH gehören, (§ 47 InsO) wird die Insolvenzmasse mit gleicher Quote auf die Gläubiger verteilt. § 39 InsO bestimmt demgegenüber, dass manche Forderungen nur nachrangig berichtigt werden. Dazu gehören nach § 39 I Nr. 5, IV 1 InsO auch die Gesellschafterdarlehen in der GmbH, AG, GmbH & Co. KG oder sonstigen Gesellschaft, in der kein Mensch persönlich haftender Gesellschafter ist. Da die Insolvenzmasse in aller Regel schon für die normalen Forderungen bei weitem nicht ausreicht (im Durchschnitt liegen die Deckungsquoten bei gerade einmal 3,5 %!) bedeutet das, dass diese Forderungen regelmäßig vollständig ausfallen: Die Gesellschafter müssen die Darlehen also – ebenso wie Eigenkapital – zur Befriedigung der anderen GmbH-Gläubiger zur Verfügung stellen. Wenn sie sich die Darlehen bereits kurz vor der Insolvenz haben zurückzahlen lassen, so sind sie erstattungspflichtig (§ 135 InsO).

Beispiel
Die A-B-C-GmbH benötigt dringend Investitionen, um aus der Verlustzone zu kommen, steht aber finanziell bereits so schlecht da, dass die Hausbank nicht bereit ist, den Kredit von 600.000 € aufzustocken. A, B und C gewähren der GmbH jeweils Darlehen in Höhe von 50.000 €. Auch die damit getätigten Investitionen können weitere Verluste und schließlich die Überschuldung nicht verhindern. In der Insolvenz werden die Darlehen wie Eigenkapital behandelt: Nach § 39 I Nr. 5, IV 1 InsO können A, B und C ihre Darlehensrückforderungen nur nachrangig geltend machen. Praktisch dienen die 150.000 € damit vorrangig der Befriedigung der Hausbank wie der übrigen Gläubiger. Auch eine Rückzahlung im letzten Jahr vor dem Insolvenzverfahren hätte A, B und C nicht geholfen, denn solche Rechtsgeschäfte sind nach § 135 I 2 InsO anfechtbar und müssen nach § 143 I InsO in die Insolvenzmasse zurückgewährt werden.

11.4.3.2 Die Privilegierung von Sanierern und Kleinanlegern

Der skizzierte Nachrang gilt in zwei Fällen nicht. § 39 IV 2 InsO enthält das sog. **Sanierungsprivileg**. Damit soll verhindert werden, dass Sanierungsbemühungen scheitern, weil neue Geldgeber die Haftung ihrer Darlehen befürchten.

Beispiel
In der Krise der A-B-C-GmbH sieht die Hausbank auch ihre bereits gegebenen Kredite gefährdet. Sie erwirbt eine Mehrheitsbeteiligung an der GmbH, bestimmt einen neuen Geschäftsführer und gewährt einen weiteren Kredit, um die nötigen Investitionen zu ermöglichen. Nach § 39 IV 2 InsO ist weder der alte noch der neue Kredit dem Nachrang unterworfen. Die Hausbank muss also nicht befürchten, sich in der Reihe der Gläubiger hinten anstellen zu müssen.

Nach § 39 V InsO gilt der Nachrang zudem nicht für bloße Anlagegesellschafter, die nicht Geschäftsführer sind und maximal mit 10 % am Stammkapital beteiligt sind. Dieses **Kleinanlegerprivileg** soll es der GmbH erleichtern, sich durch Kleinanleger zu finanzieren. Bloße Anlagegesellschafter werden nicht in gleicher Weise in die Finanzierungsverantwortung einbezogen wie wesentlich beteiligte und unternehmerisch engagierte Gesellschafter.

11.4.4 Kapitalerhöhung und -herabsetzung

Das Stammkapital ist – im Gegensatz zum Gesellschaftsvermögen – eine in der Satzung festgeschriebene und im Handelsregister eingetragene Größe, die aber nachträglich geändert werden kann.

11.4.4.1 Kapitalerhöhung

Die effektive Kapitalerhöhung ist in §§ 55–57b GmbHG geregelt und vollzieht sich in vier Schritten.

- Zur Erhöhung des Stammkapitals muss zunächst eine entsprechende Satzungsänderung beschlossen werden (§ 55 I GmbHG); diese bedarf wie auch sonst einer Dreiviertelmehrheit und einer notariellen Beurkundung (§ 53 GmbHG).
- Der einzelne Gesellschafter ist nicht zur Übernahme neuer Stammeinlagen verpflichtet, hat aber ein entsprechendes Bezugsrecht, um seine Beteiligungsquote zu halten. Die Übernahme – durch Alt- und/oder Neugesellschafter – geschieht durch einen Vertrag mit der GmbH, der ebenfalls der notariellen Form bedarf (§ 55 I GmbHG).
- Die Aufbringung des erhöhten Stammkapitals geschieht gemäß §§ 56–57b GmbHG nach den Gründungsvorschriften (▶ Abschn. 11.2.2.). Es erfolgt auch eine entsprechende registergerichtliche Prüfung.
- Mit der entsprechenden Eintragung in das Handelsregister wird die Kapitalerhöhung wirksam.

Daneben ist auch eine bloß nominelle Kapitalerhöhung möglich, die ohne Zuführung neuen Kapitals aus Gesellschaftsmitteln erfolgt (§§ 57c ff. GmbHG). Voraussetzung hierfür ist, dass die letzte Jahresbilanz oder eine spezielle Zwischenbilanz, die extern geprüft werden muss, die entsprechenden Rücklagen aufweist, die dann in Stammkapital umgewandelt werden (§§ 57d–57g GmbHG). Auf der Grundlage der Bilanz muss wiederum eine entsprechende Satzungsänderung beschlossen werden, die schließlich mit der Eintragung ins Handelsregister wirksam wird. Dabei erhöhen sich entweder die Nennbeträge der bestehenden Geschäftsanteile oder es werden neue Geschäftsanteile gebildet, die anteilig den Gesellschaftern zustehen (§§ 57h, 57j GmbHG). Zur Kapitalerhöhung aus Gesellschaftsmitteln bei der UG vgl. ▶ Abschn. 11.2.4.

11.4.4.2 Kapitalherabsetzung

Auch bei der Kapitalherabsetzung ist zwischen der effektiven und der nominellen zu unterscheiden. Hier wie dort geht es um die Verringerung des Stammkapitals, so dass die Interessen der Gesellschaftsgläubiger berücksichtigt werden müssen.

Nach § 58 GmbHG muss der Herabsetzungsbeschluss (Satzungsänderung) dreimal bekanntgemacht werden. Dabei sind die GmbH-Gläubiger aufzufordern, sich zu melden, und diejenigen, die sich melden und nicht zustimmen, sind zu befriedigen oder (z. B. durch Bankbürgschaft) sicherzustellen. Die Eintragung der Herabsetzung erfolgt erst nach einer einjährigen Wartefrist. Erst dann wird sie wirksam und freiwerdendes Kapital kann an die Gesellschafter ausgezahlt werden.

Die §§ 58a ff. GmbHG gestatten eine vereinfachte Kapitalherabsetzung zu **Sanierungszwecken**. Sie ist ohne dreifachen Gläubigeraufruf und Sperrjahr zulässig, darf aber nur erfolgen, wenn Gewinnvorträge vollständig und Rücklagen im Wesentlichen aufgelöst sind (§ 58a II GmbHG). Die freiwerdenden Beträge dürfen nur zur Verlustdeckung verwandt oder in eine Kapitalrücklage eingestellt werden (§ 58b GmbHG), und allgemein ist die Auskehrung von Gewinnen für fünf Jahre streng reglementiert (§ 58d GmbHG).

Beispiel

Das Vermögen der A-B-C-GmbH (Stammkapital 60.000 €) ist nach wenigen Jahren auf die Hälfte geschrumpft; offene Eigenkapitalposten bestehen nicht. A, B und C sind sich einig, dass das Stammkapital auf 30.000 € reduziert werden muss. Sie beschließen die entsprechende Satzungsänderung, lassen den Beschluss notariell beurkunden und die Kapitalherabsetzung in das Handelsregister eintragen. Da der GmbH kein Kapital verloren geht, sind Gläubigerbelange nur insoweit berührt, als nunmehr bilanziell eher Raum für Gewinnausschüttungen ist. Diese werden daher in § 58d GmbHG für fünf Jahre reglementiert: Zunächst muss (ähnlich wie allgemein im Aktienrecht) ein zusätzlicher „Sicherungsring" von 3000 € aufgebaut werden, und selbst dann kann die ersten beiden Jahre nur ein vierprozentiger Gewinnanteil ausgezahlt werden.

11.4.4.3 Der sanierende „Kapitalschnitt"

Die vereinfachte Kapitalherabsetzung zu Sanierungszwecken ist vor allem in Kombination mit einer effektiven Kapitalerhöhung wichtig. Ein solcher „Kapitalschnitt" ermöglicht die Aufnahme neuer Gesellschafter mit neuem Kapital, ohne dass diese an den Alt-Verlusten partizipieren und im Hinblick auf ihre Geschäftsanteile diskriminiert werden.

Beispiel
Das Vermögen der A-B-C-GmbH (Stammkapital 60.000 €) ist nach wenigen Jahren auf die Hälfte geschrumpft; D ist aber bereit, sich mit 30.000 € zu beteiligen. Bei einer entsprechenden effektiven Kapitalerhöhung ergäbe sich ein Stammkapital von 90.000 € mit einer Unterbilanz von 30.000 € (Gewinnverteilungssperre!) und einer Drittelbeteiligung des D. Wird zuvor eine nominelle Kapitalherabsetzung vorgenommen, führt der Kapitalschnitt zu einem Stammkapital von 60.000 €, zu einem Ausgleich der Unterbilanz und zu einer hälftigen Beteiligung des D.

11.5 Außenverhältnis

Fragen des Außenverhältnisses betreffen wiederum insbesondere die Vertretungs- und Haftungsregelungen.

11.5.1 Vertretung

Die GmbH wird durch die Geschäftsführung vertreten (§ 35 I GmbHG). Eine mehrköpfige Geschäftsführung hat im Zweifel nur Gesamtvertretungsmacht (§ 35 II 2, 3 GmbHG). Die Geschäftsführer haben nach § 37 I GmbHG auch im Hinblick auf die Befugnis zur Vertretung intern Beschränkungen der Gesellschafter einzuhalten. Nach außen haben solche Beschränkungen aber nach § 37 II GmbHG keine Wirkung. Die **organschaftliche Vertretungsmacht** der Geschäftsführer ist also ganz ähnlich wie die Vertretungsmacht der Prokuristen (vgl. § 50 I HGB) im Interesse des Verkehrsschutzes nach außen hin festgeschrieben. Grenzen bilden wiederum lediglich die Grundsätze vom Missbrauch der Vertretungsmacht.

Die GmbH wird durch die Rechtsgeschäfte, die die Geschäftsführung in ihrem Namen abschließt, als juristische Person berechtigt und verpflichtet. Das gilt auch, wenn die Zeichnungsvorschrift des § 35 III GmbHG nicht beachtet ist oder die in § 35a GmbHG geforderten Angaben auf Geschäftsbriefen nicht gemacht sind.

11.5.2 Haftung

Die GmbH haftet selbst als Vertragspartnerin auf Erfüllung und für Vertragsverletzungen. Zu Schadensersatz verpflichtendes Verhalten ihrer Organe wird ihr analog § 31 BGB zugerechnet, sie selbst kann Kfz-Halterin, Steuerschuldnerin usw. sein (▶ Abschn. 8.5.2.1).

Nach § 13 II GmbHG haftet für GmbH-Verbindlichkeiten nur das **Gesellschaftsvermögen** (das wesentlich größer oder kleiner sein kann als das Stammkapital). Die Gesellschafter haften für die GmbH-Verbindlichkeiten also nicht. Diese beschränkte Haftung war Sachgrund für die Schaffung der Rechtsform und sie gab ihr ihren Namen. Das entspricht der Haftungssituation in der AG.

Ebenso wie bei der Geschäftsführerhaftung kann sich zwar eine Gesellschafterhaftung aus besonderen Rechtsgründen ergeben; grundsätzlich beschränkt sich das unternehmerische Risiko aber auf das GmbH-Vermögen.

Beispiel
A hat für seine Holzschutzfarben-Produktion die Rechtsform der GmbH gewählt. Das Stammkapital von 25.000 € ist bis auf 5000 € aufgezehrt, als sich ein Produktfehler mit erheblichen Gesundheitsgefahren herausstellt und Schadensersatzsummen von 3–5 Mio. € auf das Unternehmen zukommen. Sofern A nicht wegen eines persönlichen Fehlverhaltens nach § 823 I BGB haftet, bleibt es bei der Haftung der GmbH nach § 1 ProdHaftG. Hierfür haftet nach § 13 II GmbHG nur das GmbH-Vermögen, das sich auf 5000 € beläuft. Im Übrigen fallen die Produktgeschädigten mit ihren Forderungen aus, sofern die Gesellschaft nicht haftpflichtversichert ist.

Selbstverständlich reagieren gerade die starken Vertragsgläubiger auf dieses Risiko, indem sie Kreditsicherheiten auch über das GmbH-Vermögen hinaus verlangen. Insbesondere Banken machen eine Kreditvergabe sehr häufig von Bürgschaften oder Schuldbeitritten der Gesellschafter, Grundpfandrechten an Privatgrundstücken, der Verpfändung des privaten Wertpapierdepots usw. abhängig und machen so die beschränkte Haftung in der Praxis weitgehend doch zur Illusion.

11.6 Gesellschafterwechsel

Ähnlich wie das Aktienrecht bestimmt § 15 I GmbHG, dass die Geschäftsanteile der Gesellschafter veräußert und vererbt werden können. Die Übertragung von Geschäftsanteilen erfolgt, wie allgemein die Übertragung von Rechten (§ 413 BGB), durch einen **Abtretungsvertrag** zwischen Veräußerer und Erwerber (§ 398 BGB). Dieser Vertrag muss auch hier streng vom zugrundeliegenden Verpflichtungsgeschäft, z. B. Kauf (dazu § 15 II GmbHG) unterschieden werden. Auch der Abtretungsvertrag bedarf nach

§ 15 III GmbHG der notariellen Form. Der Gesellschafterwechsel vollzieht sich also durch einen notariellen Abtretungsvertrag, ohne dass die GmbH oder Mitgesellschafter daran beteiligt wären. Der Erwerb ist allerdings der GmbH anzumelden (§ 16 I GmbHG), und die Geschäftsführung hat eine aktualisierte Gesellschafterliste beim Registergericht einzureichen (§ 40 GmbHG).

Der Gesellschafterwechsel vollzieht sich damit nach dem Gesetz wesentlich einfacher als bei der Personengesellschaft aber durch das Formerfordernis doch deutlich schwergängiger als bei der Aktiengesellschaft. Für den typischen Fall der mitunternehmerischen Zwei- oder Dreipersonen-GmbH passt diese Regelung freilich häufig schlecht, da die übrigen Gesellschafter ein wesentliches Interesse daran haben, wer ihr Mitgesellschafter ist. Daher weist § 15 V GmbHG darauf hin, dass die Abtretung auch von weiteren Voraussetzungen, insbesondere der Zustimmung der Gesellschaft, abhängig gemacht werden kann. Solche Bindungen der Geschäftsanteile (**Vinkulierungen**) finden sich in der Praxis häufig.

Hintergrund
Bei der BGB-Gesellschaft ist genau umgekehrt grundsätzlich ein einstimmiger Beschluss nötig; Gesellschaftsverträge sehen aber auch hier vielfach Abweichendes vor. Im Ergebnis sind in der Praxis daher häufig sehr ähnliche Regelungen zu finden. Der gesetzliche Ausgangspunkt ist aber ein genau entgegengesetzter, und darin zeigt sich noch einmal der grundsätzliche Unterschied zwischen Personengesellschaft und Körperschaft.

11.7 Beendigung der GmbH

Bei der Beendigung der GmbH sind wiederum zwei Konstellationen zu unterscheiden: Die Insolvenz und die sonstige Beendigung.

GmbH-Insolvenzen kommen schon wegen der weiten Verbreitung der Rechtsform recht häufig vor. Die Insolvenzzahlen sind aber zudem überproportional hoch. Die GmbH ist eine besonders insolvenzanfällige Gesellschaftsform, so dass es sich leicht erklärt, warum Kreditsicherheiten aus dem Gesellschaftervermögen gerade bei der GmbH eine besondere Rolle spielten. Auch die Verpflichtung der Geschäftsführung zur Stellung des Insolvenzantrags nach § 15a InsO und die darum rankenden Haftungsprobleme sowie die meist in der Insolvenz auftretenden Fragen nach Verstößen gegen Kapitalerhaltungsregeln und dem Nachrang von Gesellschafterdarlehen nehmen in der Praxis einen recht breiten Raum ein.

Im Fall der Insolvenz der GmbH findet auf Antrag der Geschäftsführung oder eines Gläubigers ein Insolvenzverfahren statt, sofern es nicht mangels Masse abgewiesen wird. Das Verfahren richtet sich nach der Insolvenzordnung (InsO). Wird kein Insolvenzverfahren durchgeführt, greifen die allgemeinen Liquidationsregeln (vgl. § 60 I Nr. 5 GmbHG).

Die **Auflösung** der GmbH erfolgt aus den in § 60 GmbHG angeführten oder in der Satzung bestimmten Gründen (insb. mit Zeitablauf und Auflösungsbeschluss mit Dreiviertelmehrheit) und führt in das Liquidationsstadium. Nach § 61 GmbHG kann auch eine Minderheit von Gesellschaftern Auflösungsklage erheben, wenn ein wichtiger Grund vorliegt.

In der **Liquidation** bereinigen die Liquidatoren (i. d. R. die Geschäftsführer) die Vermögenssituation der GmbH und verteilen – nach einjähriger Sperrfrist – etwaiges GmbH-Vermögen. Schließlich ist das Erlöschen der GmbH-Firma im Handelsregister einzutragen.

11.8 Lern-Kontrolle

Kurz und bündig

Die GmbH ist juristische Person, Kapitalgesellschaft und immer Handelsgesellschaft. Wichtigste Gründungsstationen sind: Satzung, Kapitalaufbringung, Eintragung. Mit der Feststellung der Satzung entsteht bereits die Vor-GmbH (noch ohne Haftungsbeschränkung!). Die Kapitalausstattung geschieht durch Bareinlagen (auch ausstehende) und Sacheinlagen. Das Stammkapital ist Nenngröße für die Kapitalerhaltung: Leistungen an Gesellschafter, die das Stammkapital angreifen oder schmälern sind verboten und führen zu Rückgewähr- und Schadensersatzansprüchen (§§ 30, 31, 43 GmbHG).

Oberstes Organ in der GmbH ist die Gesellschafterversammlung, die die Geschäftsführung beruft, kontrolliert und abberuft, alle grundlegenden Entscheidungen trifft und der Geschäftsführung bindende Weisungen erteilen kann (§ 37 GmbHG).

Die GmbH wird durch die Geschäftsführung vertreten (§ 35 GmbHG). Für Verbindlichkeiten der GmbH haftet nur das GmbH-Vermögen (§ 13 II GmbHG).

❓ Let's check

1. Kann eine GmbH auch durch eine Einzelperson oder eine Aktiengesellschaft und auch zu einem nichtgewerblichen Zweck gegründet werden?
2. Welches ist die nötige Form, welches der notwendige Inhalt einer GmbH-Satzung?
3. Beschreiben Sie die Vertretungs- und Haftungsverhältnisse in der Vor-GmbH.
4. Was sind Stammeinlagen, was ausstehende Auslagen?
5. Sind GmbH-Gesellschafter nachschusspflichtig?
6. Aus welchen Vorschriften ergibt sich die Möglichkeit der Gesellschafter, ihre eigenen Kompetenzen zu erweitern oder einzuschränken und der Geschäftsführung verbindliche Weisungen zu erteilen?
7. Beschreiben Sie den Zusammenhang zwischen Kapitalerhaltungsregeln und Geschäftsführerhaftung in der GmbH.
8. Erläutern Sie den Nachrang von Gesellschafterdarlehen gemäß § 39 I Nr. 5 InsO.

Vernetzende Aufgaben
1. Vergleichen Sie die Vertretungs- und Geschäftsführungsbefugnisse der GmbH-Geschäftsführer mit denen der AG-Vorstände.
2. Gibt es im Aktienrecht eine § 45 GmbHG entsprechende Vorschrift?

Lesen und Vertiefen
- Kindler, P. (2016). *Grundkurs Handels- und Gesellschaftsrecht*. München: C.H. Beck, §§ 14 ff.
- Windbichler, C. (2017). *Gesellschaftsrecht*. München: C.H. Beck, §§ 20 ff.
- Schmidt, K. (2018). *Gesellschaftsrecht – Unternehmensrecht II*. Köln: Carl Heymanns Verlag, §§ 33 ff.
- Lange, K. W. (2016a). Grundzüge des Rechts der GmbH. *JURA*, 117–124.
- Odemer, H. (2016). Grundfälle zur gesellschaftsrechtlichen Haftung natürlicher Personen im Privatrecht. *JuS*, 203–208.
- Gellings, M. (2012). Inanspruchnahme eines Gesellschafters: Innenregress und Gesamtschuldnerausgleich. *JuS*, 589–593.
- Hucke, A., & Holfter, M. (2010). Die Unternehmergesellschaft (haftungsbeschränkt) – eine echte Alternative für Unternehmensgründer. *JuS*, 861–864.

Die GmbH & Co. KG

Justus Meyer

12.1 Erscheinungsformen und Bedeutung – 172

12.2 Gründung – 174

12.3 Innenverhältnis – 174

12.4 Das Vermögen der GmbH & Co. KG – 175
12.4.1 Kapitalisierung der GmbH & Co. KG – 175
12.4.2 Gewinn- und Verlustverteilung sowie Entnahmen – 176

12.5 Außenverhältnis – 176
12.5.1 Vertretung – 176
12.5.2 Haftung – 177

12.6 Gesellschafterwechsel – 177

12.7 Auflösung und Beendigung der GmbH & Co. KG – 178

12.8 Lern-Kontrolle – 178

© Springer Fachmedien Wiesbaden GmbH, ein Teil von Springer Nature 2018
J. Meyer, *Wirtschaftsrecht: Handels- und Gesellschaftsrecht*, Studienwissen kompakt,
https://doi.org/10.1007/978-3-658-19983-8_12

> **Lern-Agenda**
> Nachdem bereits die „klassischen" Personengesellschaften und für die Kapitalgesellschaften die GmbH besprochen wurden, soll im nachfolgenden die GmbH & Co. KG stellvertretend für andere Kombinationsformen von Gesellschaften dargestellt werden. Diese Kombinationen sind in der Praxis durchaus gängig und sollen die Schwächen der einzelnen Unternehmensformen ausgleichen und die Vorteile miteinander verbinden.
>
> Hierfür wird an den jeweiligen Stellen auch auf die Ausführungen zu den Grundformen der Gesellschaft verwiesen, so dass auch dieses Kapitel der bisherigen Aufteilung folgt. Gleichzeitig wird dieses Kapitel damit zum „Repetitorium".
>
> **Die GmbH & Co. KG**
>
> | | | |
> |---|---|---|
> | Grundlegende Information zur Gesellschaftsform sowie der Gründungsprozess und dessen Besonderheiten | Begriff, Erscheinungsform, Bedeutung und Gründung | ▶ Abschn. 12.1, ▶ Abschn. 12.2 |
> | Rechte und Pflichten der Gesellschafter untereinander | Innenverhältnis | ▶ Abschn. 12.3 |
> | Kapitalisierung, außerdem Gewinn- und Verlustverteilung sowie Entnahmen | Vermögen | ▶ Abschn. 12.4 |
> | Ausführung zur Vertretung und Haftung der GmbH & Co. KG | Außenverhältnis | ▶ Abschn. 12.5 |
> | Wechsel der Gesellschafter sowie die Auflösung und Beendigung | Gesellschafterwechsel und Beendigung | ▶ Abschn. 12.6, ▶ Abschn. 12.7 |

12.1 Erscheinungsformen und Bedeutung

Die GmbH & Co. KG ist eine Sonderform der KG, bei der regelmäßig eine GmbH die Rolle des einzigen haftenden Gesellschafters (Komplementärs) übernimmt. Es handelt sich also um eine Kombinationsform, die hier stellvertretend auch für andere behandelt wird.

Beispiel
Die Komplementärrolle kann auch eine andere Kapitalgesellschaft oder eine Stiftung übernehmen (AG & Co. KG, Stiftung & Co. KG). Auch kann eine GmbH & Co. KG ihrerseits Kom-

12.1 · Erscheinungsformen und Bedeutung

plementärin in einer weiteren KG sein (sog. doppelstöckige GmbH & Co. KG). Vergleichbare Kombinationen ergeben sich, wenn mehrere Kapitalgesellschaften OHG-Gesellschafter sind (GmbH & Co. OHG, AG & Co. OHG usw.). Vom Zusammenschluss mehrerer Kapitalgesellschaften zu einer BGB-Gesellschaft (z. B. Emissionskonsortium) war schon die Rede.

Die GmbH & Co. KG verbindet Vorteile der GmbH (insbesondere die Haftungsbeschränkung) mit Vorteilen der KG (insbesondere der freieren Kapitalisierung, Anteilsübertragung usw.) und wird daher vielfach als besonders gelungene und flexible Gesellschaftsform gerühmt. Umgekehrt wird sie aber auch als rechtspolitisch bedenkliche Verrenkung des KG-Rechts gesehen, die nach dem Sündenfall ihrer Anerkennung zu zahlreichen Problemen und Sondernormen (z. B. §§ 19 II, 177a, 264a ff. HGB) geführt hat. Ungeachtet dessen ist sie längst anerkannt, die Sondernormen haben das gesetzlich bestätigt und die wichtigsten Probleme entschärft. Die Gestaltungspraxis gebraucht die Kombinationsform in vielfältiger Weise.

Beispiel
In der A-KG ist A nicht mehr bereit, die persönliche Haftung zu übernehmen. Die Gesellschafter gründen eine GmbH und ändern den KG-Vertrag dahingehend, dass die GmbH Komplementärin wird und A Kommanditist. Damit ist gleichzeitig das Problem der Sterblichkeit des Komplementärs gelöst.
In der A-B-C-GmbH werden Überlegungen über eine Kapitalerhöhung verworfen, da das spätere Gewinnauszahlungen erschwert. A, B und C können der GmbH zwar auch Darlehenskapital zuführen, möchten aber, dass sich die Mitgliedschaftsrechte mit dem Kapitalgewicht verschieben und wollen zudem den D gewinnen, der sich mit einer Position als bloßer Darlehensgeber nicht zufriedengibt. Daher gründen sie mit D eine KG, an der die GmbH als Komplementärin und A, B, C und D als Kommanditisten beteiligt sind.

Neben den gesellschaftsrechtlichen Erwägungen spielen auch steuerliche immer noch eine Rolle, auch wenn sie häufig nicht mehr Hauptmotiv der Gestaltung sind.

Hintergrund
Ursprünglich war die GmbH & Co. KG nach Schaffung der Körperschaftsteuer zur Umgehung der damit entstandenen Doppelbesteuerung geschaffen worden: Die Gewinne der GmbH unterliegen der Körperschaftsteuer und die ausgekehrten Gewinne bei den Gesellschaftern der Einkommensteuer. Diese Doppelbesteuerung sollte umgangen werden, indem Gewinne nicht mehr bei der GmbH, sondern bei der (nicht körperschaftsteuerpflichtigen) KG anfallen. Durch das zwischenzeitlich eingeführte Anrechnungsverfahren bei der Einkommensteuer fällt dieses Motiv weg. Die Gewinnverlagerung kann aber dennoch unter Umständen zu Steuervorteilen führen.

Insgesamt macht die GmbH & Co. KG den größten Teil aller Kommanditgesellschaften aus (▶ Abschn. 7.2). Sie findet sich in klein- und mittelständischen Verhältnissen mehr als bei Großunternehmen, teils schon bei Familiengesellschaften und bei den meisten Publikumsgesellschaften.

Für die GmbH & Co. KG sind zwar, wie gesehen, einzelne Sonderregelungen geschaffen worden. Ansonsten findet grundsätzlich zunächst das KG-Recht Anwendung und im Hinblick auf die Komplementärin das GmbH-Recht.

12.2 Gründung

In den obigen Beispielen entstand eine GmbH & Co. KG durch Umstrukturierung eines bereits vorhandenen Unternehmens in KG- oder GmbH-Form. Für eine Gründung „auf der grünen Wiese" ist zunächst eine GmbH-Gründung nach den allgemeinen Regeln erforderlich. Die GmbH kann nun (auch im Stadium der Vorgesellschaft) mit einem oder mehreren Kommanditisten einen KG-Vertrag schließen. Damit ist die GmbH & Co. KG im Innenverhältnis entstanden. Für das Außenverhältnis gelten §§ 123, 161 II HGB. Für die Firma der GmbH & Co. KG schreibt § 19 II HGB allerdings einen entsprechenden Rechtsformzusatz vor. All das kann auch durch eine Einzelperson bewirkt werden.

Beispiel

A entschließt sich zur Gründung einer kaufmännischen Buchhandlung. Er gründet eine Einpersonen-GmbH, deren Alleingesellschafter-Geschäftsführer er wird. Diese GmbH schließt nun (vertreten durch Geschäftsführer A, § 35 GmbHG) mit A einen KG-Vertrag, wonach die GmbH Komplementärin wird und A Kommanditist (§§ 181 BGB, 35 IV GmbHG sind wegen der in § 181 BGB vorgesehenen Gestattungsmöglichkeit praktisch keine Hürde). Leistet A seine Stammeinlagen und seine Kommanditeinlage und werden beide Gesellschaften ordnungsgemäß eingetragen, so regiert A eine Personengesellschaft, ohne persönlich für Gesellschaftsverbindlichkeiten zu haften.

12.3 Innenverhältnis

Die Rechte und Pflichten innerhalb der KG richten sich gemäß § 163 HGB in erster Linie nach dem Gesellschaftsvertrag. Insbesondere können die Rechte der Kommanditisten z. B. in der Publikums-KG noch eingeschränkt und mit einem Mehrheitsprinzip verbunden werden. Schon ohne abweichenden Gesellschaftsvertrag liegt die laufende Geschäftsführung in den Händen der GmbH als Komplementärin (§§ 114 ff., 161 II, 164 HGB), und der Gesellschaftsvertrag kann Kommanditisten auch (in Abweichung von §§ 116 II, 164 S. 1 HGB) von der Entscheidung über außergewöhnliche Geschäftsführungsmaßnahmen ausschließen.

Auch für das Innenverhältnis der GmbH herrscht weitgehende Satzungsfreiheit. Oberstes Organ sind die Gesellschafter, die der Geschäftsführung bis hin zu Einzelfragen verbindliche Weisungen erteilen können. Die laufende Geschäftsführung obliegt aber regelmäßig der GmbH-Geschäftsführung, die damit mittelbar auch die KG-Geschäftsführung bestimmt.

Beispiel
In der A-Buchhandelsgesellschaft mbH & Co. KG ist Ex-Komplementär A Alleingesellschafter und Geschäftsführer der A-Buchhandelsverwaltungsgesellschaft mbH. B, C und D sind Kommanditisten. Über die Fragen der laufenden Geschäftsführung (von der Bücherbestellung bis zu üblichen Personalfragen) entscheidet A indirekt allein, da die Entscheidungsbefugnisse nach §§ 114, 116 I, 161 II, 164 HGB bei der GmbH liegen und er hier als Alleingesellschafter wie als Geschäftsführer entscheiden kann. Darüber hinausgehende Fragen sind nach §§ 116 II, 164 HGB in der KG zu entscheiden und zwar grundsätzlich durch einstimmigen Beschluss (§§ 119, 161 II HGB).
Sind dagegen B, C und D auch zu je 20 % an der GmbH beteiligt, so können sie auch in der laufenden Geschäftsführung den A als Gesellschafter überstimmen (§ 47 I, II GmbHG) und ihm als Geschäftsführer nach § 37 I GmbHG Weisungen erteilen.

12.4 Das Vermögen der GmbH & Co. KG

12.4.1 Kapitalisierung der GmbH & Co. KG

In der GmbH & Co. KG hat die Komplementär-GmbH als juristische Person ihr Gesellschaftsvermögen. Insoweit gelten die allgemeinen Regeln der Kapitalaufbringung und -erhaltung. In der deutlichen Mehrzahl der Fälle ist die GmbH – ihrer begrenzten Funktion entsprechend – nur mit dem Mindeststammkapital ausgestattet. Die Verteilung der Stammeinlagen erfolgt oft im Hinblick auf die dadurch vermittelten Stimmrechte (vgl. die letzten Beispiele) und entspricht vielfach dem Verhältnis der Kommanditisten-Einlagen.

Das KG-Vermögen ist der KG als rechtsfähiger Personengesellschaft zugeordnet. Da die Geschäfte der GmbH & Co. KG regelmäßig in ihrem Namen, also im Namen der KG, gemacht werden, entfallen Gewinne wie Verluste auf die KG (so dass Gewinne nicht der Körperschaftsteuer unterfallen).

Das Eigenkapital der GmbH & Co. KG besteht aus der Einlage der Komplementär-GmbH und den Einlagen der Kommanditisten. Eine Einlage der Komplementär-GmbH ist nicht zwingend, und auch die Höhe der Einlagen der Kommanditisten kann im Gesellschaftsvertrag frei bestimmt werden. Für Gesellschafterdarlehen gelten auch hier §§ 39, 44a, 135 InsO.

12.4.2 Gewinn- und Verlustverteilung sowie Entnahmen

Für die Gewinn- und Verlustverteilung ist vor allem die Gestaltungsfreiheit der §§ 120 ff., 167 f. HGB maßgeblich, da Gewinne und Verluste in der Regel bei der KG anfallen. Die Verteilung kann daher im Gesellschaftsvertrag unter dem Gesichtspunkt steuerlicher Optimierung erfolgen. Auch über Entnahmen können die Gesellschafter frei entscheiden; sie sind nach § 172 IV HGB allenfalls in Höhe des Betrags der eingetragenen Einlagen haftungsschädlich. Insoweit kann aber das für die GmbH geltende Kapitalerhaltungsrecht eine Grenze setzen.

Beispiel
In der A-GmbH & Co. KG ist A Alleingesellschafter-Geschäftsführer der Komplementärs-KG und B Kommanditist. Das Stammkapital der GmbH (25.000 €) ist als Komplementär-Einlage eingebracht, die Kommanditeinlage des B beträgt 10.000 €; weiteres Vermögen haben die KG und die GmbH nicht. Zahlt die KG dem B 5000 € aus, so lebt insoweit seine persönliche Haftung wieder auf. Zahlt die KG 30.000 € an B aus, so ist das mit KG-Recht vereinbar, da das KG-Vermögen nicht gebunden ist; die Haftung des B lebt nur i. H. v. 10.000 € wieder auf. Da mit der Auszahlung indirekt aber auch das GmbH-Stammkapital angegriffen wird, wendet die Rechtsprechung §§ 30, 31 GmbHG analog an. Danach war die Zahlung i. H. v. 30.000 € analog § 30 GmbHG verboten und die KG hat analog § 31 GmbHG einen Rückzahlungsanspruch gegen B. Hinzu kommt eine Schadensersatzpflicht des A nach § 43 GmbHG, da er als GmbH-Geschäftsführer an dem Verstoß mitgewirkt hat.

12.5 Außenverhältnis

Das Außenverhältnis der GmbH & Co. KG ist wesentlich durch das Nebeneinander von KG- und GmbH-Recht geprägt.

12.5.1 Vertretung

Gesetzliches Vertretungsorgan der GmbH & Co. KG ist nach §§ 125 ff., 161 II HGB die Komplementär-GmbH. Diese wird wiederum gemäß § 35 GmbHG durch ihre Geschäftsführung vertreten. Im Ergebnis tätigt also der GmbH-Geschäftsführer die Rechtsgeschäfte im Namen der GmbH & Co. KG. Bevollmächtigungen sind darüber hinaus natürlich möglich.

Beispiel
In der A-GmbH & Co. KG ist A Alleingesellschafter und Geschäftsführer der GmbH. B, C und D sind Kommanditisten. A ist Vertreter der GmbH die wiederum die KG vertritt. A kann daher

im Namen der A-GmbH & Co. KG Bücher bestellen, einen Auszubildenden einstellen und nach §§ 126, 161 HGB auch außergewöhnliche Geschäfte abschließen. Nur die Ausführung von Grundlagenentscheidungen sind von seiner Vertretungsmacht nicht gedeckt.

12.5.2 Haftung

Die GmbH & Co. KG haftet zunächst für ihre Verbindlichkeiten selbst (im letzten Beispiel als Käuferin, Arbeitgeberin usw.). Daneben haftet die Komplementär-GmbH nach §§ 128 f., 161 HGB unmittelbar und unbeschränkt für die KG-Verbindlichkeiten. Für die daraus resultierenden und sonstigen GmbH-Verbindlichkeiten haftet nach § 13 II GmbHG den Gläubigern aber nur das GmbH-Vermögen.

Für die Haftung der Kommanditisten gelten die §§ 171–176 HGB. Danach haften sie im Normalfall (sie sind eingetragen, die vereinbarten Einlagen sind eingetragen, entsprechend geleistet und nicht zurückgewährt) persönlich nicht.

Insgesamt vermittelt die GmbH & Co. KG damit im Normalfall eine allseitige Haftungsbeschränkung; ihre Gläubiger können nur auf das GmbH- und das KG-Vermögen zugreifen, sofern sie sich nicht gesondert absichern.

Beispiel
A gründet mit 25.000 € Barvermögen eine Einpersonen-GmbH, schließt einen KG-Vertrag und beteiligt sich mit 1 € als Kommanditist an der A-GmbH & Co. KG. Solange die KG keine Gewinne erwirtschaftet, haftet den Gläubigern nur dieses Vermögen. Einen größeren Kredit wird die S-Bank an die GmbH & Co. KG im Zweifel aber allenfalls vergeben, wenn sich A insoweit verbürgt.

12.6 Gesellschafterwechsel

Ein Gesellschafterwechsel ist für die Komplementär-GmbH praktisch uninteressant. Für den Eintritt oder Austritt eines Kommanditisten sowie die Übertragung von Kommanditanteilen ergeben sich aber die oben beschriebenen Möglichkeiten (▶ Abschn. 10.6). Sie sind ebenso wie die Erhöhung oder Verringerung von Einlagen ohne notarielle Beurkundung möglich, so dass nur die Kosten der Handelsregistereintragung hinzukommen. Gerade diese Flexibilität bildet in Kombination mit der Haftungsbeschränkung einen wesentlichen Vorteil der Rechtsform.

12.7 Auflösung und Beendigung der GmbH & Co. KG

Die Auflösung und Beendigung der GmbH & Co. KG erfolgt nach §§ 131 ff. HGB i. V. m. § 161 II HGB sowie den §§ 60 ff. GmbHG. Auch hier zeigt sich noch einmal die Flexibilität des KG-Rechts, da insoweit ein anderes Abwicklungsverfahren gewählt werden kann (§ 158 HGB).

Ein Grundgedanke des GmbH-Rechts setzt sich allerdings durch: Im Fall der Insolvenz der GmbH & Co. KG hat die GmbH-Geschäftsführung die Eröffnung des Insolvenzverfahrens zu beantragen (§ 15a InsO); anderenfalls machen sie sich der Gesellschaft nach §§ 130a II, 177a HGB und Dritten gegenüber nach § 823 II BGB schadensersatzpflichtig. Wegen der praktisch allseitigen Haftungsbeschränkung duldet das Gesetz das Weiterwirtschaften einer insolventen GmbH & Co. KG ebenso wenig wie das einer insolventen GmbH.

12.8 Lern-Kontrolle

Kurz und bündig
Die GmbH & Co. KG kombiniert die Vorteile der Kapitalgesellschaft (insbesondere Haftungsbeschränkung) mit denen der Personengesellschaft (insbesondere freiere Kapitalisierung und Anteilsübertragung) und liefert teils steuerpolitische Vorteile. Für die KG gilt grundsätzlich KG-Recht (§§ 161 ff. mit §§ 105 ff. HGB) und für die Komplementärin GmbH-Recht. Die Vertretung erfolgt letztlich durch den GmbH-Geschäftsführer (§§ 125, 161 II, 170 HGB, § 35 GmbH-Gesetz). Auch für die laufenden Geschäfte ist die GmbH-Geschäftsführung zuständig (§§ 114, 161 II, 164 HGB). Für Verbindlichkeiten der GmbH & Co. KG haftet die KG, daneben die GmbH (§§ 128, 161 II HGB), nicht die GmbH-Gesellschafter (§ 13 II HGB) und normalerweise nicht die Kommanditisten (§ 171 HGB).

❓ Let's check
1. Wozu wurde die GmbH & Co. KG „erfunden", wozu wird sie heute vor allem genutzt?
2. Ist die Gründung einer GmbH & Co. KG teurer als die einer GmbH oder klassischen KG?
3. Wer vertritt die GmbH & Co. KG?
4. Beschreiben Sie die Geschäftsführungsbefugnisse in der GmbH & Co. KG.
5. A verfügt über ein Barvermögen von 14.000 €. Kann er allein eine GmbH & Co. KG gründen?

12.8 · Lern-Kontrolle

? Vernetzende Aufgaben
1. Wird die GmbH & Co. KG bilanzrechtlich als Personengesellschaft oder Kapitalgesellschaft behandelt?
2. Gibt es Kombinationsformen wie die GmbH & Co. KG auch in anderen europäischen Staaten?

i Lesen und Vertiefen
- Windbichler, C. (2017). *Gesellschaftsrecht*. München: C.H. Beck, § 35.
- Schmidt, K. (2018). *Gesellschaftsrecht – Unternehmensrecht II*. Köln: Carl Heymanns Verlag, § 56.
- Lange, K. W. (2016). Sonderformen der KG. *JURA*, 225–231.

Serviceteil

Tipps fürs Studium und fürs Lernen – 182

Literatur – 187

Der Abschnitt „Tipps fürs Studium und fürs Lernen" wurde von Andrea Hüttmann verfasst.

© Springer Fachmedien Wiesbaden GmbH, ein Teil von Springer Nature 2018
J. Meyer, *Wirtschaftsrecht: Handels- und Gesellschaftsrecht*, Studienwissen kompakt,
https://doi.org/10.1007/978-3-658-19983-8

Tipps fürs Studium und fürs Lernen

- **Studieren Sie!**

Studieren erfordert ein anderes Lernen, als Sie es aus der Schule kennen. Studieren bedeutet, in Materie abzutauchen, sich intensiv mit Sachverhalten auseinanderzusetzen, Dinge in der Tiefe zu durchdringen. Studieren bedeutet auch, Eigeninitiative zu übernehmen, selbstständig zu arbeiten, sich autonom Ziele zu setzen, anstatt auf konkrete Arbeitsaufträge zu warten. Ein Studium erfolgreich abzuschließen erfordert die Fähigkeit, der Lebensphase und der Institution angemessene effektive Verhaltensweisen zu entwickeln – hierzu gehören u. a. funktionierende Lern- und Prüfungsstrategien, ein gelungenes Zeitmanagement, eine gesunde Portion Mut und viel pro-aktiver Gestaltungswille. Im Folgenden finden Sie einige erfolgsprobte Tipps, die Ihnen beim Studieren Orientierung geben, einen grafischen Überblick dazu zeigt ◘ Abb. A.1.

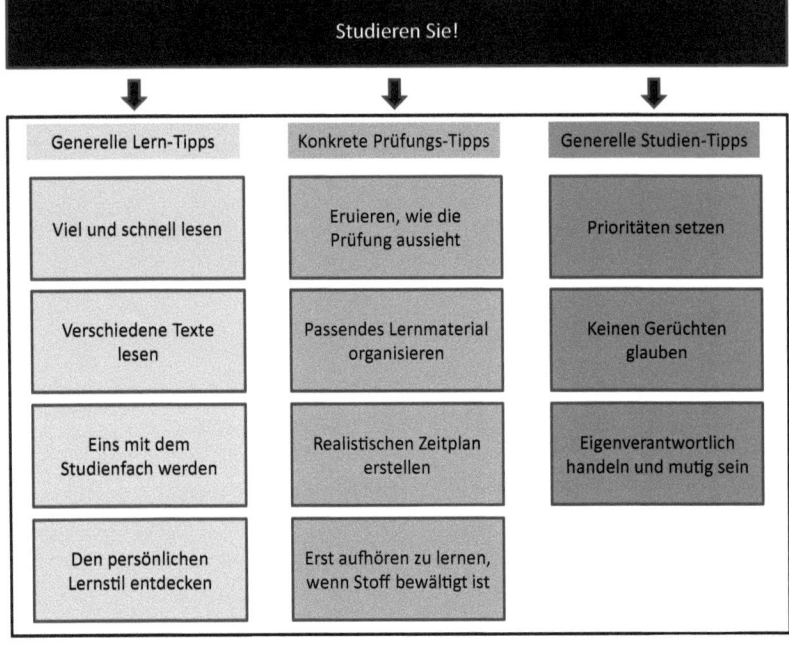

◘ Abb. A.1 Tipps im Überblick

Tipps fürs Studium und fürs Lernen

Lesen Sie viel und schnell

Studieren bedeutet, wie oben beschrieben, in Materie abzutauchen. Dies gelingt uns am besten, indem wir zunächst einfach nur viel lesen. Von der Lernmethode – lesen, unterstreichen, heraus schreiben – wie wir sie meist in der Schule praktizieren, müssen wir uns im Studium verabschieden. Sie dauert zu lange und raubt uns kostbare Zeit, die wir besser in Lesen investieren sollten. Selbstverständlich macht es Sinn, sich hier und da Dinge zu notieren oder mit anderen zu diskutieren. Das systematische Verfassen von eigenen Text-Abschriften aber ist im Studium – zumindest flächendeckend – keine empfehlenswerte Methode mehr. Mehr und schneller lesen schon eher …

Werden Sie eins mit Ihrem Studienfach

Jenseits allen Pragmatismus sollten wir uns als Studierende eines Faches – in der Summe – zutiefst für dieses interessieren. Ein brennendes Interesse muss nicht unbedingt von Anfang an bestehen, sollte aber im Laufe eines Studiums entfacht werden. Bitte warten Sie aber nicht in Passivhaltung darauf, begeistert zu werden, sondern sorgen Sie selbst dafür, dass Ihr Studienfach Sie etwas angeht. In der Regel entsteht Begeisterung, wenn wir die zu studierenden Inhalte mit lebensnahen Themen kombinieren: Wenn wir etwa Zeitungen und Fachzeitschriften lesen, verstehen wir, welche Rolle die von uns studierten Inhalte im aktuellen Zeitgeschehen spielen und welchen Trends sie unterliegen; wenn wir Praktika machen, erfahren wir, dass wir mit unserem Know-how – oft auch schon nach wenigen Semestern – Wertvolles beitragen können. Nicht zuletzt: Dinge machen in der Regel Freude, wenn wir sie beherrschen. Vor dem Beherrschen kommt das Engagement: Engagieren Sie sich also und werden Sie eins mit Ihrem Studienfach!

Entdecken Sie Ihren persönlichen Lernstil

Jenseits einiger allgemein gültiger Lern-Empfehlungen muss jeder Studierende für sich selbst herausfinden, wann, wo und wie er am effektivsten lernen kann. Es gibt die Lerchen, die sich morgens am besten konzentrieren können, und die Eulen, die ihre Lernphasen in den Abend und die Nacht verlagern. Es gibt die visuellen Lerntypen, die am liebsten Dinge aufschreiben und sich anschauen; es gibt auditive Lerntypen, die etwa Hörbücher oder eigene Sprachaufzeichnungen verwenden. Manche bevorzugen Karteikarten verschiedener Größen, andere fertigen sich auf Flipchart-Bögen Übersichtsdarstellungen an, einige können während des

Spazierengehens am besten auswendig lernen, andere tun dies in einer Hängematte. Es ist egal, wo und wie Sie lernen. Wichtig ist, dass Sie einen für sich effektiven Lernstil ausfindig machen und diesem – unabhängig von Kommentaren Dritter – treu bleiben.

Bringen Sie in Erfahrung, wie die bevorstehende Prüfung aussieht

Die Art und Weise einer Prüfungsvorbereitung hängt in hohem Maße von der Art und Weise der bevorstehenden Prüfung ab. Es ist daher unerlässlich, sich immer wieder bezüglich des Prüfungstyps zu informieren. Wird auswendig Gelerntes abgefragt? Ist Wissenstransfer gefragt? Muss man selbstständig Sachverhalte darstellen? Ist der Blick über den Tellerrand gefragt? Fragen Sie Ihre Dozenten. Sie müssen Ihnen zwar keine Antwort geben, doch die meisten Dozenten freuen sich über schlau formulierte Fragen, die das Interesse der Studierenden bescheinigen und werden Ihnen in irgendeiner Form Hinweise geben. Fragen Sie Studierende höherer Semester. Es gibt immer eine Möglichkeit, Dinge in Erfahrung zu bringen. Ob Sie es anstellen und wie, hängt von dem Ausmaß Ihres Mutes und Ihrer Pro-Aktivität ab.

Decken Sie sich mit passendem Lernmaterial ein

Wenn Sie wissen, welcher Art die bevorstehende Prüfung ist, haben Sie bereits viel gewonnen. Jetzt brauchen Sie noch Lernmaterialien, mit denen Sie arbeiten können. Bitte verwenden Sie niemals die Aufzeichnungen Anderer – sie sind inhaltlich unzuverlässig und nicht aus Ihrem Kopf heraus entstanden. Wählen Sie Materialien, auf die Sie sich verlassen können und zu denen Sie einen Zugang finden. In der Regel empfiehlt sich eine Mischung – für eine normale Semesterabschlussklausur wären das z. B. Ihre Vorlesungs-Mitschriften, ein bis zwei einschlägige Bücher zum Thema (idealerweise eines von dem Dozenten, der die Klausur stellt), ein Nachschlagewerk (heute häufig online einzusehen), eventuell prüfungsvorbereitende Bücher, etwa aus der Lehrbuchsammlung Ihrer Universitätsbibliothek.

Erstellen Sie einen realistischen Zeitplan

Ein realistischer Zeitplan ist ein fester Bestandteil einer soliden Prüfungsvorbereitung. Gehen Sie das Thema pragmatisch an und beantworten Sie folgende Fragen: Wie viele

Wochen bleiben mir bis zur Klausur? An wie vielen Tagen pro Woche habe ich (realistisch) wie viel Zeit zur Vorbereitung dieser Klausur? (An dem Punkt erschreckt und ernüchtert man zugleich, da stets nicht annähernd so viel Zeit zur Verfügung steht, wie man zu brauchen meint.) Wenn Sie wissen, wie viele Stunden Ihnen zur Vorbereitung zur Verfügung stehen, legen Sie fest, in welchem Zeitfenster Sie welchen Stoff bearbeiten. Nun tragen Sie Ihre Vorhaben in Ihren Zeitplan ein und schauen, wie Sie damit klar kommen. Wenn sich ein Zeitplan als nicht machbar herausstellt, verändern Sie ihn. Aber arbeiten Sie niemals ohne Zeitplan!

Beenden Sie Ihre Lernphase erst, wenn der Stoff bewältigt ist

Eine Lernphase ist erst beendet, wenn der Stoff, den Sie in dieser Einheit bewältigen wollten, auch bewältigt ist. Die meisten Studierenden sind hier zu milde im Umgang mit sich selbst und orientieren sich exklusiv an der Zeit. Das Zeitfenster, das Sie für eine bestimmte Menge an Stoff reserviert haben, ist aber nur ein Parameter Ihres Plans. Der andere Parameter ist der Stoff. Und eine Lerneinheit ist erst beendet, wenn Sie das, was Sie erreichen wollten, erreicht haben. Seien Sie hier sehr diszipliniert und streng mit sich selbst. Wenn Sie wissen, dass Sie nicht aufstehen dürfen, wenn die Zeit abgelaufen ist, sondern erst wenn das inhaltliche Pensum erledigt ist, werden Sie konzentrierter und schneller arbeiten.

Setzen Sie Prioritäten

Sie müssen im Studium Prioritäten setzen, denn Sie können nicht für alle Fächer denselben immensen Zeitaufwand betreiben. Professoren und Dozenten haben die Angewohnheit, die von ihnen unterrichteten Fächer als die bedeutsamsten überhaupt anzusehen. Entsprechend wird jeder Lehrende mit einer unerfüllbaren Erwartungshaltung bezüglich Ihrer Begleitstudien an Sie herantreten. Bleiben Sie hier ganz nüchtern und stellen Sie sich folgende Fragen: Welche Klausuren muss ich in diesem Semester bestehen? In welchen sind mir gute Noten wirklich wichtig? Welche Fächer interessieren mich am meisten bzw. sind am bedeutsamsten für die Gesamtzusammenhänge meines Studiums? Nicht zuletzt: Wo bekomme ich die meisten Credits? Je nachdem, wie Sie diese Fragen beantworten, wird Ihr Engagement in der Prüfungsvorbereitung ausfallen. Entscheidungen dieser Art sind im Studium keine böswilligen Demonstrationen von Desinteresse, sondern schlicht und einfach überlebensnotwendig.

Glauben Sie keinen Gerüchten

Es werden an kaum einem Ort so viele Gerüchte gehandelt wie an Hochschulen – Studierende lieben es, Durchfallquoten, von denen Sie gehört haben, jeweils um 10–15 % zu erhöhen, Geschichten aus mündlichen Prüfungen in Gruselgeschichten zu verwandeln und Informationen des Prüfungsamtes zu verdrehen. Glauben Sie nichts von diesen Dingen und holen Sie sich alle wichtigen Informationen dort, wo man Ihnen qualifiziert und zuverlässig Antworten erteilt. 95 % der Geschichten, die man sich an Hochschulen erzählt, sind schlichtweg erfunden und das Ergebnis von ‚Stiller Post'.

Handeln Sie eigenverantwortlich und seien Sie mutig

Eigenverantwortung und Mut sind Grundhaltungen, die sich im Studium mehr als auszahlen. Als Studierende verfügen Sie über viel mehr Freiheit als als Schüler: Sie müssen nicht immer anwesend sein, niemand ist von Ihnen persönlich enttäuscht, wenn Sie eine Prüfung nicht bestehen, keiner hält Ihnen eine Moralpredigt, wenn Sie Ihre Hausaufgaben nicht gemacht haben, es ist niemandes Job, sich darum zu kümmern, dass Sie klar kommen. Ob Sie also erfolgreich studieren oder nicht, ist für niemanden von Belang außer für Sie selbst. Folglich wird nur der eine Hochschule erfolgreich verlassen, dem es gelingt, in voller Überzeugung eigenverantwortlich zu handeln. Die Fähigkeit zur Selbstführung ist daher der Soft Skill, von dem Hochschulabsolventen in ihrem späteren Leben am meisten profitieren. Zugleich sind Hochschulen Institutionen, die vielen Studierenden ein Übermaß an Respekt einflößen: Professoren werden nicht unbedingt als vertrauliche Ansprechpartner gesehen, die Masse an Stoff scheint nicht zu bewältigen, die Institution mit ihren vielen Ämtern, Gremien und Prüfungsordnungen nicht zu durchschauen. Wer sich aber einschüchtern lässt, zieht den Kürzeren. Es gilt, Mut zu entwickeln, sich seinen eigenen Weg zu bahnen, mit gesundem Selbstvertrauen voranzuschreiten und auch in Prüfungen eine pro-aktive Haltung an den Tag zu legen. Unmengen an Menschen vor Ihnen haben diesen Weg erfolgreich beschritten. Auch Sie werden das schaffen!

Andrea Hüttmann ist Professorin an der accadis Hochschule Bad Homburg, Leiterin des Fachbereichs „Communication Skills" und Expertin für die Soft Skill-Ausbildung der Studierenden. Als Coach ist sie auch auf dem freien Markt tätig und begleitet Unternehmen, Privatpersonen und Studierende bei Veränderungsvorhaben und Entwicklungswünschen (► www.andrea-huettmann.de).

Literatur

Allabaei, S. (2016). Rechtsformwahl und Rechtsfragen bei der Gründung eines „Social Business". *ZJS, 2/2016*, 119–123.

Gellings, M. (2012). Inanspruchnahme eines Gesellschafters: Innenregress und Gesamtschuldnerausgleich. *JuS*, 589–593.

Hübner, L. (2017a). Examinatorium Gesellschaftsrecht – Teil 1. *JURA*, 130–147.

Hübner, L. (2017b). Examinatorium Gesellschaftsrecht – Teil 2. *JURA*, 257–270.

Hucke, A., & Holfter, M. (2010). Die Unternehmergesellschaft (haftungsbeschränkt). *JuS*, 861–864.

Kindler, P. (2016). *Grundkurs Handels- und Gesellschaftsrecht* (8. Aufl.). München: C.H. Beck.

Kindler, P. (2006). Grundfragen der Kommanditistenhaftung. *JuS*, 865–869.

Körber, C., & Schaub, P. (2012). § 15 HGB in der Fallbearbeitung. *JuS*, 303–309.

Kornblum, U. (2017). Bundesweite Rechtstatsachen zum Unternehmens- und Gesellschaftsrecht (Stand 01.01.2016), *GmbHR* (S. 739).

Lange, K. W. (2015a). Grundzüge des Rechts der GbR. *JURA*, 547–553.

Lange, K. W. (2015b). Grundzüge des Rechts der OHG. *JURA*, 665–672.

Lange, K. W. (2015c). Grundzüge des Rechts der KG. *JURA*, 1017–1023.

Lange, K. W. (2016a). Grundzüge des Rechts der GmbH. *JURA*, 117–124.

Lange, K. W. (2016b). Sonderformen der KG. *JURA*, 225–231.

Odemer, H. (2016). Grundfälle zur gesellschaftsrechtlichen Haftung natürlicher Personen im Privatrecht. *JuS*, 203–208.

Oechsler, J., & Mihaylova, E. (2016). Ein Abiturjahrgang als Gesellschaft bürgerlichen Rechts? *JURA*, 833–841.

Oetker, H. (2015). *Handelsrecht* (7. Aufl.). Heidelberg: Springer.

Petersen, J. (2017). Der Dritte im Handels- und Gesellschaftsrecht. *JURA*, 294–299.

Petersen, J. (2017). Die Prokura. *JURA*, 196–198.

Petersen, J. (2012). Die kaufmännische Rügeobliegenheit. *JURA*, 796–797.

Petig, U., & Freisfeld, C. (2008). Die Kaufmannseigenschaft. *JuS*, 770–773.

Schmidt, K. (2014). *Handelsrecht – Unternehmensrecht I* (6. Aufl.). Köln: Carl Heymanns.

Schmidt, K. (2018). *Gesellschaftsrecht – Unternehmensrecht II* (5. Aufl.). Köln: Carl Heymanns.

Statistisches Bundesamt Umsatzsteuerstatistik (Voranmeldungen), Fachserie 14, Reihe 8.1 (auch online unter https://www.destatis.de)

Windbichler, C. (2017). *Gesellschaftsrecht* (24. Aufl.). München.

Wolf, C., & von Bismarck, M. (2010). Kaufmann, Unternehmer, Verbraucher – wann gilt das BGB, wann das HGB, wann Verbraucherrecht? *JA*, 841–848.

Springer Gabler

springer-gabler.de

Die neue Lehrbuchreihe für alle Studiengebiete der Wirtschaft!

Mit dem Springer-Lehrbuchprogramm „Studienwissen kompakt"
werden kurze Lerneinheiten geschaffen, die als Einstieg in ein
Fach bzw. in eine Teildisziplin konzipiert sind, einen ersten Überblick vermitteln und Orientierungswissen darstellen.

- Zielgruppengerechtes Wording und eine klare und übersichtliche Didaktik helfen den Studierenden bei ihren Prüfungen.
- Mit Lern-Kontrolle und unterstützendem Serviceteil.
- Für Bachelor-Studierende und Nebenfachstudenten der jeweiligen Fachgebiete.

Kurz: Lesen, lernen und verstehen!

Jetzt bestellen: springer-gabler.de

MIX
Papier aus verantwortungsvollen Quellen
Paper from responsible sources
FSC® C105338

If you have any concerns about our products,
you can contact us on
ProductSafety@springernature.com

In case Publisher is established outside the EU,
the EU authorized representative is:
**Springer Nature Customer Service Center GmbH
Europaplatz 3, 69115 Heidelberg, Germany**

Printed by Libri Plureos GmbH
in Hamburg, Germany